REMEMBER IT!

全米記憶力チャンピオンが明かすどんなことも記憶できる技術

著者：ネルソン・デリス
訳者：吉原かれん

X-Knowledge

Remember It!: The Names of People You Meet,
All of Your Passwords, Where You Left Your Keys,
and Everything Else You Tend to Forget
by Nelson Dellis

First published in the English language in 2018 by Abrams Image,
an imprint of Harry N. Abrams , Incorporated, New York
Original English Titlle: Remember It!

ブックデザイン　米倉英弘(細山田デザイン事務所)
本文組版　竹下隆雄
編集協力　小泉伸夫
翻訳協力　(株)トランネット
印刷　シナノ書籍印刷

目次

第2章 これだけは外せない記憶術の基礎……31

第3章 ど忘れ、名前忘れ、脳《あたま》を悩ます日々のあれこれ……59

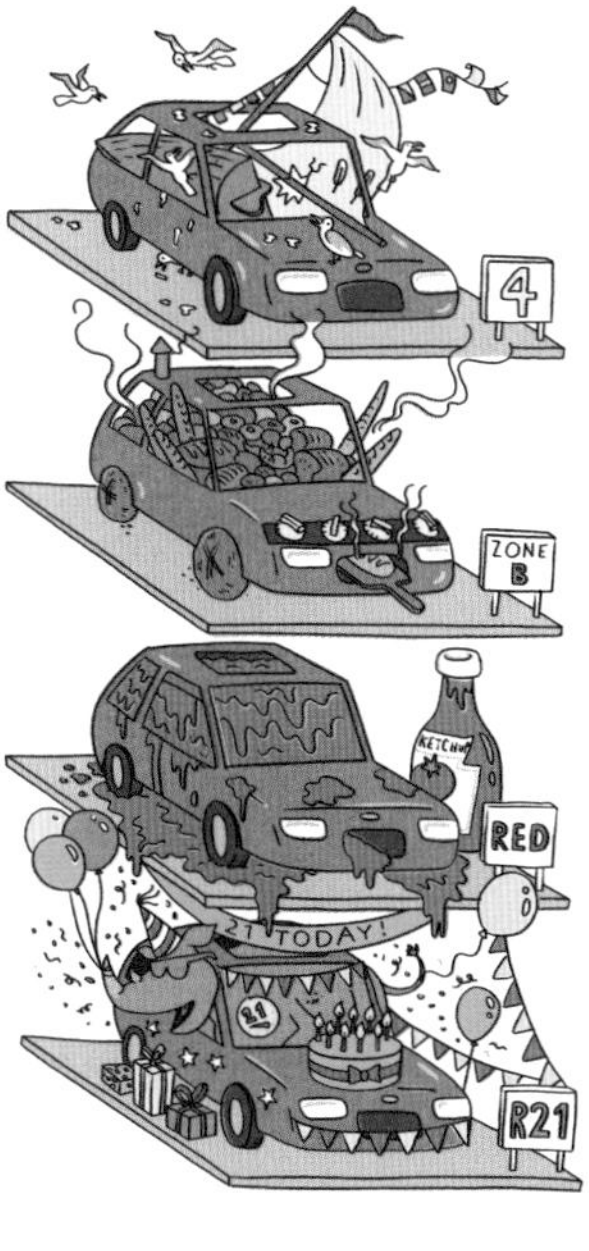

4
ZONE B
KETCHUP
RED
21 TODAY!
R21

第4章 順番に並んだアイテムを自由自在に思い出せるようにするには……97

第5章

難解な数字に意味を持たせて、記憶として定着させるには

第6章

第7章 あなたの脳を完全無欠の記憶の怪物にするための秘訣

付録

序文――サンジェイ・グプタ（医学博士）

おそらく脳神経外科医という職業柄だろうが、私は常日頃から脳についてさまざまな質問を受ける。「脳の重さはどれくらいですか？」「脳を触るとどんな感じがするんですか？」「脳は本当に灰色なんですか？」といった具合に。なかでもとりわけ多いのは、記憶力に関する質問だ。老若男女を問わず、ほとんどの人が自分の記憶力を高めたいと思っているようだ。

だが、どうすれば記憶力を最大限に引き出せるのかという質問は、なかなか答えに窮するものだ。そこで私はいつも、「本当に記憶しておきたいことには、もっと集中力を注ぐようにするといいですよ」とシンプルに返すようにしている。集中力を注ぐことは、確実に記憶の助けとなるからだ。しかし一方で、もっと効果的で、周到に考え抜かれた方法があるに違いないとも思っていた。だからこそ、私は本書の著者であるネルソン・デリスと会える日をとても楽しみにしていた。

ネルソンと会ってまず目に留まるのは、その立派な体躯だ。記憶力チャンピオンと聞いてどんな人物を期待していたのかと聞かれても困るが、さすがに１９８センチもある長身の登山家が現れるとは予想していなかった。次に印象的なのは、熱心に注意を傾けているのがはっきりと伝わってきて、非常に親しみやすいことだ。相手にスマホの画面から目を離してもらうことすら難しいこの時代に、ネルソンは私や周囲の状況に神経を集中させていた。やがて、私はその理由を理解することとなる。

私たちが初めて会った場所は、スワンハウスという呼称で知られる、ジョージア州アトランタにある1928年建造の美しい大邸宅だった。これはCNNの私の番組に出演してもらうためであり、そのときに扱ったテーマは、もちろん「記憶力」だ。記憶力を改善し、向上させるための秘訣について話を聞く前に、私はまず、どのようないきさつからネルソンが全米記憶力選手権を4回にわたって制覇し、「記憶力グランドマスター」の称号［訳注：世界メモリースポーツ協会（WMSC＝World Memory Sports Council）が正式に承認している大会において、一定の条件を満たした者に授与される］を獲得するにいたったのか、その経緯を深く知りたいと思った。

自分の身体や心の健康に好ましい変化をもたらそうと努力する多くの人たちと同じく、ネルソンを突き動かしたのは、彼の身近な人だった。祖母がアルツハイマー病を患い、それが原因で亡くなったのだ。そのことがネルソンの心の奥底に火をつけ、記憶力を高めるためのすさまじい努力へと駆り立てるきっかけとなった。

注目すべきは、ネルソンが生まれながらにして超人的な記憶力の持ち主だったわけではないということだ。だが今や彼の記憶力は、誇張のしようがないほど秀でている。たとえば、5分間で339桁の数字を、15分間で217人の名前を記憶したこともある。私はメディカルスクールで神経外科を学んだが、それでもカクテルパーティでは5人ほどの名前を憶えるのがやっとだ。

ネルソンはまた、記憶アスリートであると同時に、記憶術の優れた先生でもある。そこで、私にも記憶術が身につけられるかどうか試してみることになった。記憶するのは、第25〜34代までの歴代アメリカ大統領だ（これに特段の理由はない）。ネルソンいわく、スワンハウスは「記憶の宮殿」として用いるのにうってつけの場所だ。なぜなら、時代を感じさせる魅力的な特徴や、数々の小部屋や離れ、こまごまとした調度品などが溢れているからだ。このような場所には、たくさんの情報が保管できるのだとネルソンは説明してくれた。

スワンハウスのとある部屋のなかを歩きながら、ネルソンはまず、こんなシーンをイメージするように言った。部屋の窓を開くと、遠くにはマッキンリー山［訳注：北米大陸最高峰デナリの旧称］が見え、雪まじりの凍てつく風が部屋のなかに吹き込んでくる。私はそれを頭に思い描くやいなや、そのイメージを決して忘れることはないだろうと悟った。私には山脈が見えただけでなく、ひんやりとした空気まで肌で感じられた。その感覚は、この文章を書いている現在でさえよみがえってくる。おかげで、第25代アメリカ大統領がウィリアム・マッキンリーであったことを、いつでも思い出すことができる。

次にネルソンが語ったイメージはこうだ。窓のすぐ左側にある小さなバーカウンターに巨大なテディベアが立っていて、酒をすすっている。もちろん、第26代大統領セオドア・〝テディ〟・ルーズベルトのことだ［訳注：テディベアはルーズベルトの愛称「テディ」に由来する］。さらに、近くに置いてある地球儀には大きなラフト《raft》（いかだ）が浮かんでいる。これは、第27代大統領のウィリアム・ハワード・タフト《Taft》を表す。続いて、「Wilson《ウィルソン》」と刻印された鮮やかな黄色のテニスボールが飛んできて、部屋の奥の角に立っている大きな古時計に当たって粉々に打ち砕く。すなわち、第28代大統領ウッドロウ・ウィルソンのイメージだ。

このようにして10人の大統領をイメージに置き換え、それを「記憶の宮殿」に配置する作業にはほんの2、3分しかかからなかった。そのときはまだ、こういったイメージが自分の脳のなかに残り続けるはずはないと思っていた。しかし「記憶の宮殿」を歩き回ってから1年が経過した現在では、これからもずっと忘れることはないと自信をもって言える。私が優れた記憶力を発揮したことはネルソンも認めていたが、言い換えれば、ネルソンはたった数分間のトレーニングで私をそのレベルにまで押し上げてみせたということでもある。

数々の記憶テクニックを楽しく、コミカルに解説してくれる本書の世界に飛び込むにあたり、ぜひ心に留めておいてほしいことがある。先に述べた、私がいつもしている助言だ。つまり、細部にまでしっかりと集中力を注ぐこと――。これはシンプルだが、誰もがつい忘れてしまいがちな、きわめて重要な要素だ。この点を肝に銘じて取り組めば、物事が記憶に残りやすくなるだけでなく、人生をもっと深く味わい、もっと楽しむことができるようになるだろう。そして本書を読めば、非凡な記憶力が、あなたの日常の一部となるはずだ。しかもあなたには、ネルソン・デリスという最高に魅力的な先生がついている。私は、本書で紹介されている記憶テクニックを毎日使ってきた。あなたも同じようにすれば、どんなことでも憶えられるようになること請け合いだ！

――サンジェイ・グプタ（医学博士、エモリー・クリニック脳神経外科スタッフドクター、CNN主任医療特派員）

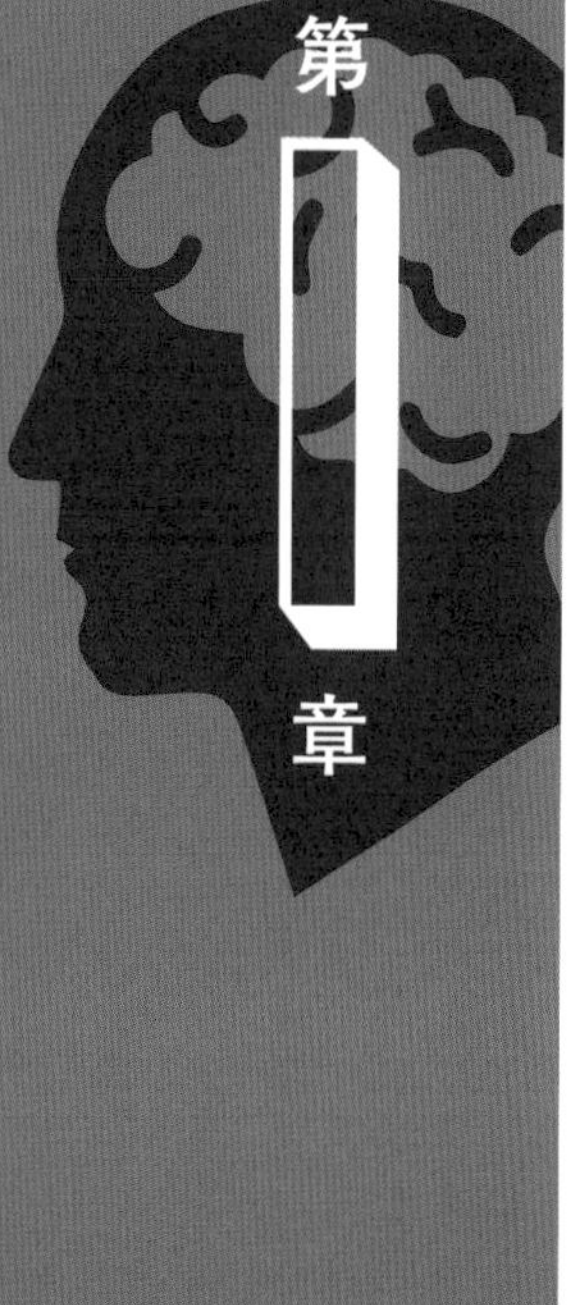

第0章

僕のこれまでと、あなたにぜひ伝えておきたいこと

「思いだそうとすると、わすれちゃうんだ」

——A・A・ミルン『クマのプーさん』より

思い出してみてほしい。こんな経験を最後にしたのはいつだろう。取引先との会議を終えて、別れ際に相手と順々に握手を交わしながら、ひとりひとりの名前を正確に思い出せた。ほとんど使わなくなった銀行口座をネットで確認するときに、パスワード（大文字や小文字、数字や記号などすべて）を間違えずに一発でログインできた。「来週の火曜日の予定は？」といった質問をされて、その日のスケジュールとTo-Doリストをすらすらと答えられた——。

もし記憶に残っていないのであれば、それはたぶん、そもそもあなたが「記憶していなかった」せいだ。そしてもし記憶していなかったのであれば、それはたぶん、あなたが地球上に何十億人といる「完璧とは言えない記憶力」の持ち主のひとり［*］だからだ。たいていの人たちは、物忘れをして苛立《いらだ》つことに慣れてしまっているし、それでもなんとかやっていくために、小さな工夫をすることにまで慣れてしまっている。たとえば、相手の名前を忘れてしまったときはいつも「おい」とか「きみ」と呼んでごまかしたり、ウェブサイトではいつも同じシンプルなパスワードを使い回したり。あるいは、駐車場で車を停めた場所の目印になるものや、買い足す必要のある食料品の空になった容器をスマホで写真に撮っておいたり……。

どうやらしっかり憶えておこうと思ったことでさえ、いつの間にか僕らの頭から抜け落ちてしまうようだ。たまに頭のなかにしばらくとどまっていてくれる場合でも、その記憶を使わずにいると、やがてすっかり消え失せてしまう。学校のテストにしたって、僕がいい成績を取れたときと言えば、ほとんどの人たちと同様、とりわけ力を入れて勉強したときだけだった。フランス語の単語を何時間もかけて暗記したり、物理の証明問題を何度も解き直したりといったように。でもそうやって短期間で詰め込んだ知識というのは、テストで使い終わると、やはり短期間のうちに忘れてしまうものだ。僕にとって、暗記は面倒で退屈な作業だった。これといってはっきりと決まったやり方もないし、もちろん暗記しただけでは見返りが確実に得られるかどうかもわからない。とにかく暗記したことが、学期末までずっと頭に残っていてくれることを祈るばかりだった。

その一方で、なかには決して忘れることのない記憶もある。僕の場合、人生を変えるほど衝撃的で、胸を締めつけられるように辛かった、ある出来事の記憶がそのひとつだ。フランスに住む祖父母のもとを訪ねたときのことだった。祖母は、その数年前にアルツハイマー病の診断を受けていて、前回会ったときは杖を置いた場所や、焼いたタルトを冷蔵庫に入れたか、それともキッチンカウンターに置いたままなのかといったことを思い出すのに苦労している様子だった。だがこのときは、僕が同じテーブルの向かい側に座っているというのに祖父のほうを向き、「ネルソンはどうしているかしら。近いうちにまた遊びにきてくれるのかしら」と、僕のことを尋ね始める始末だった。僕が目の前にいるということを、祖母はまったく認識できていなかったのだ。僕は、祖母の衰えの深刻さにショックを受けた。愛する人から忘れられてしまったという事実は、簡単に頭から離れるものではない。

それ以来僕は、祖母の頭のなかで、そして自分自身の頭のなかで何が起きているのかということを考えるようになった。フランスから帰国して、引っ越したばかりのシカゴの自宅に戻ると、僕は職探しを始めた。でもすぐには仕事が見つからなかったので、何か暇つぶしになるものが欲しくなった。引っ越してくる数カ月前までは趣味の登山に熱中していたのだが、シカゴに詳しい人ならご存じのとおり、この街は険しい山岳に囲まれているような地域ではない。そこで僕は、山の頂上を目指す代わりに、知力で頂点を目指すことにした。つまり、脳の働きに磨きをかけることで自分自身を高めることのできる方法は何かないか、と考えたわけだ。

その方法としてまず思い立ったのは、計算力を高めることだった。大学では数学やコンピューター・サイエンスを学んだので、暗算力があれば専門分野でプラスになるのでは、と考えたのだ。そしていろいろと調べていくうちに、僕はその究極の世界を見つけた。世界最高レベルのマスリート〔訳注：mathlete。「math（数学）」と「athlete（アスリート）」を組み合わせた語〕たちが計算に記憶術を取り入れることで、その優れた頭脳を競い合う「暗算ワールドカップ（Mental Calculation World Cup）」〔†〕だ。

実のところ、僕は暗算ワールドカップがきわめて難易度の高い競技であるという点については、それほど関心がなかった。だが一方で、このとてつもない頭脳の離れ業が、つまるところ、膨大な数の数字を立て続けに記憶できる能力に集約されるという点については、かなり興味をそそられた。もうひとつ、暗算と同じくらい僕の心を強く捉えたのは、記憶力が人生そのものを変えうるということだ——僕の記憶力が向上したらどうなるのかということだけでなく、祖母のように記憶力を失ってしまったらどうなるのかということも含めて。そこで僕は、「知力に限界はない」とか、「超集中力が身につく」とうたった自己啓発書を1冊手に取ってみた。おそらく僕と似たり寄ったりの理由で、まさにあなたがしたように。

僕が全米記憶力チャンピオンになるまでの道のり

その自己啓発書を手にしたときの僕はまだ、世の中にどんな記憶力競技の大会があるのかすら知らなかった。それだけじゃない。トップレベルの記憶アスリートたちがみな、基本的に同じ記憶術を用いていて、しかもそれは2500年も前から存在するものだということについてもまだ知らなかった。さらに僕の予想に反して——そして、出会ってから僕が全米記憶力チャンピオンであることを知ったほとんどの人たちの予想に反して——記憶アスリートたちは映像記憶〔訳注：Photographic Memory。写真を撮るように、物事を映像として記憶する能力のこと。写真記憶とも言う」の持ち主などではなく、むしろ並々ならぬ努力によってそのテクニックを身につけた、平均的な頭脳の持ち主だった。

僕は、記憶力の良し悪しなんて変えられるものではないと、ずっと思い込んでいた。自分の記憶力はたいしたことがないし、これ以上は飛躍的によくなることもないだろうと。でも、そんな懐疑的な考え方はひとまず脇に置いて、記憶術に挑戦してみることにした。そのときの僕はすごく意欲的になっていたし、自分の限界を試してみたいと思っていたからだ。すると間もなく、その記憶術の効果が本物であることを実感できるようになった。

僕が試してみた記憶術というのは、かなりシンプルな前提に基づいていた。つまり、人間の脳というのは特定の種類の情報をほかの情報よりも記憶しやすいようにできていて、数字や概念といった抽象的な情報より、知覚が捉える情報――特に「視覚」と「方向感」〔注〕――のほうが記憶にとどまりやすい。そこでそういった憶えにくいものを記憶する際には、ちょっとした想像力を使って憶えやすいものに「置き換え」ればいい。もう少し具体的に言うと、まず言葉や数字を頭のなかで絵（イメージ）に置き換える。それから現実の慣れ親しんだ「場所」（これをジャーニーと呼ぶ）を思い浮かべ、そこを通るルートに沿って設けた「アンカー・ポイント」（はっきりと認識しやすい部屋や交差点など）に、言葉や数字のイメージを順々に配置していくのだ。

あなたも本書の最初の数章を読めば、こういった知っておくべき記憶術の基礎をすべて学ぶことができる。だがここで、ひとつだけ憶えておいてほしいことがある。それは、**記憶したいことを頭のなかで視覚的イメージに置き換えることが、何を記憶するにもベストな方法だ**ということだ。僕は最初、そのこと自体にすっかり魅了されてしまい、この記憶テクニックを日常生活で活用するにはどうすればよいのかということまでは考えが及ばなかった。実際、僕が読んだ記憶術の本でも、その実用的な活用法についてはほとんど触れられていなかったため、いざ実生活で役立てようとなると、基本的にその方法を自分で編み出すしかなかった。そこで手始めに僕は、ウェイターの仕事の面接で自分の能力を売り込むために、メニューを上から下まで暗記してみせた。そして採用されてからは、身につけたばかりの記憶術を活かして注文をメモせずに憶えておいたり、常連客全員の名前を頭に入れておくようにした（これは僕のチップ収入に大きく貢献してくれた）。

僕は自分の記憶力を解き放つことが楽しくて仕方なくて、やがて記憶アスリートたちが競技大会で挑むような種目の練習にも手をつけ始めた。トランプ1組のカードの順番や、非常に長い数字の列などを記憶する練習だ。これに僕は夢中になり、記憶力もみるみるうちに伸びていった。だが一方で、まだまだ上達できるはずだとも感じずにはいられなかった。

そうしたさなかの2009年初め、ついに僕は、全米記憶力選手権（USAMC＝USA Memory Championship）に挑戦することを決心した。この選手権の存在を耳にしてから、ほんの数カ月後のことだった。USAMCは、どれだけ速く、どれだけ多くのことを、どれだけ正確に記憶できるかを丸1日かけて競い合う全米最大の大会だ。競技種目は、トランプのカード、数字、名前と顔、単語、詩など多岐にわたる。僕が初めて参加したのは、ジョシュア・フォアの著書『ごく平凡な記憶力の私が1年で全米記憶力チャンピオンになれた理由《わけ》』がベストセラーとなり、この大会が世間の注目を集めるようになる2年前のことだ。フォアは『スレート』誌に記事を書くために2005年のUSAMCを取材するなかで、この競技には卓越した先天的な記憶力が必要とされるわけではないことを知った。そして翌年、今度は競技者として姿を現し、なんと優勝を果たした。

当時の僕は、フォアの背景について知りもしなければ、彼の記事も読んでいなかったが、十分な練習をすれば誰でも記憶力チャンピオンになりうるということは理解していた。あいにく、厳しいトレーニングを2週間積んだだけでは十分とは言えなかったが（僕の成績は総合16位に終わった）、この経験が記憶力をさらに向上させたいという僕の意欲に火をつけることになった。それがなければ、さらにトレーニングを重ね、やがて全米記憶力チャンピオンの座をつかむにはいたらなかっただろう。

山登りにおいて、山頂に到達するまでの苦労と高揚感を思い出すのは簡単なことだ。なのに下山の行程は、途中で何か劇的な出来事でも起こらない限り、よく憶えていない場合が多い。山から下りたあとのこととなるとなおさらだ。ただし、僕がデナリから下山したときは例外だった。3週間ぶりに家に戻ってSNSにログインした僕は、衝撃的な事実を知った。祖母が他界していたのだ。ショックとやりきれない気持ちでいっぱいになり、下山の喜びなど一瞬にして吹き飛んでしまった。けれども悲しみのどん底で僕は自分自身の人生の意味を探し求め、やがてそれを見出した。「祖母の記憶だけでなく、命までをも奪ったこの病気を僕に撃退することはできないだろうか？」「脳の機能だけでなく、脳の健康も向上させられる方法はないだろうか？」「自分の記憶力を鍛え上げて、ほかの人たちにもその方法を教えるのはどうだろう？」と。

それからというもの、僕はよりいっそうトレーニングに励んだ。1日に何時間もUSAMCの各種目の練習に打ち込み、壁にぶち当たると、それを打ち破る手立てをどうにかして見つけ出した。当時の僕は、世界トップレベルの記憶アスリートたちを倒したければ、彼らよりも多くの練習を積まなければならないと考えていた。結果、その年（2010年）は総合3位になった。そして翌年にはさらに厳しいトレーニングを積んで挑み、ついに全米記憶力チャンピオンの座を手に入れることができた。続けて2012年も優勝を果たしたが、2013年には残念ながら決勝での小さなミス［§］のせいで準優勝に終わってしまった。だが、その結果にさらなる刺激を受けて翌年にはチャンピオンに返り咲き、2015年も王座を維持した。

それだけじゃない。この間、僕は記憶力に関する数々の全米記録を更新し［¶］、「記憶力グランドマスター」の称号を獲得するとともに、世界の記憶アスリート上位50人にも名を連ねた。僕はこうした功績を誇りに思っているし、そのために厳しいトレーニングも積んできた。しかし、このような成功を経て何よりよかったと感じるのは、記憶術になじみのない人たちに向けて記憶力についての話をしたり、記憶術を学んで役立てることがどれほど容易で面白く、人生にどれほどの変化をもたらすかを伝えたりする機会に恵まれるようになったことだ。

日常生活に記憶術を取り入れてみよう

僕には完璧な記憶力を身につける方法を教えることなどできない。僕自身、完璧な記憶力の持ち主ではないからだ。写真を一瞬見ただけで、そこに写っていたものを事細かに説明することもできないし、本の適当なページを開いて瞬時に一語一句、正確に憶えることもできない。だが、できることもある（あなたにだってできることだ）。目を閉じて、知っている人や訪れたことのある場所、さまざまな動物や車の種類といった、自分にとって意味のあるものを頭のなかにイメージすることだ。僕は、そういった思い

描きやすいイメージを記憶テクニックに活用している。記憶力は必ずしも頭の奥から上手に情報を取り出せるか否かにかかっているのではなく、たいていの場合、情報を記憶しやすい方法で頭のなかに入れることができたかどうかにかかっているからだ。あなたもこうした記憶術を本書で学んで実践に移せば、平凡な1日が、いい意味でかなりワイルドなものに変貌することに気づくだろう。

僕の日常はこんな感じだ。いつもはガース・アルガー（映画『ウェインズ・ワールド』でダナ・カーヴィ演じる人物）――別名「午前7時27分」頃に目を覚ます。それからジムに行って、ワークアウトの内容を確認する。まず、イギリスの元首相トニー・ブレアが天井のランプにぶら下がって（hang）、パワフルに掃除（cleaning）をしているのが見える。続いて現れたラッパーの50セントは、空中（air）でスクワットをしている。最後に映画『007』シリーズのジェームズ・ボンドが登場し、滑稽なほど大きな胸筋と二頭筋が露わになったタキシード姿で、トニー・ブレアと50セントに向かって飛び上がる（leap up）。要す

ハングパワークリーン10回＝ぶら下がってパワフルに掃除をするトニー・ブレア
エアースクワット50回＝空中でスクワットをする50セント
マッスルアップ7回＝巨大な筋肉を露わに飛び上がるジェームズ・ボンド

るに、この日のワークアウトのメニューは、ハングパワークリーン10回（英国首相官邸の所在地であるダウニング街10番地の「10」）、エアースクワット50回（50セントの「50」）、そしてマッスルアップ7回（『007』の「7」）だ［**］。

ジムでのトレーニングを終えて自宅に戻ると、僕はシャワーを浴びながら頭のなかでその日のTo-Doリストを作る。リストの項目がさほど多くなければ、あらかじめ用意しておいた「ジャーニー」のルート［††］をたどりながら、各項目のイメージをアンカー・ポイントに順番に配置していく。たとえばある日は、マサチューセッツ州ケンブリッジに住んでいた頃の自分のアパートをジャーニーに使い、こんなふうにリストの項目を並べていった。

まずは玄関で、ビジネスパートナーであるブライアンの恥ずかしくて不適切な画像を、自分の連絡先に入っている全員に宛ててメールで送信する（ブライアン、心配しないでくれ。脅かすつもりは毛頭ない。自分をびっくりさせて、きみにメールを送るのを忘れないようにするためだ）。次にキッチンに行き、パソコンを開いて自分のウェブサイトを見ていると、建設作業員がやってきて、解体用の鉄球でスクリーンを粉々にしてしまう（ショッキングだが、ウェブサイトの作業をすることを思い出すには十分な光景だ）。続いて居間に入ると、目や口のついた巨大な脳ミソがふわふわと浮かびながらトランプの束を睨みつけている（これはつまり、あとで自分の脳を使って、トランプ記憶のトレーニングをするという意味だ）。最後に寝室で、数字の「4」がついたジャージ姿の元プロボクサー、オスカー・デ・ラ・ホーヤと、ジャブやアッパーカットを交わしてトレーニングをする（これは午後4時のクライアントとのレッスンを表す）。

こうしてTo-Doリストの各項目のイメージをジャーニーに保存し、シャワーも十分に浴びて着替えをすませたら、それぞれのイメージを順々に行動に移していく。まずはブライアンにメールを送り、それからしばらく自分のウェブサイトの作業に精を出し、トランプ記憶のトレーニングをしてから、午後4時に約束しているクライアントとのレッスンへと出発する――。

この日、最後の約束の目的地に向かう道すがら、僕は頬に傷のある、見憶えのある男に出くわした。その傷を見て僕はすぐに、パーティで会ったときに彼の顔に犬（dog）が襲いかかる様子を想像したことを思い出した。そんな想像をしたことに多少の罪悪感もわくが、そうでもしなければ彼の名前を憶えられなかったのだから仕方ない［‡‡］。僕は長年の知り合いのように、「やあ、ディオゴ（Diogo）！」と声をかけた。ディオゴとは夕飯を一緒にする約束をし、クライアントとのレッスンが終わったあとに、僕から電話をかけることになった。電話番号は「３０５-３９９-３０２６」だ。だが僕は急いでいて、自分のスマホに番号を入力している余裕はなかった。そこで目を閉じて、第18代アメリカ大統領ユリシーズ・グラント（「３０５」という番号を憶えるために、僕が意図的に関連付けた人物だ）を思い浮かべ、続いてテレビアニメ『ティーンエイジ・ミュータント・ニンジャ・タートルズ』に出てくるミケランジェロ（３９９）が、かつら（30）をヘビ（26）にかぶせる様子を思い描いた。

約束の夕飯時、ディオゴは友人をひとり連れてきた。パーティでも彼と一緒にいた人物だ。目を見張るようなブロンド髪の長身の女性で、ベイビーブルーの大きな瞳が僕の目を引く。すると記憶がよみがえってきた――その瞳が、映画『スター・ウォーズ』で描かれた宇宙を舞台に、青く輝く2つの惑星に姿を変える様子を想像したことを。それは彼女の名前が「レイア（Leia）姫」だと……いや、「リア（Leah）」［§§］だと憶えるためだった。「リア、また会えて嬉しいよ！」僕は言った。

いかがだろう、きっとあなたの日常も同じようなものではないだろうか。

僕は今、毎日の大半を記憶アスリートとして、記憶力競技の大使として、自分で考案した記憶術の講師として、そして記憶トレーニングの人生を変えうる力を伝える語り手として過ごしている。プライベートな時間でさえ、記憶術を1つや2つ披露するはめになることも少なくない。友人たちと会えば、トレーニングの成果を見せてくれと頼まれることも日常茶飯事だ。このように記憶トレーニングは、僕の人生をいろいろな意味で変化させることになった。なかでも大きく変化したことと言えば、忘却の苛立ちと恐怖を克服できたことだ。それに、記憶することは想像していたよりもはるかに面白いものだということもわかった。

あなたも、物忘れの苛立ちや、脳をフル回転させてようやく思い出せたときの安堵感をすでにご存じのはずだ。だからこそ、本書を手に取ったのではないだろうか。でもあなたには、安堵感を得るだけで満足するのではなく、さらにその少し上を目指してほしい。記憶することを楽しめるようになってほしいのだ。記憶術を習得すると、必要なときに必要なものを思い出せるようになるだけでなく、記憶するという行為そのものが、ひとつのアドベンチャーになるからだ。**本書の目的は、日常的なシーンで役立つ記憶力向上の方法を紹介することだけでなく、記憶のメカニズムに対するあなたの思い込みと期待値を一新させることにあるのだ。**

本書の使い方

もう物忘れに苦しむのは終わりにしよう！　本書を読めば、つい忘れてしまいがちな日々の出来事を記憶しやすくなり、自己嫌悪に陥ることもなくなる。僕が本書を書くことに決めたそもそもの理由はそこにある。確かに、これまでにも記憶術に関する本は数多く出版されている。そういった本と僕のアプローチはどう違うのだろう？　ほかの記憶術の本からも記憶テクニックを学ぶことは十分にできるはずだ。ただ残念ながらどの本も、年齢や職業、あるいは社会的地位にかかわらず誰もが経験するような日々の出来事と、そのテクニックを結びつけることができてきていない。人生には次から次へと予期せぬ変化球が飛んでくるものだ。そこで、磨き上げたキャッチャーミットのような僕のメソッドを伝授して、あなたにどんな変化球が向かってきても難なく受け止められるようにお手伝いをしようと思ったしだいだ。

本書は、将来的に記憶力競技の大会で優勝を果たすのにも役立つだろう。だが、それは本書の目的ではない。僕が教えたいのは、自分の記憶を最大限活用して、記憶を存分に楽しむ方法だ。もう少し詳しく言うと、新たに記憶したい情報があるときに、すでにあなたの意識にしっかりと焼きついている記憶（現実のものでも架空のものでもいい）を活用して、できる限り強力なイメージを頭のなかに思い描き、それを記憶する方法だ。これは、大会で勝つためのテクニックでもあるが、それよりも重要なのは、平凡でどこにでもいるような人間（僕のことだ）が生み出した、人生に打ち勝つためのテクニックであるということだ。

「強力」なイメージを思い描くというのは、数字のように抽象的なものを、視覚的にはっきりと認識できるものに置き換えるということを意味しているだけではない。思わず笑ってしまうようなシーンや、身の毛がよだつほどの恐怖を覚えるシーン、さらには奇想天外すぎて絶対に忘れることができないようなシーンを思い描くということでもある。本書は、味気ない自己啓発書などではない。騒々しくて、型破りで、色とりどりで、それにそう、記憶に残る本なのだ！

日常のこまごまとした事柄を記憶するのに役立つテクニックを習得したい人にとっても、記憶力を研ぎ澄ましたい人にとっても、必要なことはすべてこの1冊に網羅されている。「もっとしっかり記憶できたらいいのに」と感じる特定のシチュエーションが思い浮かんだら、目次を参照して該当する項目にしっかりと目を通し、そのような状況でも決して忘れずにすむ方法を身につけてほしい。なにも、最初から順を追って読み進める必要はない（ただし、「記憶術の基礎」を解説する第2章は必ず目を通してほしい）。それに、「毎日○分間トレーニングすること」といった、うんざりするような忠告もないし、難しい演習課題も載っていない。あなたの学習ペースを決めるのは、あなた自身だ。

本書が目指しているのは、物忘れをなくすことだけでなく、もうこれ以上、人生にとって有益なことを忘れずにすむようにすることだ。本書を読めば、あなたがこれまでに「しまった、忘れた！」と思ったことのあるどんな状況についても、その対処方法が見つかるはずだ。そして、あなた自身の記憶力をコントロールできるようになるさまざまなコツやワザも習得することができるだろう。

それではまずは、記憶術の基礎から学んでいこう！

これだけは外せない記憶術の基礎

「ときとして、まるで図書館で請求番号のついてない本を求めて探し回っているかのように、記憶がなかなか見つからないのは奇妙な話だ」

——ダグラス・R・ホフスタッター［*］

思いつくままに答えてほしい。小学校時代にお気に入りの先生が教えてくれたことや、友だちを感心させるために憶えた豆知識のなかで、最初に頭に浮かんでくるものは何だろう？ それはたとえば、アメリカ全50州をアルファベット順に暗唱するための覚え歌『50 States That Rhyme（50州覚え歌）』［訳注：日本でもフォークダンス曲として知られる『オクラホマミキサー（Turkey in the Straw）』のメロディに合わせた覚え歌］ではないだろうか。

アラバマ、アラスカ、アリゾナ、アーカンソー（Alabama, and Alaska, Arizona, Arkansas）
カリフォルニア、コロラド、コネティカット、それにもっと（California, Colorado, Connecticut and more）
デラウェア、フロリダ、ジョージア、ハワイ、アイダホ（Delaware, Florida, Georgia, Hawaii, Idaho）
イリノイ、インディアナ、アイオワ……残るは35州……（Illinois, Indiana, Iowa……35 to go……）

あるいは『Good King Wenceslas（ウェンセスラスはよい王様）』［訳注：クリスマス・キャロルのひとつで、実在したボヘミア公の聖ヴァーツラフ1世（Wenceslaus I）をモデルにした歌］のメロディにのせた、ウィリアム1世以降の歴代イングランド君主の覚え歌だろうか。

ウィリアム、ウィリアム、ヘンリー、スティーブン（Willie, Willie, Harry, Stee）
ヘンリー、リチャード、ジョン、ヘンリー3世（Harry, Dick, John, Harry three.）
エドワード1、2、3世に、リチャード2世（One, two, three Neds, Richard two）
ヘンリー4、5、6世……おつぎは誰……（Harrys four, five, six…then who…）

太陽系の9惑星の順番のようなシンプルなものを思い出した人もいるだろう（21世紀生まれの人は、「8惑星」と教えられたのは僕も知っている）。あなたも9惑星を思い出せるだろうか？　思い出せたなら、おそらく覚え歌ではなく、暗記用のこんなフレーズが頭に浮かんだのではないだろうか。「My Very Educated Mother Just Served Us Nine Pizzas（非常に教養の高い私のお母さんが、ちょうど私たちにピザを9枚出してくれた）」［訳注：英語圏では一般的に、このように各惑星（水金地火木土天海冥）と同じ頭文字で始まる単語で作った文章を使って暗記する］。

五大湖の名前はどうやって暗記しただろう？　そのまま憶える代わりに、先生が「HOMES」という言葉を教えてくれたのではないだろうか。「H」はヒューロン湖（Huron）、「O」はオンタリオ湖（Ontario）、「M」はミシガン湖（Michigan）、「E」はエリー湖（Erie）、「S」はスペリオル湖（Superior）。これについては説明するまでもないはずだ。

僕が思い出すのは、小学校2年生のときにグリーンバーグ先生に教えてもらったギリシャ語のアルファベットソングだ。

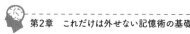

アルファ、ベータ、ガンマ、デルタ、エプシロン、ゼータ、イータ（Alpha, Beta, Gamma, Delta, Epsilon, Zeta, Eta）

シータ、イオタ、カッパ、ラムダ、ミュー、ニュー、クシー……（Theta, Iota, Kappa, Lambda, Mu, Nu, Xi……）

今でも鮮明に思い出せる。グリーンバーグ先生が、黒板に異国ギリシャの文字をすべて書き出すのを僕は机に座って見つめていた。トラッパー・キーパー［訳注：Trapper Keeper。北米で1970年代から人気を博すルーズリーフ・バインダーのブランド名〕を広げて鉛筆を握り、最高の成績を取るのに必要な文房具はなんだってすぐに取り出せるように構えていた。それにあのメロディ！　原曲の名前は知らないが、今でさえ6歳の頃に舞い戻ったかのように、あのギリシャ語アルファベットの歌を最初から最後まで歌うことができる。

誰しも、幼い頃に刻み込まれた知識が多かれ少なかれ残っているものだ。それは、二次方程式を暗記するための楽しい歌〔†〕だったり、フランス語のさまざまな不規則動詞を暗記するための笑える頭字語〔‡〕〔訳注：単語の頭文字を並べて1つの言葉にしたもの〕だったりする。そんなふうに誰もがみな、最も基礎的な記憶テクニックを子どもの頃から教わってきたのだ。あの頃は、そういった記憶法を使うことで間違いなく暗記できた。でも、それを教えてくれた先生たちは、いったいなぜ、どのようにして、長年を経ても残り続けるようなかたちで僕らに記憶させることができたのだろうか？　学んだ情報を歌や文章、あるいは頭字語にしたおかげだろうか？　そうだとしたら、もしあなたが今新しい情報を使って同じことをやってみても、やはり20年後まで憶えていられるのだろうか？　正直に答えると、おそらく無理だ。では、それはなぜだろう？

確かに先生たちは、ときおりささやかな暗記法を教えてくれた。しかし、人間の記憶がどのように機能するのかということや、どうすればそういった暗記法の根底にある原理を、学生生活（さらにはその後の仕事や社会生活）で遭遇するほかのさまざまな事柄に応用できるのかまでは教えてくれなかったはずだ。これは悲しい現実なのだが、実を言うと、自分の記憶力の正しい使い方を教えてもらったことのある人などひとりもいないのだ。考えてもみてほしい。子どもの頃に習ったキャッチーな歌を歌えば今でも50州全部の名前を思い出せるのに、今朝会ったばかりの人の名前となると思い出せないなんて、おかしな話じゃないか？

あなたもこれから本書を読み進めていけば、さまざまな記憶の秘訣——つまり、子どもの頃に教えてもらえるべきだったのに、教えてもらえなかったこと——を習得することができる。だがその前に、記憶のメカニズムと、記憶力の最大の強みを活用する方法について、あなたの考え方を一新させることから始めよう。まずは一般的に信じ込まれている、記憶力に対してのひどく間違った概念を取り払うことで、あなたが本来持っているべき記憶力に対する自信を取り戻し、記憶術の学習に全力で取り組めるようにするのだ。もしあなたが、このあとに挙げる3つの誤解のうち、1つでも信じているのだとしたら、あなたは間違っているだけでなく、自分を抑え込んでしまっていることになる。

こんな思い込みは忘れてしまおう

①生まれながらにして卓越した記憶力を持っている人もいるが、自分はそうではない。

これはしょっちゅう耳にすることだ。そしておそらくこの思い込みこそが、記憶力を伸ばそうとするときに多くの人たちの前に立ちはだかる最大の壁となる。その気持ちはよくわかる。僕が披露する記憶力は想像をはるかに超えているように見えるだろうし、まだ記憶術に挑戦したことがない人なら、自分にはそう簡単に身につきそうもないと感じるだろう。しかし実のところ、僕とあなたの唯一の違いは、僕があなたよりも10年早く記憶術の学習を始めたという事実だけだ。僕には特殊な才能があったわけではないし、ほかの記憶アスリートだってそれは同じだ。この10年間に僕が厳しいトレーニングに励んできたのも、毎年レベルが高くなっていく記憶アスリートたちを打倒するには、そうする必要があったからだ。

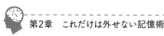

また、僕の記憶力は確かに向上したけれど、だからといって完璧な映像のように記憶を想起できる力など持っていない（そもそも映像記憶能力の持ち主など、誰が何と言おうと存在しないのだ。この通説については、次の囲み「僕からのアドバイス」を参照してほしい）。それにもうひとつ知っておいてほしいのは、かつての僕が記憶を苦手としていたということだ。だから思いどおりに上達できずに途方に暮れたり、挫折しそうになったりしたときには、僕の記憶力だってひどいものだったということを思い出してもらえればと思う。

すでに説明したように、情報を記憶できるか否かは、その情報を頭の奥からうまく引き出せるかどうかにかかっているわけではない。情報を記憶しやすい方法で頭のなかに入れることができたかどうかの問題だ。したがって、物忘れが激しくても「自分の記憶力はなんてダメなんだ……」と自虐的に考える必要はまったくない。ただ単に、記憶の仕方をずっと間違えていただけなのだ。

僕からのアドバイス

僕は、超人的な映像記憶能力の持ち主など存在しないと考えている。だから、見たままを記憶する能力がなくても気に病む必要なんてない。誰だって、超人的能力というイメージには多かれ少なかれ憧れを持つものだ。その憧れがテレビや映画、コミックといった数十億ドル市場を支え、天性の才能を持つと主張する人たちを生み出してきた。ジョシュア・フォアの『ごく平凡な記憶力の私が1年で全米記憶力チャンピオンになれた理由』には、彼が2人のいわゆる「特殊な才能の持ち主」に出会ったときの注目すべき記述があるが、驚くべき記憶の妙義を持っている彼らでさえ、映像を忠実に脳に格納することはできなかったのだ――少なくとも、実際の写真にそっくりだと言えるかたちでは。

ただし、「直観像記憶（Eidetic Memory）」と呼ばれるものについての科学的証拠は多数存在する。これは、思春期前の小児の約2〜10％に見られるが、成人になるとほぼ消滅してしまう。直観像記憶の持ち主の多くは、画像を30秒ほど見ただけで、驚くほど正確にその詳細まで想起することができる。とはいえ彼らも間違えることはあるし、ときには新たなディテールを作り上げてしまうこともある。こういった記憶は数分もすると、一般人と同じレベルにまで薄れていく。直観像記憶のメカニズムについても、それが成人を迎えるまでに消えていく理由についても、まだ解明はされていないが、ある説では、言語化（心のなかで言う代わりに、口に出して言うこと）がこの記憶能力を妨害すると考えられており、成人前に消滅するのは、子どもに比べて成人のほうがそのように言語化することが多いためではないかと見られている。

②視覚学習が得意な人もいるが、自分はそうではない。

これも、僕が頻繁に遭遇する誤解のひとつだ。もちろん、書かれた言葉を見るよりも、口に出して言われた言葉を聞いて学習するほうが得意だという人もいるだろうし、自分の手を使って書き留めたほうが集中しやすいという人もいるだろう。でも、もしあなたが書かれた文字を見て学ぶことを視覚学習だと考えているのであれば、それは表面的な部分を捉えているにすぎない。なぜなら視覚学習は、目で見えるものよりも、頭のなかで見るものに深く関係しているからだ。書かれた情報を読むという行為自体は、集中力を注ぐためにほかならない。これは、情報を耳で聞いたり書き留めたりする場合でも同じだ。ただ集中力を注ぐことは、視覚学習における第一歩にすぎない（とはいえ、記憶術において集中力は不可欠な要素であり、詳しくは本章や次章で後述する）。

実は視覚学習の本質は、頭のなかに視覚的イメージを作り出すこと——より専門的な用語を使えば「符号化（encoding）」すること——にある。子ども時代の大切な思い出を回想するとき、あなたの頭のなかには文字が流れてくるのではなく、誰かの顔や景色が浮かんでくるのではないだろうか。確かに情報は数字や言葉というかたちで入ってくることが多いが、要はそれを視覚的イメージに符号化してから記憶すればいいのだ。あなたが経験することはどんなことでも、頭のなかに思い描くイメージに加える要素として役立つ可能性がある。音であれ、においであれ、味であれ、感触であれ、イメージに加えることができるものはすべて、「記憶のケーキ」のためのデコレーションとなりうるのだ。

③脳が保持できる情報量は限られている。

アーサー・コナン・ドイル卿による『緋色の研究』には、こんな場面が描かれている。シャーロック・ホームズが「太陽が地球の周りを回っている」と間違って信じていることに仰天したワトソン博士が、それを訂正する。すると、ホームズはすぐにその事実を忘れるつもりだと言う。なぜだろう？ホームズの脳には探偵用の知識がぎっしり詰まっていて、仕事と関係のないものを入れておく場所などないからだ。さらにホームズは、「やがて新しい知識がひとつ入ってくるたびに、前に入れた知識をひとつ忘れてしまうという事態になりかねない」とも言う。まるで脳内版「ワンイン・ワンアウト（ひとつ入ったらひとつ出す）の法則」みたいな面白い理論ではあるが、これはまったくの見当違いだ。

ノースウェスタン大学の「脳・行動・認知プログラム」のディレクターであるポール・リーバーによると、人間の脳が記憶できる量には確かに限界がある。けれども、それは決して到達しうるものではないという。その容量はおよそ100万ギガバイト［1］と考えられており、もしこれに近い容量のDVR（デジタルビデオレコーダー）があれば、テレビ番組300万時間分、すなわちノンストップで

３４２年以上見続けるのと同じだけのデータを保存することができる。つまり本書だけでなく、地球上すべての自己啓発書を一語一句記憶したとしても、まだ太陽系の構造を記憶できるだけの余裕が残るということだ。

したがって、ホームズがワトソンに語った脳内メカニズムについては忘れてしまってかまわない。ただし、それが間違っているということさえ忘れなければ――。これで脳から根拠のない作り話を一掃することができた。そこで次に、何を記憶するにも役に立つ、シンプルな３つの単語を脳に入れるとしよう。

基本の3ステップ
「見る－つなぐ－くっつける！（SEE－LINK－GO！）」

記憶術を習得し、今度は自分が身につけた知識をいろいろな人に教えるようになってから、僕はある重要なことに気づいた。それは、記憶力を役立てたいあらゆる状況で、誰にでも使えるようなステップ――短くて、簡単で、確実で、憶えやすい手順――が必要だということだ。実際のところ記憶術を学ぼうとしても、細かい説明やニュアンスに圧倒されて行き詰まってしまいやすい。そこで僕は、異なる状況で用いられるさまざまな記憶テクニックを要約して、「見る－つなぐ－くっつける！（ＳＥＥ－ＬＩＮＫ－ＧＯ！）」というシンプルな３つの基本ステップにまとめた。これは失敗知らずとも言えるプロセスであり、何を記憶したいときにでも応用できる［§］。

「見る（SEE）」

まず重要な点は、十分に集中力を注いでいなければ、物事は「見えて」こないということだ。集中力を注ぐことさえできれば、記憶は半分できたも同然だ。実際に僕は、記憶力を向上させるための手っ取り早いコツを教えてほしいと頼まれると、「もっと物事に集中力を注ぐんだ」とアドバイスするようにしている。言うまでもないことのように思えるかもしれないが、現代の世の中では気を散らすさまざまなものが次から次へと降りかかってきて、集中力を維持するにも限界があるものだ。

記憶力を向上させるうえで肝心なのは、「集中力を注ぐこと」を憶えておくことだ——そう言われても、憶えることが増えて困るじゃないかと思われる人もいるかもしれない。だが、その心配は無用だ。記憶術の学習を重ねて上達していくうちに、記憶することを自然に意識できるようになる。するとやがて、「憶えておくこと」を忘れないようになるはずだ。僕が約束する！

集中力を注ぐことを意識しながらじっくり「見る」心構えができたら、次は記憶において何よりも重要と言える作業だ。記憶したいものを「視覚化」するのだ。試しに、以下に掲載したシナリオを使っ

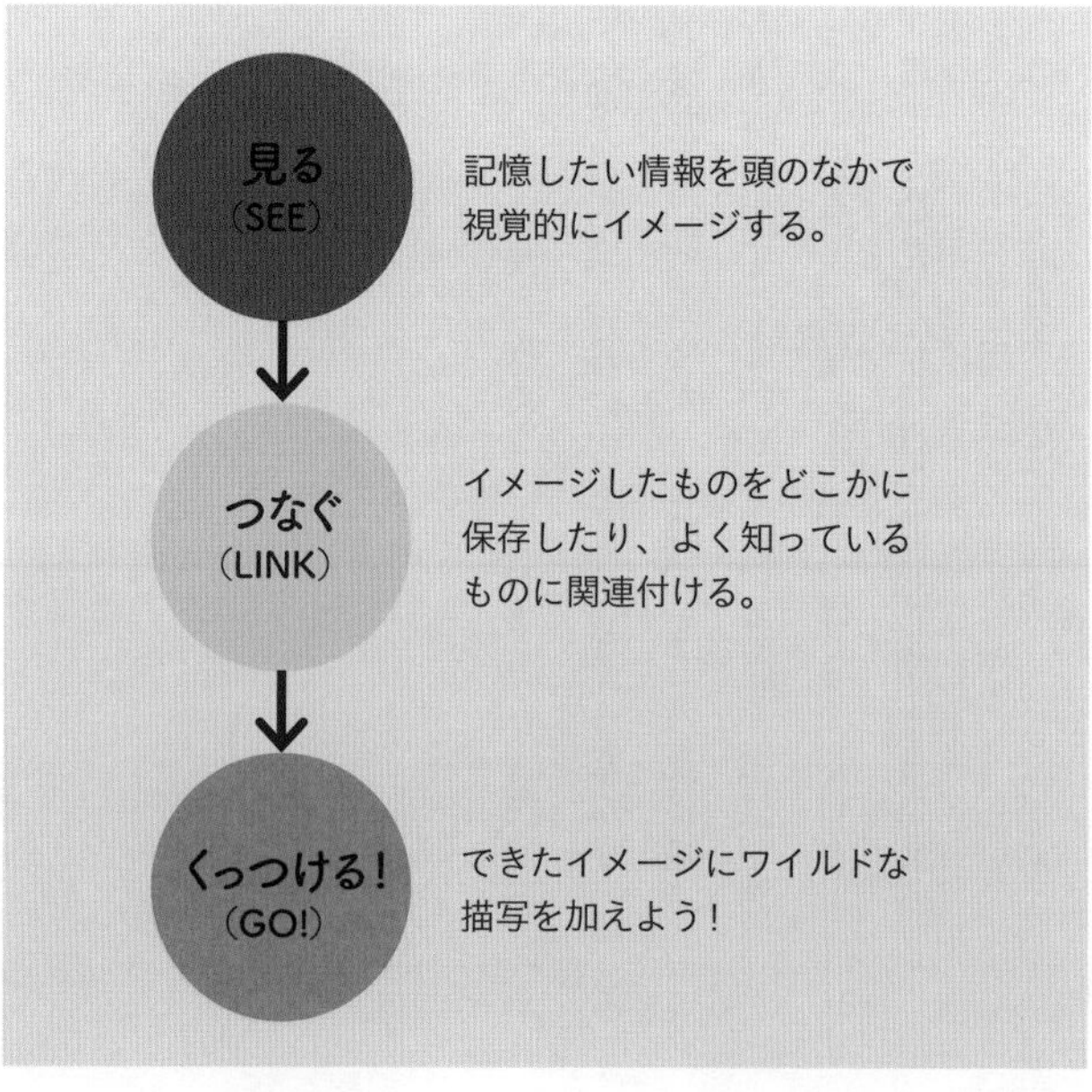
見る
（SEE）
記憶したい情報を頭のなかで視覚的にイメージする。
つなぐ
（LINK）
イメージしたものをどこかに保存したり、よく知っているものに関連付ける。
くっつける！
（GO!）
できたイメージにワイルドな描写を加えよう！

てやってみよう。まずは、このシナリオを入念に読み込んで細部までよく把握してほしい。それから、シナリオに書かれた世界を漏れなくイメージして――つまり「視覚化」して――頭のなかで映画に仕立ててほしい。準備はいいだろうか？　それでは始めよう。

想像してみよう。あなたは平坦な草原に立っている。足首ほどの高さまで伸びた草が、そよ風に揺れているのが見える。空は晴れ、雲ひとつない。草は鮮やかな緑色で、空は見たことのないほど、どこまでも青い。暑い日だ。わずかに蒸している。あたりには、夏草のにおいも漂っている。

遠くから1台のトラクターがこちらに向かってくるのが見える。モーターの音が聞こえ、その煙突からは煙が細くたなびいている。近づくにつれ、何か妙なものが目に入ってくる。トラクターに乗って運転しているのは、なんと巨大な灰色のゾウではないか。長い鼻は大きく揺れ、アーチ形の牙は空に向かって伸び、トラクターのステレオからはかすかなビートが聞こえてくる。まるで大人が三輪車にまたがっているかのように、トラクターが小さく見える。

トラクターが近づいてくるなか、どこからともなく元アメリカ大統領のジョージ・W・ブッシュが、タバコを口にくわえながらマイケル・ジャクソンのようなムーンウォークで現れる。ブッシュは濃紺のスーツに身を包み、ビーズのようなつぶらな瞳で、誰もがよく知るあの大統領らしい含み笑いを見せたり、肩をすくめたりしながら、タバコの煙を大きく吐き出す。そしてムーンウォークでトラクターのほうに進みつつ、タバコの吸い殻を遠くへ投げる。するとその吸い殻は、カメの甲羅の上に落ちた。

カメはと言えば、そんなことはおかまいなしに、草の上に座ってアコースティック・ギターをキノコでかき鳴らしている。そう、キノコだ。ピック代わりにキノコを使ってギターをかき鳴らしているのだ。カメは、先ほどタバコの吸い殻が自分の甲羅に当たったことなどまったく気づいていないかのように、ギターを猛然とかき鳴らしている。その姿はまるで、「マムフォード&サンズ」［訳注：イギリスのフォーク・ロック・バンド］の曲でも演奏しているみたいだ。

それでは、ここまでの内容をざっと振り返ってみよう。ゾウがトラクターを運転していると、ジョージ・W・ブッシュがタバコをふかしながらムーンウォークで現れ、吸い殻を投げる。すると、それがキノコでギターをかき鳴らしているカメの甲羅の上に落ちた、という話だ。

奇妙な話だと思っただろう。いったいこの話は、何を意味しているのだろう？　実を言うと、これは次の24桁の数字を表している。

554965750728704249953446

「は？」と頭に疑問符が浮かんだのであれば、それは正しいリアクションだ。この数字列のことも、登場したキャラクターやその行動が数字を表す仕組みについても、今

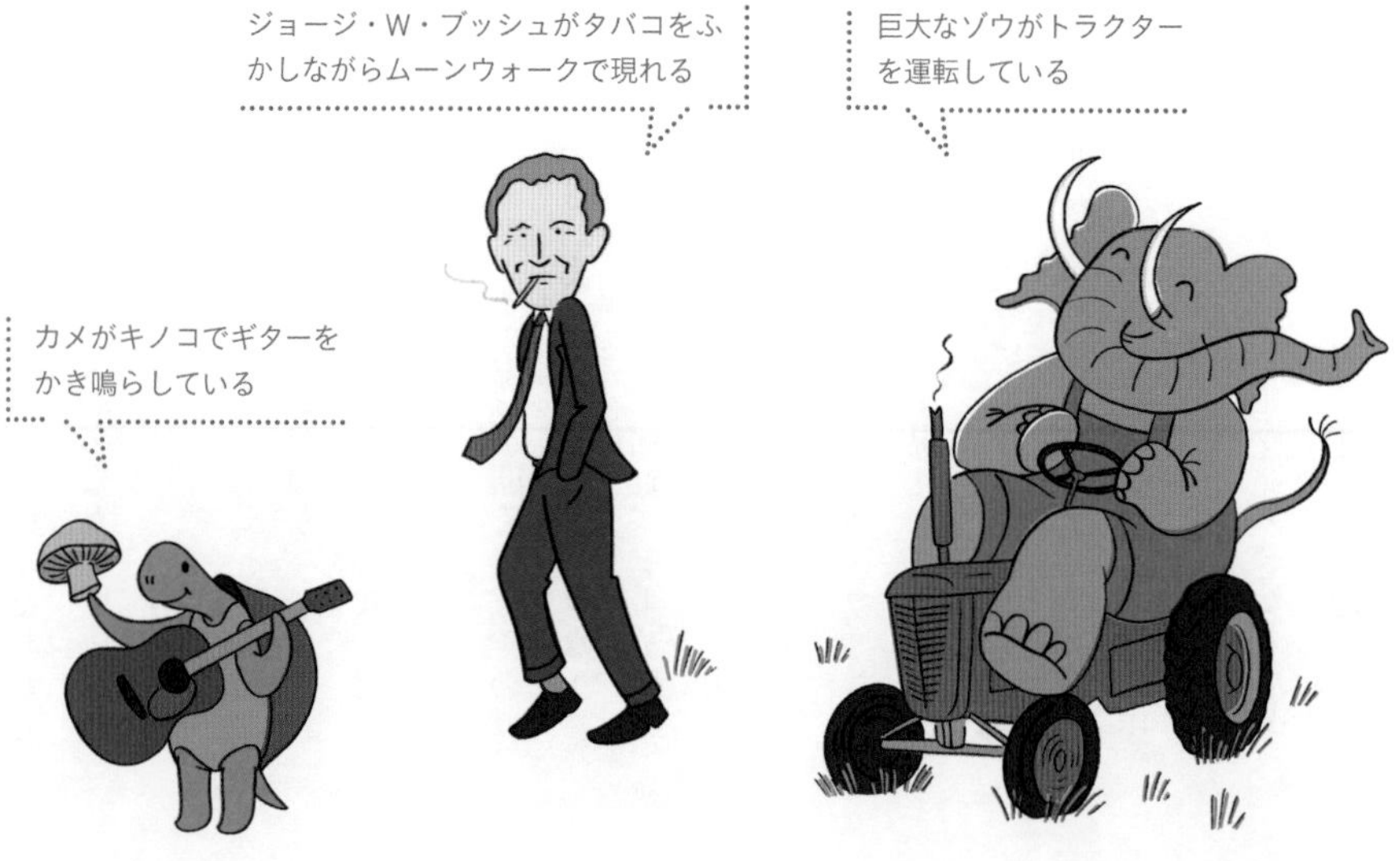
巨大なゾウがトラクターを運転している
ジョージ・W・ブッシュがタバコをふかしながらムーンウォークで現れる
カメがキノコでギターをかき鳴らしている

は深く考えなくていい。ここで重要なのは、シナリオのストーリーが頭のなかでとても簡単に思い描けたという点だ。それほど苦労せず、ほとんど自然にイメージできたはずだ。このストーリーの大部分は非現実的で、ありえないことだらけだが、そんなことは問題ではない。人間の脳には、想像力が備わっているからだ。実のところ、人間は想像することにかなり長《た》けている。だからこそ、未来を想像してみたり、新しいものを生み出したり、過去を回想したりすることもできるのだ。しかし一方で、数字となるとなかなかそうもいかない。先に記した数字列をただ眺めているだけでも気が遠くなるのではないだろうか。だが、それは決してあなたの脳が数字を記憶するのに適していないから、というわけでない。僕たち人間の脳が、数字を記憶することを得意としていないからだ。

人間の脳は、まだ物事が単純だった時代、つまり、人間が日常で遭遇するものが目に見えるものだけだった時代に形成された。当時は、生きながらえるために必要なこと——たとえば、ある植物が食べられるかどうかなど——を記憶していればよかった。その頃はまだ、数字や名前、住所、詩といったものは一切存在しなかった。だが時が経つにつれて、徐々にそういったものが社会や文化に入り込んでくると、人間の脳は慌てふためいた。「これは何だ⁉　こんなものを記憶するのには慣れてないぞ。無理だ！　そうだ、憶える代わりにとりあえず書き留めておこう。そうすれば、あとで思い出さなくてもすむ！」というように。

ここで心に留めておいてほしいのは、人間の脳が数字や文字といった抽象的概念よりも、視覚的なイメージを思い浮かべることを得意としているということだ。そこで記憶の最初のステップでは、脳が難しいと感じるものを、いつも頭のなかで「見る」ことができるイメージに置き換えることによって、記憶しやすくするのだ。

「つなぐ（LINK）」

記憶したいものを頭のなかでイメージとして「見る」方法がわかったら、次はそれを脳のどこかに「つなぐ」ステップだ。コンピューターのHDD（ハードディスクドライブ）の容量については、あなたもよく知っているだろう。スマホの空き容量が残りわずかとなって、大急ぎで古い写真やアプリを削除することも珍しくないはずだ。あるいは、パソコンに膨大な量の写真や動画、音楽などを保存するために外付けHDDを購入するケースもあるだろう。生み出される情報が増えれば増えるほど、それを保存できる場所が必要になってくる。でも、コンピューターではこの概念を当然のこととして受け止められるのに、人間の脳について考えるとなると、そうもいかなくなるのはなぜだろう？

人間の脳というのは、処理した情報を脳内の複雑な神経回路網のどこかに保存する仕組みになっている。一般論としては、あなたもこの説明にうなずけるだろうし、理解もできるだろう。しかし一方で、こんな疑問も頭に浮かんだはずだ――それなら、脳内のどの場所に入れるかを意識しながら情報を保存する方法はないのだろうか？

この疑問を解くにあたり、パソコンで作成した文書を保存するときのことを考えてみてほしい。あなたはまず、「保存」ボタンを押すはずだ。すると小さなボックスが現れて、新しいファイル名（たいてい「.doc」や「.txt」で終わる名前）を作成するように求められる。続いて、ファイルの保存先となるフォルダやディレクトリ（「ドキュメント」など）を指定する必要がある。このような手順をたどるのは、あとでそのファイルに簡単にアクセスできるようにと、コンピューターを発明した賢い人たちが考えてくれたからにほかならない。

それでは、もしもこのような仕組みが存在しなかったとしたらどうだろう。「保存」ボタンを押すと、そのファイルはコンピューターのどこかに保存されるものの、ファイル名も保存先も指定することができず、さらに本当に保存できたかどうかの通知も出ないとしたら……。想像しただけでぞっとするだろう。だが実際のところ、あなたの脳はそれと同じ状態にある。適切なファイル名も保存先も指定せずに情報を保存しているのだから、その情報を見つけ出すのに苦労するのも無理はない。思い出せるときもあるだろうが、そうでないときもあることを考えれば、コンピューターと同じような手順で情報を保存したり、取り出したりすることができたほうがいいだろう。

実を言えば、それは可能だ。そしてそれこそが、2番目のステップである「つなぐ」の目的だ。「見る」のステップで頭のなかに思い描いたイメージを、「つなぐ」のステップで認識できる場所に保存するのだ。コンピューターと同じような手順で行うと聞いて腰が引けた人もいるかもしれないが、誰にでも簡単にできる方法なので安心してほしい。

ただし、それにはまず「つなぐ」の概念をしっかりと押さえておく必要がある。つながり合った実際の鎖というのは、頑丈な金属の輪どうしが強固に結びついている。このつながりがいくつも連なって長い鎖を作ることもあれば、鎖の輪の1つがどこかに取りつけられていたり、

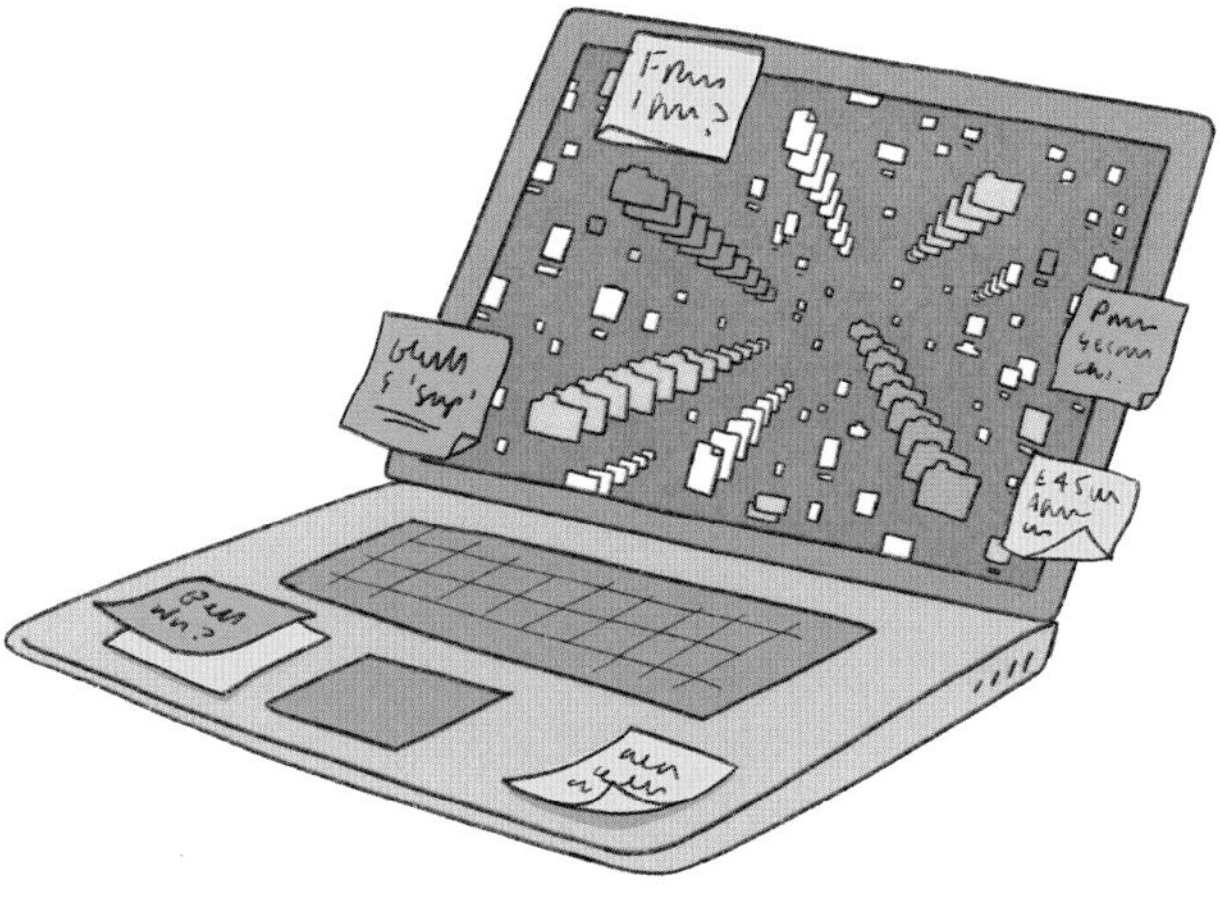

固定されていたりすることもある。いずれにせよ、鎖は別のものにしっかりとつながれているわけだ。現実世界ではそれも筋の通った話だが、頭のなかの漠然とした世界ではどうだろう？　新たに取り入れた情報をつなぎとめられる頑丈なものとは、いったい何だろう？　それは、あなたがすでに知っていることだ。

そこで少し、「知っていること」について考えてみよう。オーストラリアの首都はご存じだろうか？ではアルファベットの３つ目の文字は？　あるいは、あなたが住んでいる惑星の名前は？　シュレーディンガー方程式［訳注：量子力学の基礎方程式のひとつ］はどうだろう？　情報のなかには、かつて知っていたものもあれば、正確に思い出せたときにそれが正しいと認識できるもの（たとえばオーストラリアの首都などがそうだ。ちなみに答えはキャンベラ）、絶対に知らないもの（物理学を専攻した人でもなければシュレーディンガー方程式は知らないはずだ）、そして自分の手の甲のように考えずともわかるもの（アルファベットの文字や、住んでいる惑星の名前がそうだ）もある。

そのうち、自分の手の甲のように考えずともわかるものこそ、新たな情報をつないだり、関連付けたりするのに使うことができるものだ。実は、あなたの脳も頻繁にその作業をしている。たとえば学校で新しい概念を学習するとき、教えるのがうまい先生なら、あなたがすでに知っているものを例えに用いながら説明するはずだ。逆にあなたから、「それはつまり、○○に似ているけれど、××や△△の部分はちょっと違うということですか？」と聞くこともあるだろう。例を挙げてみよう。あなたが知っている唯一の動物は犬で、僕は鳥についてあなたに説明しようとしていると仮定する。このときに最も簡単なのは、犬に関連させて説明することだ。「鳥というのは、犬みたいだけど、犬よりも小さくて、羽があって、飛ぶことができるんだ」――僕はこんなふうに説明するだろう。

「つなぐ」の概念は、次の「くっつける！」のステップでより明確になってくるが、ひとまずはここまでの話を頭に入れておいてもらえれば大丈夫だ。要は、「見る」のステップで思い描いたイメージと、自分のよく知っているある対象（もしくは場所）との間に何らかの関わり合いをもたせること、と考えてもらえばいいだろう。新たに記憶したい情報を、すでに知っている情報に「つなぐ」ための方法は4つあるが、ここではそれぞれの概要を簡単に説明し、具体的な使い方については次章以降で詳しく学んでいくことにしよう。

①関連付け法

関連付け法は、すでによく知っている事実、考え、概念、またはイメージを用いる方法だ。要するに、自分の頭のなかにしっかりと定着している情報に、新たな情報をつないだり、「固定」したり、結びつけたりするということだ。関連付け法は、一度だけ思い出せればよい情報や、短く単純な事実などを記憶するのに最適だ（詳細は第3章「その2」の最初の例を参照）。

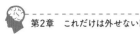

②連想結合法（リンク法）

連想結合法は、数個のアイテムを決められた順番どおりに記憶するためのいたってシンプルな方法だ。「結合」のカギは、アイテムどうしに関わり合いをもたせる作業にある。つまり、頭のなかで各アイテムをイメージに置き換え、それぞれ次にくるアイテムのイメージと順々に関連付けていくのだ（次々につながり合う鎖を思い浮かべてほしい）。こうすることで、個々の関わり合いが1つのアイテムから次のアイテムへの架け橋となってシームレスなつながりを作り出すので、脱線して順番を飛ばしてしまう心配がなくなる。連想結合法を使えば、買い物リストに載っている8個のアイテムを個別に思い出さずとも、最初のアイテムさえ思い出せば順を追って漏れなくすべてのアイテムを思い出せるというわけだ（詳細は第4章「その1」を参照）。

③ペグ法（アンカー法）

ペグ法もまた記憶術の基本テクニックのひとつだ。先に紹介した連想結合法が抱える最大の弱点は、記憶したことを必ず最初から最後まで順番どおりにたどらなければならず、それを守らないとリストを思い出せなくなってしまうことにあるが、ペグ法を使えばその弱点をカバーすることができる。ペグ法では、すべてのアイテムを記憶の鎖のようにつなぎ合わせる代わりに、「ペグ（掛け釘）」（あらかじめ憶えてある別のリストに並んだアイテムのイメージ。「アンカー」とも言う）を用いて、記憶したい各アイテムを「固定」することによってその欠点を克服する。この説明だけではやや突飛なアイデアに聞こえるかもしれないが、きわめてシンプルで、どんなリストを記憶するにも幅広く役立つ手法だ。さらにペグ法なら、リスト内を自在に飛び回ったり、行ったり来たりしながら思い出すことも可能になる（詳細は第4章「その2」を参照）。

④ジャーニー法（記憶の宮殿）

『羊たちの沈黙』のハンニバル・レクターや、シャーロック・ホームズ、古代ローマの弁論家キケロ、そしてほぼすべての記憶力チャンピオン（僕も含む）に共通していることとは何だろう？　犯罪解決能力やボキャブラリーの豊富さ、と言いたいところだが、残念ながらそうではない。僕らをつなぐ共通点とは、記憶の奥義とも呼べる、「記憶の宮殿」をマスターしたことだ。これは、紀元前86～同82年頃に古代ローマの修辞学書『ヘレンニウスへ』（作者不詳）に初めて記述されたとされる記憶テクニックだ。現在このテクニックには「記憶の宮殿」のほかにも、ロキ法［¶］や空間法、ローマン・ルーム法などさまざまな呼び名があるが、なかでも僕が気に入っているのはジャーニー法という名だ。

こんな有名な話がある。紀元前5世紀、ギリシャの詩人シモニデスは、ある祝宴で起きた悲劇的な天井崩落事故で、ただひとり生き残った。ちょうど外に出たとき、事故が起きたのだ。瓦礫《がれき》の下に埋まった犠牲者たちの身元を尋ねられたシモニデスは、すぐにはそれを思い出すことができなかった。だが目を閉じて宴席を回想すると、頭のなかで予期せぬことが起こった。テーブルのどの位置に誰が座っていたかという記憶がよみがえってきたのだ。そしてその記憶をたどることで、シモニデスはすべての客人を思い出すことができた。つまりシモニデスが憶えていたのは、それぞれの客人の顔ではなく、彼らが座っていた場所だったということだ。

これがこそが「記憶の宮殿」、すなわちジャーニー法が誕生した瞬間であり、キケロやクインティリアヌスといったローマ人によって体系化されて以来、あらゆることを記憶する最強の方法として広く用いられるようになった。しかし、シモニデスによって考案されてから2500年が経った現在では、残念ながらこのテクニックは記憶アスリートと一部の記憶術ファンにしか使われていない。それでも、ジャーニー法が記憶を格納する方法として最高のツールであることに今も変わりはない。ただ何世紀もの時を経るうちに、どういうわけか忘れ去られてしまっただけなのだ。

ジャーニー法はペグ法と同様に、新たに記憶したい情報を、すでに憶えてある別のリストに並んだ情報に関連付けるという手法だ。ただし、ジャーニー法ではリストに並ぶアイテム（ペグ）の代わりに、前章でも触れたように現実の慣れ親しんだ場所、つまりジャーニーのルート上に設定した複数のポイント（アンカー・ポイント）を用い、そこに憶えたい情報を関連付けていく。自宅やオフィス、よく行く公園を思い浮かべてほしい。そういった場所は、目を閉じても頭のなかで迷うことなく歩き回れるはずだ。そのように複数のポイント（玄関－廊下－階段－キッチンなど）で構成される記憶のなかの空間に、憶えたい情報を配置していくのだ。ちょっと複雑に聞こえるかもしれないが、実際にやってみると驚くほど簡単だ。本書でも、これから何度も練習することになる。

実は人間の脳には、こういった方法で記憶する能力がもともと備わっている。ジャーニー法の最大の利点は、まさにそこにある。ラジオから流れてきた曲を聴いて、初めてその曲を聴いたときのこと（あるいは最後に聴いたときのこと）を瞬時に思い出した経験はないだろうか？　あるいは古い写真を見て、撮影した場所だけでなく、その周辺の道や目印になるものの記憶までもがよみがえってきたことはないだろうか？　ほとんどの人は、そういった空間認識を当たり前のことのように感じているものだが、これには脳の海馬《かいば》（主に短期記憶を長期記憶に移行させるうえで責任を担うとされる部分）が大きく関係している。海馬には空間認識に特化した細胞があり、人が目的地へ正しく移動したり、行った場所を永久的に記憶したりするのを助けているのだ。

最近では、ペンシルベニア大学の神経科学者チームにより、個々の記憶が最初にいつどこで生成されたかを思い出せるようにする「ジオタグ」［訳注：写真データなどに付加される位置情報を示すメタデータ］が、海馬に存在するという証拠も発見されている。さらにジオタグは、人間が物事を記憶する直前に活性化することもわかっている。これは要するに、ジオタグが個々の記憶の追加的情報であるだけでなく、人間の脳の力を解き放つカギとなっていることも意味する。ジャーニー法を使えば、そのジオタグに、いつでも意図的に働きかけることができるようになるのだ（詳細は第4章「その3」を参照）。

「くっつける！（GO！）」

ここまで本章では、何を記憶したいときにでも応用できる3つの基本ステップのうち、「見る」と

「つなぐ」のステップを説明してきた。あとは、「くっつける！」のステップを残すのみだ。これからその方法について解説していこう。

もし、どうしても即座に記憶しなければいけないことがある場合には、頭のなかでそれを「見て」、どこかに「つなぎ」さえすれば、それでとりあえずは間に合わせることができる。だが、その記憶を本当に忘れられないものにするには、それを「くっつける！」ことが必要となる。「くっつける！」は、すべてのイメージをしっかりと絡み合わせ、さらに強力瞬間接着剤のような「魔法の成分」を加えることによって、記憶した情報を脳に定着させるための仕上げのステップだ。

手順としては、頭のなかで「見た」イメージを別のイメージに「つないだ」あと、その2つを絡み合わせて1つにする。もう頭のなかにイメージはあるのだから、今度はそこに背景描写（筋書き）を加えるということだ。ここまでが「しっかりと絡み合わせる」ための作業であり、続いてそこに「魔法の成分」を加えていく。これは、絡み合わせたイメージに「**五感のフル活用**（**SO＝Sensory Overload**）」「**奇想天外な設定**（**GA＝Grotesque Absurdity**）」「**動きの要素**（**MA＝Movable Attributes**）」という3つの成分を加えることを言う。

具体的に説明すると、「**五感のフル活用**（**SO**）」というのは、視覚以外の4つの知覚――聴覚、嗅覚、触覚、味覚――もさらに働かせて、頭に思い描いたイメージとより強いつながりを感じられるようにするための作業だ。僕が言う「視覚化」とは、ただ単に「目に見えるもの」に置き換えることを意味しているわけではない（そもそも人間は目だけを使って見ているのではなく、脳を通して見ているのだ）。想像のなかで五感をフル活用して、インタラクティブなイメージを思い描くということなのだ。このとき、衝撃的な内容（信憑性などなくてもかまわない）をイメージに組み込むことも役に立つ。

例として、ピザを想像してみよう。何が思い浮かぶだろう？「ピザ」という言葉を読んでひらめいたイメージならなんでもいい。とりあえずは、頭に浮かんだそのイメージを忘れないようにしてほしい。ピザがどんな見た目なのかはもちろん知っているはずだから、視覚化するのは簡単だろう。でもそれだけでなく、においや味、感触、音なども想像できるはずだ。そのイメージを頭にしっかりと定着させるために、今度はものすごく奇想天外な、ピザが登場するシーンを思い浮かべてみてほしい。さらに五感を働かせて、想像力を極限まで膨らませるのだ。

このとき思い描くのが、溶けたチーズがブクブクと泡を立てているという程度では物足りない。激しくジュージューと音がして（聴覚）、チーズから溶け出した油があなたの手に滴り落ちて火傷《やけど》するほど熱い（触感）！　どうせならいっそのこと、手を火事にしてしまおう。においや味は……どういうわけか下水みたいだ（嗅覚と味覚）。こんな想像をしたら、しばらくピザを口にしたくなくなってしまうかもしれないが、想像したものが恐れや怒り、喜びや悲しみ、痛みなど何らかの感情をかき立てたのであれば、それはつまり、記憶を定着させるのに役に立つ新たな一面をイメージに加えられたということだ。ここで重要なのは、生き生きとしたシーンを作り出すことだ。あたかも現実のような、さまざまな知覚情報をイメージに組み込んでいくほど、その記憶はより定着しやすくなるのだ。

「**奇想天外な設定**（**GA**）」についてはすでにピザの例のなかでも少し触れたが、要は五感をフル活用して追加した知覚情報を、可能な限り奇妙で大げさなものにするという作業だ。イメージをさらに記憶に残りやすくするには、何らかの現実離れした要素を加えて感情的な反応を呼び起こす必要がある。愉快なこと、残虐なこと、異様なこと、セクシーなこと、ばかげたことなどなんでもかまわない。たとえばピザを想像するなら、ソースを死んだネズミの血に変えてみよう。あるいは、そのピザをあなたが食べようとしたら、実はネズミはまだ生きていて、しくしく泣き出す（ここでネズミを擬人化してみた）というのもいいだろう。はたまた、ピザにセクシーな下着を着せて、ストリップショーをさせ

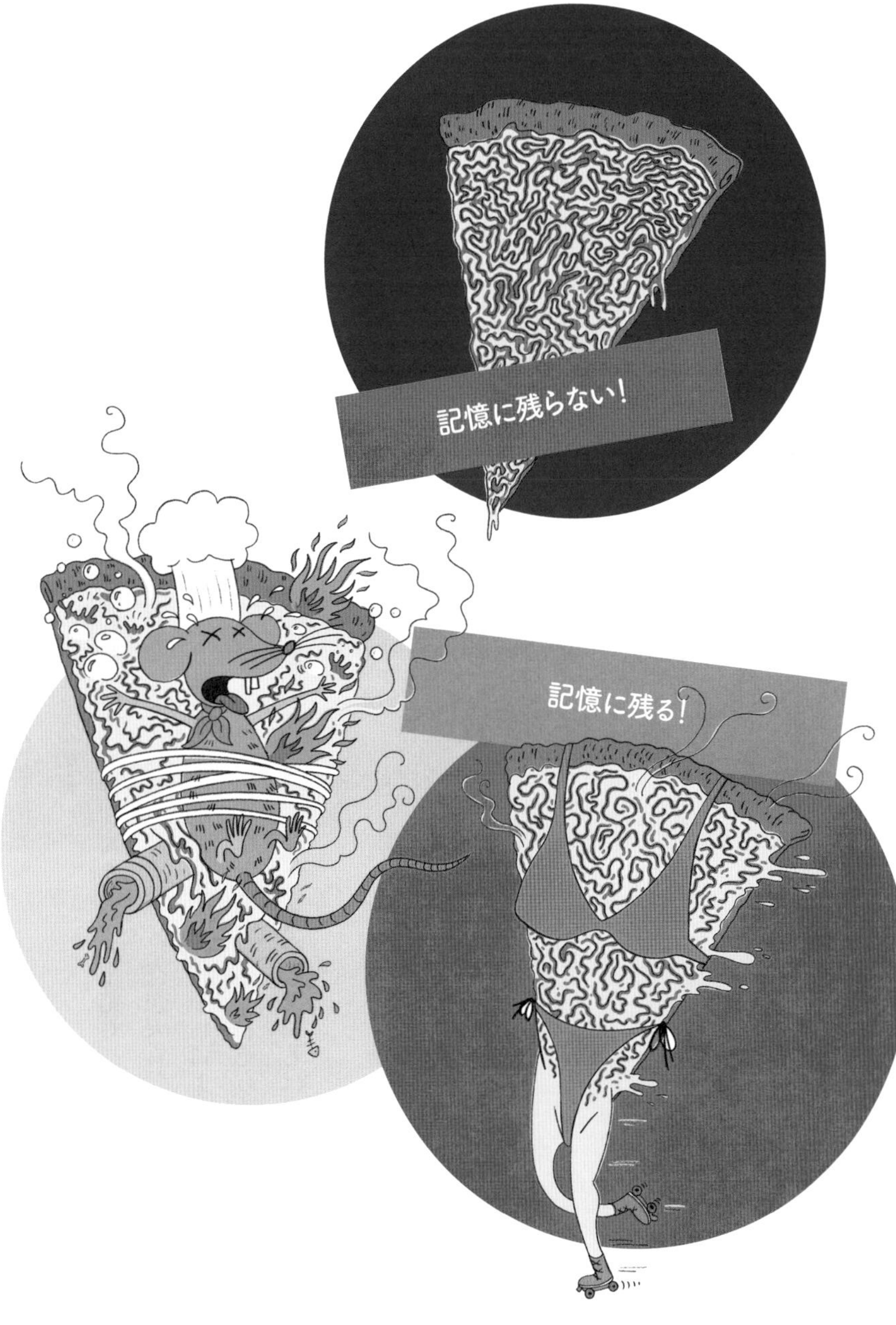
記憶に残らない！
記憶に残る！

るのも悪くない。このように、五感を総動員して組み込んだ知覚情報に奇想天外な設定を施すことで、イメージを脳にくっつける接着剤をまき散らすことができるのだ。

そこに、残るもうひとつの成分である**「動きの要素（MA）」**を加えれば、もう絶対に忘れようのないイメージのできあがりだ。これは広い意味では視覚化に入るが、具体的には奇想天外な設定を追加して大爆発させたイメージに、さらに何らかの動きや行動を加える作業を指す。これにより、思い描いたイメージが完全かつ絶対的に鮮明なものに仕上がるというわけだ。とはいえ、おそらく「五感のフル活用」と「奇想天外な設定」の段階で、あなたはすでに自然とこの作業をしているはずだ。もしまだであれば、思い描いたシーンに「動き」を加えてみよう！

僕は神経科学の博士号を持っているわけではないので、どうして動きを加えることがそれほど重要なのかは説明できない。でも、これまでの長い経験のなかで、イメージに動きを与えることによって、記憶にいい意味で火がつくことを発見した。「奇想天外な設定」の説明で挙げた例に戻って考えると、ストリップショーをしているピザがダンスをしながら腰をかがめ、くるくる回りながら下着を取って裸になってしまうのを想像してもいい。あるいは、ピザの上の死んだネズミが実はまだ完全に息絶えておらず、ピクピクと痙攣《けいれん》しているのでもいい。ぞっとする光景だが、このような動きが加わることで、結果としてもっと記憶に残りやすいイメージができあがるのだ。

これまで説明してきたように、「くっつける！」は「SO－GA－MA」という3つの成分に分けることができる（この3つの略字を並べると、まるで祖母に大好きなケーキを焼いてもらおうと、「ねえ、おばあちゃん（SO, GrAnd MA……）」と頼んでるみたいだ）。この3つの成分をイメージに加えることは、火薬に硝石《しょうせき》を加えるようなもの［訳注：かつては火薬作りに爆発のための酸化剤として硝石を用いることがあった］で、いわば「記憶の鉄砲」を発射させる働きをする。「くっつける！」のプロセスは、突き詰めて言えば自分の想像力をあらん限り解き放つことでもあるのだ。

ほかの記憶術の本では教えてくれない記憶術の秘訣

これまでの説明で記憶術の基礎についてはひととおりカバーすることができたし、本書の核心へと飛び込む準備もほとんど整った。ただし、記憶術の世界に本格的に足を踏み入れる前に、ぜひとも心に留めておいてほしいことが3つある。

①自分の記憶力を信じること

これはシンプルだが、記憶術を向上させるうえできわめて重要な心構えだ。もちろん、あなただって自分の記憶力を信じて、瞬時に記憶を格納したり取り出したりできるようになりたいと思っているだろう。なかには、何の心配もせずに一度に大量の情報を記憶できたら……と思っている人もいるはずだ。だが、自分の記憶力を信じなければならない最大の理由は別にある。それは、何かを思い出せないと苛立ちを感じ、「思い出せないのは自分の脳がダメなせいだ」という自虐的な考えに陥ってしまいがちだからだ。たいていの場合、忘却は脳が記憶をうまく取り出せなかったから起こるのではない。あなたが脳に記憶をうまく残せなかったせいで起こるものなのだ。

だが、本章で説明した「見る－つなぐ－くっつける！」――鮮明なイメージを思い描き、それをよく知っている対象や場所に関連付け、そこに背景描写と「魔法の成分」を加える――という3つのステップを正しいバランスで行うことができれば、もう失敗することはない。あなたの記憶力は、そのように機能する仕組みになっているのだ。このプロセスを信頼すると同時に、あなたの脳内で活性化されるのを待ちわびている能力を信じてほしい。

②忘れてしまっても記憶力のせいにしないこと

物忘れをするとつい、「ひどい記憶力だ……」などと心のなかでつぶやいてしまいがちだ。まるで、それを自分の短所として一生抱えていくことを受け入れでもしたかのように。僕は、そのことをとても歯がゆく思っている。なぜなら、**ひどい記憶力の持ち主なんてひとりもいないのだから——ひとりたりともだ**。これは自分の記憶力を信じることにも通じるが、まずはそのように考える癖をやめることが重要だ。そうしなければ、たいしたことのない記憶力の持ち主なんだと自分自身や周りを信じ込ませてしまうことになる。そして記憶力にそんな濡れ衣を着せれば着せるほど、次第にそれが現実になってしまう。人生のどんなことにも言えることだが、「ネガティブな怪物」にエサを与え続ければ、やがてそれに支配されてしまうのだ。

そこでこれからは、常に自分にこう言い聞かせてほしい。「あのネルソン・デリスだって、初めから記憶が得意だったわけではない。だから自分にだってできるはず！」と。挫折しそうなときは、いつもそれを思い出し、「自分の記憶力があれば絶対に忘れない！」と呪文のように繰り返すこと。それに加えて、忘却する理由というのは次のたった2つしかないということを憶えておいてほしい。

・集中力を注いでいなかった。
・「見る－つなぐ－くっつける！」のプロセスが不十分、あるいは弱かった。

たったこれだけだ。それにこの2つの理由は、あなたの記憶力の良し悪しとは無関係だということにも気づいただろうか？　1つ目の理由については言うまでもないし、これまでにも述べてきたことだ。集中力を注がなければ、何も記憶することはできない――これは当然だ！　もし集中力を注いでも記憶できなかったのであれば、残るは2つ目の理由しかない。その際はプロセスを振り返って、まずは情報をきちんと頭のなかで視覚化できたか、次にそれを明確な対象や場所に関連付けられたか、そしてそれらをしっかりと絡み合わせ、「魔法の成分」も十分に加えることができたかどうかを確認することが必要だ（記憶できない原因は、3つ目の「くっつける！」のステップにあることが最も多い）。そうして不備を洗い出したらやり直し、イメージをさらに鮮やかに、強烈に、セクシーに、そして奇妙なものにすることで、脳に定着しやすくしよう。ダメな記憶力なんてない。ダメなのはイメージだ。イメージをもっと速く、もっと匂い立たせて、そこにもっと手足を加えるんだ！

イメージをもっと速く、もっと匂い立たせて、さらに手足も加えよう！

③とにかく楽しむこと!

これはどんなに強調してもしきれない。記憶の作業は退屈で、面倒で、目を疲れさせるだけだと、言われのない批判を受けることも多い。そんな批判を浴びるのは、単に僕らが子どもの頃に、簡単な正しい記憶方法を一度も教わることなく育ってしまったからだ。記憶するときと言えば丸暗記ばかりで、「力ずく」とも思える方法だった。そう考えると、記憶することがいつも苦痛な作業のように感じられたのも無理はない。でも、これから紹介していくテクニックを使えば、二度とそんなふうに感じることはなくなる。記憶することは楽しいし、笑えるし、力をくれる。それに、身につけることのできる最も優れたスキルであり、ツールなのだ。

たとえ記憶をうまく定着させられないことがあっても、大丈夫。またやり直せばいいだけだ。どんなスキルにも言えることだが、記憶のスキルも練習を繰り返すことで上達していくものなのだから。僕だって一夜にして全米記憶力チャンピオンになれたわけではない。丸2年を要した。とはいうものの、すぐに習得できる頼もしいテクニックも多いことに、あなたもきっと驚かれるはずだ。

さあ、心の準備はできたかな？　それではさっそく、あなたを素晴らしい記憶の世界へとお連れしよう。「見る－つなぐ－くっつける!」の3ステップを決して忘れないようにすれば、必ずやうまくいくはずだ。すぐにあなたも記憶マシーンに変貌することだろう!

第3章

ど忘れ、名前忘れ、脳《あたま》を悩ます日々のあれこれ

「記憶術を極めることの真髄は、集中力を極めることにある」
——サミュエル・ジョンソン［*］

記憶テクニックを使う準備は整った。それではいよいよ、実践に移るとしよう。最初はそれほど高度なワザや複雑な手順を必要としない、日常的なこまごまとした物事の記憶から挑戦してみるのがいちばんだ。たとえば、車を停めた場所や物を置いた場所、部屋を移動した目的、人の名前と顔などを記憶する方法だ。こういったものならすぐに練習できるし、実生活でも大いに役に立つ。

本題に入る前にまず、前章で説明した、新たな情報を記憶するための3つの基本ステップ——**「見る–つなぐ–くっつける!」**(**SEE–LINK–GO!**)を復習しておこう。最初のステップでは、記憶したいものを頭のなかでイメージとして見る。次のステップで、そのイメージを、あなたがすでによく知っているものにつないで保存する。本章では、この2番目のステップに「関連付け法」を用いたアプローチの仕方を学んでいく。そして最後のステップで、つなぎ合わせたイメージをしっかりとくっつける! 五感や感情を総動員して追加した知覚情報に、さらに奇想天外な設定や動きの要素を施し、本当に記憶に残りやすいイメージに仕上げるのだ。このシンプルな3つのステップを使えば、あなたの記憶力は飛躍的に向上するはずだ。

本章で紹介するテクニックのなかには、記憶力を伸ばすという意味ではさほど重要に感じられないものもあるかもしれない。でも千里の道も一歩から。そういった細かな点をしっかりと押さえておくと、あとの章でより複雑な記憶術を学ぶ際の下準備になる。

その1 集中力を注ぐ

物忘れをすると頭にくる。物忘れそのものへの苛立ちに加え、自分の脳に期待を裏切られたように感じるからだ。だがたいていの場合、忘却は脳が記憶をうまく取り出せなかったせいで起こるのではない。前述したように、あなたが脳に記憶をうまく残せなかったせいで起こるものなのだ。なにもこれは、あなたを自己嫌悪に陥らせようとして言っているわけではない。こんなふうに考えてみてほしい。たとえば夕食を作ろうとしても、食材が揃っていなければ作れない――それと同じことが、長期的に何かを記憶しておきたいときにも言える。つまり、もともと脳に短期記憶が存在しなければ長期記憶となる材料がないのも同じで、長い間情報を記憶にとどめておくことはできないのだ。

記憶は集中力に始まり、集中力に終わる。それ以上でもそれ以下でもない。集中力というのは、誰にでも備わっているきわめて貴重な精神的能力だ。ただし、それには限界がある。どんなテクニックを使っても、完全に気が散らないようにすることはできない。だが嬉しいことに、脳を鍛えれば鍛えるほど、新しい情報を取り込むときに意識をうまく集中できるようになっていく。これは特に、記憶のスピードを向上させる練習――読み取るスピードや、イメージするスピードを1秒でも速くする練習――をするようになると実感できるものだ。不意に気が散ることは起こりうるものの、次第にそれを打ち消すのがうまくなっていく。記憶術を学び、上達するに従って、記憶することを強く意識できるようになり、記憶すること自体を忘れないようになっていくのだ。

「あれ、何をしようとしていたんだっけ？」
用事があって別の部屋に行ったはずなのに、その目的を思い出せないときには

部屋のなかに足を踏み入れるやいなや、そこへ来た目的をすっかり忘れてしまった——これは、よくありがちな現象だ。そんなとき、腹立たしくならないだろうか？　僕は腹が立つし、自分が嫌にもなる。それに、貴重な時間の無駄だ。だが、この問題を記憶テクニックで解決しようとしても、それだけでは確実とは言い切れない。あくまでも「確実に近い」解決策でしかないのだ。実のところ「記憶力がいい」というのは、単に記憶のワザやテクニックを知っているということだけではない。言うなれば、記憶することがひとつの「ライフスタイル」になっているということでもあるのだ。その点について、ここでもう少し詳しく説明しておこう。

これからあなたが記憶の仕組みを学び、僕がその仕組みをテクニックにどう活用しているのかについて理解を深めていくにつれ、あなたの記憶力はどんどん伸びていくはずだ。その理由は、あなたが記憶力を「使う」ようになるからであり、それが記憶の「筋力」を強化することになるからだ。それだけではない。あなたが「記憶したい」「記憶するんだ」という意識を持った脳のレンズを通して物事に目を向けるようにもなるためだ。これは非常に強力なツールだ。常に記憶することを意識していれば、メタ記憶［訳注：記憶に関する認知活動や記憶過程などに対する客観的な認知］、つまり記憶そのものではなく、どのように記憶するかに関する思考も常に働いていることになる。あなたの脳がそのような状態になれば（本書を読み終える頃には、きっとそうなっているはずだ）、部屋に入るなり、その目的を忘れてしまうといったど忘れは徐々に減っていくだろう。これは、あなたの脳内で物事を記憶に残りやすくする

ための準備が整ったからにほかならない。かみ砕いて言うと、あなたが周りに集中力を注ぐことができるようになったから、ということだ。

とはいえ、そうなるまでの間だけでも役立ちそうなコツを知りたくてうずうずしている人もいるだろう。そのコツを知るにはまず、別の部屋に足を踏み入れると、その前にいた部屋で考えていたことを忘れてしまう理由を理解しておく必要がある。

ノートルダム大学心理学部教授G・A・ラドヴァンスキーは、まさにこの現象についての研究結果を「Walking through Doorways Causes Forgetting：Further Exploration〔1〕（扉をくぐることによって引き起こされる忘却についてのさらなる探求）」と題した論文で発表している。それによると、人間の脳というのは出来事や思考を区分し、それを部屋や空間――通常はその思考が最初に概念化された場所――に結びつける傾向があるという。つまり、ある部屋で何かを考えていた人が別の部屋に移動するとき、脳は基本的に、最初の部屋に関するさまざまな情報（そこで何をし、何を考えたか）が収められたファイルのようなものを作り、それを格納する。そして次の部屋に入ると、脳はまた新たなファイルを作る。そのため、最初の部屋のファイルに収まっている内容を思い出すのが難しくなるわけだ。これは無意識のうちに起こることなので、僕らにはそれを認識したり、コントロールしたりすることができない。でも、扉を通って別の部屋に移動したときよりも、同じ部屋のなかで端から端まで移動したときのほうが物事を憶えている可能性が高いという点は、なかなか興味深い。

脳内で起きていることを踏まえたうえで、このような場合に思い出せるようにするためのワザをお教えしよう。単純に、その前にいた部屋や、思い出したいことを考えていた場所に戻ってみればいいのだ。この方法は必ずしもうまくいくとは限らないが、少なくとも試してみる価値はある。ただし、真の解決策を求めるなら、先ほど述べたように記憶することをあなたのライフスタイルに組み込む必要がある。そうすれば、記憶力は自然と向上していく。あるいは、ラドヴァンスキー教授のアドバイスに従うのもいいだろう。「扉をくぐるのはよくない。なんとしてでも避けたほうがいい」

「ごめん、もう1回言ってくれるかな」
頼まれ事を記憶するには

僕が全米記憶力チャンピオンだと知ると、ほとんどの人は、きっと物忘れとは無縁なんだろうと思うようだ。でも、実際はそうではない。しかも僕が物忘れをするときと言えば、妻から言われたことに関係している場合が多い。もちろん、妻のことは愛しているし、妻の言うことは何より大事だと思っている。ただ、僕はときどき「聞いていない」のだ。ほかに説明のしようがない。同じようなことは、結婚している人なら誰だってあるだろうし、友だちとの会話中にボーっとしてしまうことがあるのも僕だけではないはずだ。

では、相手に言われた大事なことを確実に憶えておくにはどうしたらいいのだろう？　その第一歩は言うまでもなく、集中力を注ぐことだ。そのためには、一度にさまざまな努力をすることが必要となる。ただ、なかには目の前にある別の物事に気を取られたり、思考があちこちに飛んでしまったりして注意散漫になりやすい人もいるだろう。それに、集中力は自分でコントロールできるような類《たぐい》のものでもない。それでも、集中力を注ぎやすい態勢を整えるためのコツならある。

まずは、注意力をそらすようなデバイスは片付けること。ただし、決して中途半端ではダメだ。スマホはポケットにしまい、ノート・パソコンは閉じ、本は下に置こう。そして、誰かがあなたに話しかけているときは相手の目を見つめ、会話中はアイコンタクトを維持するように努めること。要は会話に「コミット」することが重要なのだ。これはさほど難しいことではないし、この2つを実行すれば十中八九うまくいく。

さらに、会話の内容をもう少し細かく記憶する必要がある場合についても説明しておこう。大事な人から頼まれ事をしたときにも、デートで気になる相手のことをよく知ろうとしているときにも使える方法はこうだ。言葉が耳に入ってくるときに、それを頭のなかで視覚的にイメージする——まるで、目の前で上映されている映画を観ているように。僕は多くの場合、古い映画のフィルムが、ひとコマひとコマ縦に流れていくようにイメージする。もし相手が生まれ故郷の話や過去の思い出話をしていたら、あたかも自分自身の記憶であるかのように、そのイメージを頭のなかで思い描いてみるわけだ。ここで説明した方法で会話の事細かな内容まで完全に記憶できる保証はないが、全体的な会話の要旨をもっとよく把握できるようにはなるはずだ。

では、もっと具体的な詳細を記憶しなければならない場合はどうだろう？　たとえば、指示された内容や、何らかの事実情報を憶えておかなければならないときにはどうすればいいのだろうか？　この場合もすぐ前に述べたテクニックを活用すればいいのだが、そのあとにひとつだけやるべきことがある。指示された内容や事実情報を視覚的にイメージしたあと、そのイメージを何かに「固定する」必要があるのだ。

「固定する（anchor《アンカー》）」という言葉は、本書にたびたび登場することになるので、ここでその意味を明確にしておこう。**「固定する」とは、新しく入ってきた情報を、すでに脳にしっかりと定着している別の情報と関連付けることを意味する。**広義に言えば「つなぐ」ことではあるが、そのなかでも新たな情報を視覚的イメージに置き換えて、すでに自分の脳にしっかりと根づいているものにつなぎとめることを「固定する」と言う。具体的には、次の「やってみよう」の例を参照してほしい。

やってみよう

例：上司から「この書類をコピーサービス店に持っていって、コピーを100部用意するように」と言われた場合

この指示に含まれる重要な要素は、「コピーサービス店」と「コピーを100部」という2点だ。したがってまずは、自分が実際に目的の店舗に歩いていく場面と、コピーを100部取っている場面を思い描くのがいいだろう。だが、これは絶対に失敗の許されない任務だと仮定しよう。しくじれば、あなたは解雇される恐れがある。そこで必要になるのが、思い描いたイメージが記憶としてしっかりと定着するように、それを何かに「固定する」作業だ。固定する対象に用いるのは、すでに頭のなかに定着していて、かつ不変なもので、記憶したい内容に関係したものでなければならない。この場合に最適なのは、あなたの上司だろう。

たとえば、上司の頭をコピー機に100回押しつけて、コピーを100部刷ることをイメージしてみるのはどうだろう？　少々乱暴なイメージではあるが、職務を果たすためだ。痛ましいものであったとしても、度を超えているイメージこそが、記憶の野火のごとく猛威を振るうのだということを忘れないようにしよう。それが接着剤のような働きをして、記憶をしっかりとくっつけてくれるというわけだ。

この例ではまず、「コピー機」という言葉と「100」という数字を頭のなかでイメージし、それを「上司」に固定したことがわかっただろうか？　こうした「イメージの固定」というシンプルなプロセスが、その場ですぐに物事を記憶する助けとなるのだ。

上司「この書類をコピーサービス店に持っていって、コピーを100部用意するように」

その2

物を置いた場所や行動について記憶する

ここからはもう少し難易度を上げて、煩わしい日々の出来事——たとえば車を停めた場所や、財布を置いた場所、あるいは常用薬を飲み忘れていないかどうかといったことを記憶する方法について学んでいこう。もし、こういった鬱陶《うっとう》しい問題を日々の生活から根絶できるとしたらどうだろう。これまで想像もしなかったほどにストレスが激減し、気持ちも晴れ晴れし、生産性も上がるはずだ！

前のセクションでは、集中力を注ぐことに重点を置いて話を進めてきたが、これから紹介していくどの記憶テクニックにも、同様のレベルの集中力を維持することが求められる。だがここからは、優れた記憶力に不可欠な集中力を礎《いしづえ》にして、その上にスキルを築き、さらにそこにより多くのことを、より確実に、より速く記憶できるようにするテクニックを加えていく。「つなぐ」のステップに「関連付け法」を用いて、情報を脳に固定するのだ。そこでまずは、車を停めた場所の記憶方法から説明していこう。

「Bゾーンだっけ？ 6階だっけ？」

駐車した場所を記憶するには

目を閉じて、ありがちな次の場面を想像してほしい。あなたは今、試合を楽しみにしながらスタジアムの駐車場に車を停めたところだ。ずらりと並んだ車の間を、ユニフォーム姿の人たちがスタジアムの入り口に向かって歩いていく。なかにはバーベキューで盛り上がっている人たちもいる。ゲーム前の興奮がひしひしと伝わってくる。駐車場を半分ほど行ったところで、あなたは思い出す――駐車した場所のエリア番号を確認しておかなければ。その番号はすぐに見つかり、それを心に刻むが、試合が終われば20分ほど費やして車を探し回ることになるのは目に見えている。そこであなたはエリア番号をもう一度横目で確認し、その情報がしっかりと記憶に残るようにと祈る。しかし試合が終わって駐車場に着くと、あれほど懸命に記憶したはずのエリア番号を思い出せない。しかも駐車場は、宇宙の果てまで続いているかのように広い。最悪の事態だ……。

僕は40階建てのマンションに数年間住んでいたことがある。そこには7階建ての駐車場がついていた。ただ、帰宅時間が早い日には3階か4階に駐車できたものの、帰りが遅くなってしまうと、うんざりしながら6階や7階まで行くはめになった。そのようなわけで、駐車する階はいつも同じではなかった。だから朝、駐車したはずの場所に向かっても車が見つからず、各階を探し回った挙げ句によやく最後の階にあったということも珍しくはなかった。

でもそれは、記憶術を学ぶ前のことだ。記憶テクニックを習得してからは、駐車した場所を憶えるためのちょっとしたワザを考案した。ここで思い出してほしいのは、前章で述べたように**自分の記憶力を信じること**だ。それを念頭に置いて目の前のことや、そのときの状況により強く意識を向けるようにしてほしい。車から出る前には、駐車場所を憶えなければならないという意識を強く持つこと――それが真っ先になすべき重要なことだ。

そうしたら、「見る－つなぐ－くっつける！」の3ステップの出番だ。まずは、駐車した場所（ゾーン、階数、文字、色など）をイメージに置き換える。次に、そのイメージを「関連付け法」を用いて何かに「つなぐ（固定する）」。この場合、あなたの車にイメージを「つなぐ」のがいちばん理に適っているだろう。ついては、駐車した場所のイメージを、あなたの車のなかに詰め込んでしまおう。あとは「くっつける！」のステップを踏んで、そこにワイルドな描写を加えれば完成だ。これでもう、駐車場所はあなたの脳にしっかりと焼きついているはずだ。

やってみよう

例1：「4」階に駐車した場合

数字をイメージに置き換えるには、「形態法」（詳細は第5章「その1」を参照）を用いるのが最も手っ取り早い。これは、数字の形と似ているものをイメージするという方法だ。僕には、「4」はヨットの帆のように見える。そこで、思い浮かべたヨットの帆を車のなかに入れ込んでしまおう。

これで「つなぐ」のステップまではできたので、あとはこのイメージを「くっつける！」だけだ。たとえば、帆が勢いよく飛んできて窓をぶち破るシーンをイメージするのもいいし、ヨットが運んできた海水で座席がびしょびしょになってしまう様子を思い浮かべるのもいい。それに加えて、帆にとまっていたカモメたちが周りを飛び回り、車を羽や糞《ふん》まみれにしてしまうというのはどうだろう。ここまでやれば忘れられないのでは？　車に戻ろうとしてエレベーターのボタンを押す瞬間、ヨットの帆やカモメのせいで台無しになったあなたの車のイメージが否応なしに頭をよぎるはずだ。「そうだ、4階だ！」

例2：「B」ゾーンに駐車した場合

文字の場合は簡単だ。その文字で始まる記憶しやすい言葉を適当に選んで、それをイメージとして使えばいいだけだ。たとえば「B」を見て、「bread（パン）」を思い浮かべたとしよう。僕なら、車を業務用の本格的なパン焼きオーブンにしてしまう。車のなかで次から次へとパンが焼きあがり、香ばしいにおいが充満している。うーん、おいしそうだ！

僕からのアドバイス

「ときどきしか車を停めない人ならここで学んだ方法でもいいかもしれないが、1日に何回も駐車場所を変える場合はどうしたらいいのだろう？　イメージが混ざり合ってわからなくなってしまうのでは？」と思っている人もいるかもしれない。その可能性は確かに否定できない。そこで重要になるのが、車を停めるたびにそれぞれ特徴の違うイメージを作る作業だ。そのためには、より関連性がはっきりとしたイメージ（その日やその時点の行動などに関連するもの）を思い描く必要がある。

たとえば「例1」で、その日に4階に駐車するのが3回目だったとする。さらに同じ日に、すでに別の2つの階にも駐車していたとしよう。僕ならまず、やはりヨットの帆を思い浮かべるが、このときにイメージを直前または直後の行動に結びつける。もし夜に用事を終えて帰ってきたところで、これから夕飯を食べる予定だったとしたら、ヨットの帆を夕飯に結びつける方法を考えるだろう。車のなかに放り込んだヨットの帆に、ブリトーみたいに僕の夕飯が包まれていた、というように。これなら簡単だろう。

やってみよう

例3：「赤」の階に駐車した場合

駐車場によっては、駐車エリアを色分けしている場合もある。そんなときは、その色から連想できるイメージを思い描いてみよう。そしてもちろん、大げさな脚色を加えるのも忘れないこと。僕なら赤と言えばケチャップだ。車のなかは、どこもかしこもケチャップでべっとり。そこらじゅうからポタポタと滴り落ちている。これが現実なら悪夢のような場面だが、食事にケチャップかけ放題だと思えば悪くないのでは？

例4：「R21」に駐車した場合

これはもう、駐車場所を忘れさせようという陰謀にほかならない。でも大丈夫。これまでの例で学んだ方法を組み合わせて、1つの大きなイメージを思い描けばいいだけだ。最初の文字はアルファベットなので、「例2」でやったように「R」で始まる言葉を選ぶ。ここでは「rhinoceros（サイ）」を使ってみよう。

ただ、数字の「21」は2桁なので、「例1」のように形態法を使って、数字の形と似ているもののイメージに置き換えるのは難しいかもしれない。ならば、この数字に意味を与えて（自分で意味を考え出すのだ！）、「R＝サイ」と関係をもたせてみよう。たとえば、サイが21歳の誕生日を迎えたというのはどうだろう。イメージを思い浮かべたら、それを車のなかに入れてしまおう。この場合もほかの例とそう変わらない。イメージをつなぎ合わせるのに少し労力を要するだけのことだ。

世の中には、駐車エリアに複雑な番号をつけることを名案だと考える変わり者がいるものだ。エリア番号を見つめながら、これをどうやって記憶すればいいのかと途方に暮れてしまうこともあるだろう。だが心配はいらない。本書ではおいおい、数字やコードに関するより複雑なシステムについても解説していくので、どんなに複雑な駐車場でもお手のものになるはずだ。

駐車場所を憶えるには

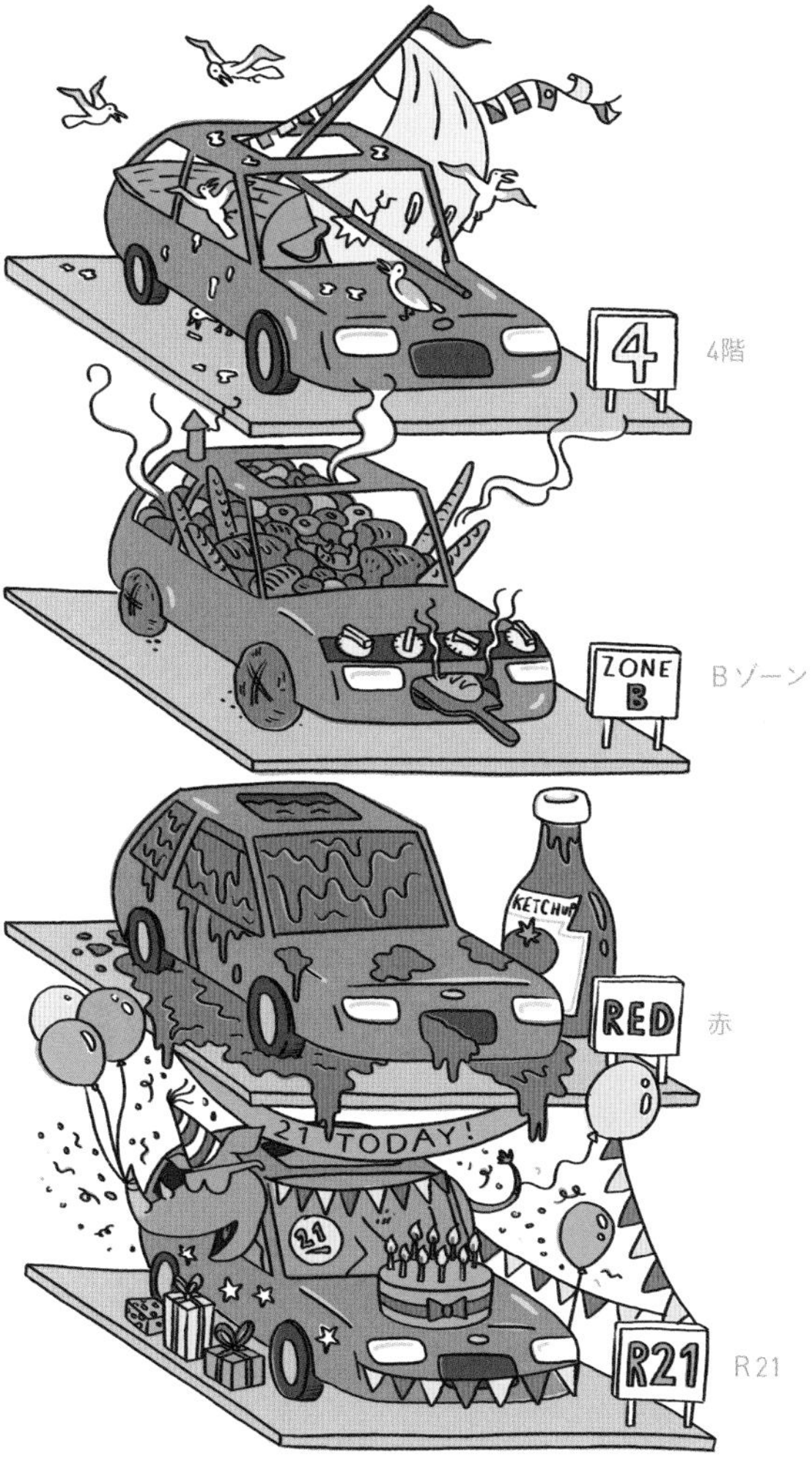

「鍵はどこに置いたっけ?」

物を置いた場所を記憶するには

家を大急ぎで出ようとしているときに限って、どういうわけか「鍵はどこだ!?」と心のなかで叫ぶことになる。そして、家の鍵は毎日必ず使うものなのに、それをどこに置いたかというあまりに初歩的なことをまたも思い出せないなんて……と、自己嫌悪にさいなまれる。でもこれは、誰にでも普通にあることだし、あなたの記憶力が衰えているということでもない。鍵や財布、スマホの置き場所を忘れてしまう理由は、おそらく次のどちらかだ。

・もっと重要なほかのことに気を取られながら、慌ただしく置いた。
・普段とは違う場所に置いてしまったせいで、思い出すのが難しい。

当たり前のことだが、いちばん手っ取り早くて、いちばん確実な解決策は、それ専用の置き場を決めて、毎回必ずそこに置くようにすることだ。だが、ここで理解しておかなければならないのは、物を置くといったほんの瞬時の出来事など、脳にとってはどうでもいいということだ。よく考えてみてほしい。「ソファの上に鍵を放り投げること」と「すぐに外に連れて行ってくれとクンクン鳴きながらせがんでくる犬を散歩させること」のどちらが大切だろう?

そう、もちろん犬のほうだ。同じことは、「赤ちゃんの世話をすること」「仕事を終わらせること」「メールを返信すること」「夕食を作ること」「デートの支度をすること」などについても言えるだろう。

だからこそ、そもそも人間の脳は物を置いた場所などに注意を傾けていないものなのだと、前もって「予測」しておくべきなのだ。そしてそう予測することができたら、物を置いた場所を忘れられないようにするために、自分の脳をハイジャックしてささやかな手助けをする必要がある。

その手助けこそが、専用の置き場を決めることだ。鍵ならば小さな器やトレイなどを用意して、玄関脇に置いておこう。そして帰宅したら、そこに必ず鍵を置くよう習慣づける。財布やスマホ、請求書などについても同じだ。それがなんであれ専用の置き場を決め、必ずそこに置くようにするのだ。また、置き場はそれが必要になるエリアを通過するときの動線上にすること。一目瞭然の位置に置き場を定めておけば、脳がそれを必ず認識して、そこに置かずにはいられなくなるからだ。

専用の置き場を決めれば、おそらく8割の状況には対処できるはずだ。でも残りの2割についてはどうだろう？　実際、習慣づけが難しい場所も少なくない。その場合に使えるのが、僕が「ムーブ・イット・オア・ルーズ・イット（動くか、なくすか）法」と名付けたメソッドだ。これは、アイテムを置く前、あるいは置くときに、あなたが文字どおり「動く」というものだ。つまり、物を置くときに何らかの動作をするのだ。その動作はどのようなものでもかまわないが、奇妙な動きであればあるほど効果が高い。普段なら絶対にしないような動作をすることで脳に警報が発され、あとで思い出しやすくなるからだ。もし鍵が見当たらないときには、鍵を置くときに関連付けた奇妙な動作を思い出せば、その置き場所も思い出せるというわけだ。ほら、あった！

例1：「鍵をソファに放り投げた」ことを記憶する場合

僕ならまず、鍵を握っている手で頭を軽くポンと叩いてから、鍵をソファに放り投げる。この自分の頭を叩く――しかも鍵そのものを握りしめて――という非日常的な動作が、記憶に残るスナップショットとなって、あとで思い出すときに役に立つ。つまり、鍵を置いた場所の記憶をたどりたいときは、頭を叩いたことを思い出せば、ソファに投げた記憶もよみがえってくるというわけだ。

僕からのアドバイス

何かを置くたびに奇妙な動作をしなければならないのだろうか？　いや、そこまでする必要はない。でも大事な物や、いつもなくしてしまうような物を置くときには、このメソッドを使うといい。記憶することが上達するにつれて、自分自身の記憶力とそのメカニズムをより強く意識できるようになってくる。そうなれば、僕が教えるコツの多くが自然と身についていることに気づくだろう。

例2：「カバンに財布を入れたこと」を記憶する場合

この場合も、自分のカバンに財布を入れるときに非日常的な動作をする。僕なら耳を軽く引っ張って、鼻にシワを寄せてみるだろう（もちろんいちばん効果的な動作は、その瞬間に自分自身で思いついたものだ）。それだけでいい。簡単だ。なかには、「そんなのばかげてる」と思われた人もいるだろうが、実はそこが肝心なのだ。そのばかばかしさが思い出すときに役に立つのだから、それを活用しない手はないだろう。

とはいえ公共の場では、耳を引っ張ったり、鼻にしわを寄せたりするのはちょっと恥ずかしいかもしれない。しかし考えうる動作は無限にあるわけで、それよりはるかに目立たない動作だって山ほど思いつくはずだ。だから言い訳は無用。外の世界に出て、ばかげた動作を記憶に役立てよう！

このテクニックが最も効果を発揮するのは、日常で定期的に行う必要があることを記憶したいときだ。たとえば、毎月の家賃の支払いや、朝晩決められた薬を飲むといったことだ。こうした事柄は、めったに忘れるものではないかもしれないが、「やったかどうか」を忘れてしまいがちだ。というのも、それぞれの記憶が個性に欠けていて、頭のなかで混ざり合ってしまうからだ。でもそこにちょっと独創性を加えてみるだけで、たちまち際立つ記憶となり、頭に残りやすくなるのだ。

僕からのアドバイス

定期的に行う必要がある事柄は、スマホのリマインダー機能を設定しておけば簡単に思い出すことが可能だ。けれども、スマホを取り出せなかったり使えなかったりする状況があるのも事実だ。加えて、スマホに頼ると脳を使わなくなってしまう。前述したように、重要なのは記憶することを強く意識することだ。これは、記憶力を使っていくうちに自然とできるようになっていくはずだ。

「明日は……絶対に……忘れない……ぞ……グゥゥゥ……」

わざわざ起き上がってメモしたくないときの記憶の仕方

記憶を思い出すための効果的な手がかり（リマインダー）を作るには、肝心なときに自分自身の注意を引きつける方法を見出す必要がある。たとえば今夜、僕は友だちの誕生日パーティに出かけることになっているとしよう。その際には、用意しておいたプレゼントを持参するのを忘れないようにしなければならない。だが「未来の僕」を想像すると、何らかの予防策を講じておかなければ、自分の脳がプレゼントを見逃してしまう可能性がきわめて高い。それでも、プレゼントのそばで自分の身体《からだ》を止めることなら可能だ。そこで僕は、玄関に向かうときに通る廊下の床にプレゼントを直接置くことにする。そこに置いておけば、時間を先回りして思い出す作業をしたも同然だ。未来の僕は思い出す必要すらなくなる。現在の僕がもう思い出しておいたのだから。

もちろん、指に紐を巻きつけたり、手に直接メモしておいたりといった方法のほうが好きだというのなら、そうするのでもいい。しかしもっとお薦めなのは、僕が「ペン投げ法」と呼んでいるメソッドだ。これは自分が制限された状況にあって、未来の自分に必ず何かを思い出させたいときに役に立つ。「制限された状況」というのは、指に紐を巻いたり、手に直接メモしたりできないような状況だ。シャワー中や、ベッドに入ったあと、大事な電話の最中などがそれにあたる。

僕にとってこのメソッドがいちばん役に立つのは、ベッドでうとうとしながら、突如として次の日にしなければならないことを思い出したときだ。その場合、僕はベッドから起き上がるのではなく、ベッド脇のテーブルに置いてあるペンをつかんで床に放り投げる（投げてもよくて壊れにくいものであればなんでもかまわない）。それから記憶しておきたい内容をイメージに置き換えて、ペンに「つなぐ（固定する）」のだ。そうすれば翌朝、これ見よがしに床に落ちているペンが目に入ってきたとき、その日にしなければいけないことのイメージがよみがえってくるというわけだ。このように、あとになって必ず気がつくような場所に一目瞭然の手がかりを置いておき、その手がかりにイメージをつないでおけば、このメソッドは必ずや効果を発揮するはずだ。

やってみよう

例1：「シャワーから出たらすぐにチップ氏にメールを送ること」を記憶するには

チップ氏は重要な取引相手で、あなたは昨日メールを返信するはずだったのに、それを忘れてしまった。さらに困ったことに、それを思い出したのは出勤前にシャワーを浴びている最中だ。すぐにチップ氏に返信しなければ……。これがシャワーも終わりかけならさほど問題はないだろう。すぐに浴室から出て、身体を拭いてメールを送ればいいのだから。だが、頭からお湯をかけたばかりで、これから髪と身体を洗い、ヒゲまで剃らなければならないという状況だったらどうだろう。シャワーから出たらすぐにそのことを思い出せるようにしたいが、シャワーを浴びているときには思考が行ったり来たりしがちで、憶えておきたい事柄を忘れてしまうことも少なくない。このような場合にも、「ペン投げ法」は威力を発揮する。

そのとき、バスタブの角に置いてある古い剃刀《かみそり》ケースが目についたとしよう。あなたはそれをつかんで脱衣所の床に投げる。そしてすかさず、「チップ氏にメールを送る」ことをイメージに置き換えて、それを剃刀ケースに「つなぐ（固定する）」。このときに頭に思い描くイメージは、メールに書く内容と、「チップ」という名前のイメージ（僕ならポテトチップスを思い浮かべる）に関連性をもたせたものがいい。たとえば、メールの内容がチップ氏に頼んだ印刷資材の見積もりに関するものだったとしたら、剃刀ケースをコピー機に見立て、そこから何十枚もポテトチップスが出てきて、浴室の濡れた床じゅうに散らばるところをイメージしてみればいいだろう。

例2：「明日、家賃の小切手を郵送すること」を記憶するには

あなたは仕事で多忙だった1日を終えて、ベッドのなかにいる。もう疲れてぐったりだ。あとはリラックスして眠るだけ。だが突然、頭のなかで思考があちこち駆けめぐり、明日までに家賃の小切手を投函しなければならなかったことを思い出す。とはいえベッドから出て、小切手を書いて、封筒に入れて送る準備をする気にはなれない。そこであなたは、翌朝の出勤の準備で慌ただしいときにそのことを思い出せますようにと祈る代わりに、「ペン投げ法」を使うことにする。

ベッド脇のテーブルには読みかけの本が置いてある。あなたはそれをつかんで床に放り投げる。それから「家賃を払う」という言葉のイメージを想像し、それを投げた本に「つなぐ（固定する）」。思い浮かべたイメージはこうだ。本を開くと、高額の小切手が魔法のごとく現れる――これだけの金額があれば、もう二度と家賃を払う必要もなくなる！　そのイメージをしっかりと思い描いたら、そこに感情や色を付け加えるとなおいい。高額小切手を手に持ったところを想像してみると、どんな気持ちになるだろう？　それだけのディテールを加えれば、イメージを際立たせることができる。翌朝目を覚まして、床に落ちている本をまたぐとき、否が応でも家賃の小切手のことを思い出すはずだ。

僕からのアドバイス

手もとに投げられるものがなくて、ほんの数分だけその記憶を維持できればいいという場合（話しかけられて一時的に注意を別のところに向けなければならないときなど）に、簡単に使えるテクニックがある。指や足をクロスさせるなど、身体のどこかの位置を少しだけ変えておくのだ。そのように身体のどこかが不自然な位置にあると、違和感や奇妙な感覚を覚えるため、会話のあとまで脳の注意を引くことができ、ひいては記憶を思い出すこともできる。

その3

名前と顔を記憶する

どうやら人間の脳をダメにしていく伝染病が世界中に蔓延しているようだ。というのも、どこへ行っても誰もがまったく同じ話をするからだ。「顔を憶えるのは得意なんですけどね……会ったことのある人の顔は決して忘れないんですよ。でも名前を憶えるのは本当に苦手なんです」と。そこでここからは、この病気を治す方法、つまり名前を記憶する方法について学んでいくことにしよう。

「こちらこそ初めまして。えぇと、お名前は何と仰いました？」

ファーストネーム（下の名前）を記憶するには

本当は、名前を憶えるのがまったく苦手な人などひとりもいない。そのように感じてしまうのは、誰もが名前を憶えられて当然だと思い込んでいるからだ。そのせいで、思い出すことができないとショックを受けてしまう。相手を知っているのなら、その人を特定するための第一情報である名前を思い出せるのは当然のこととして捉えてしまっているのだ。その結果、名前を憶えるのは苦手だと思い込むようになる。

しかし本来であれば、心底苦手だと感じるものがあるのなら、それがうまくなるよう力を尽くすべきだ。名前の記憶の場合、第一になすべきは簡単なことだ。**もう少し努力すること**。言い訳はやめて、まずは努力してみよう。手始めに、友だちと一緒にパーティに参加するときに「その日いちばん多くの名前を憶えられた人が勝ち」というゲームをしてみるといいだろう。きっと、自分でもびっくりするくらい多くの人物の名前を憶えられるはずだ（あなたが負けず嫌いだったり、盛りあげたりするのが好きなタイプならば特に）。

さらに、そのゲームに確実に勝ちたいのなら、「見る－つなぐ－くっつける！」の3ステップに、少しひねりを加えたものを使ってみるといい。名前を憶えなければならないのは公共の場にいるときがほとんどで、しかも自分の評判に関わることもあるので、すばやく記憶できるようにしなければならない。そこで必要になるのが、「見る」のステップに取りかかる前に、「つなぐ」場所（アンカー）を選んでおく作業だ。この3ステップの順番を変えるのは今回だけだ。これが重要な理由は、以下の解説を読んでもらえばわかるだろう。

「つなぐ」

1つの名前を憶えるには、アンカーが1つあればいい。ただしそれは、相手に会うたびに名前を思い出させてくれる手がかりとなるものでなければならない。そこで、相手に会うときにあなたが必ず目にするものを考えてみてほしい。そのとおり、相手の顔だ。前章で「つなぐ」のステップについて説明をしたとき、重要なのは思い描いたイメージと、「自分のよく知っているものとの間に何らかの関わり合いをもたせること」と述べたのは憶えているだろうか？　新しく出会った人たちの顔は、次回会うときには必ず「すでに知っているもの」であるはずだ。僕らは名前を憶えるのが下手かもしれないが、元来、顔を認識することには長けている。だから、その長所を活用しようというわけだ。

前述したように、名前を憶えるときにはスピードが重要だ。そのためには、相手の名前を聞く前に、アンカーとして使える顔の特徴を1つ選んでおいて、す

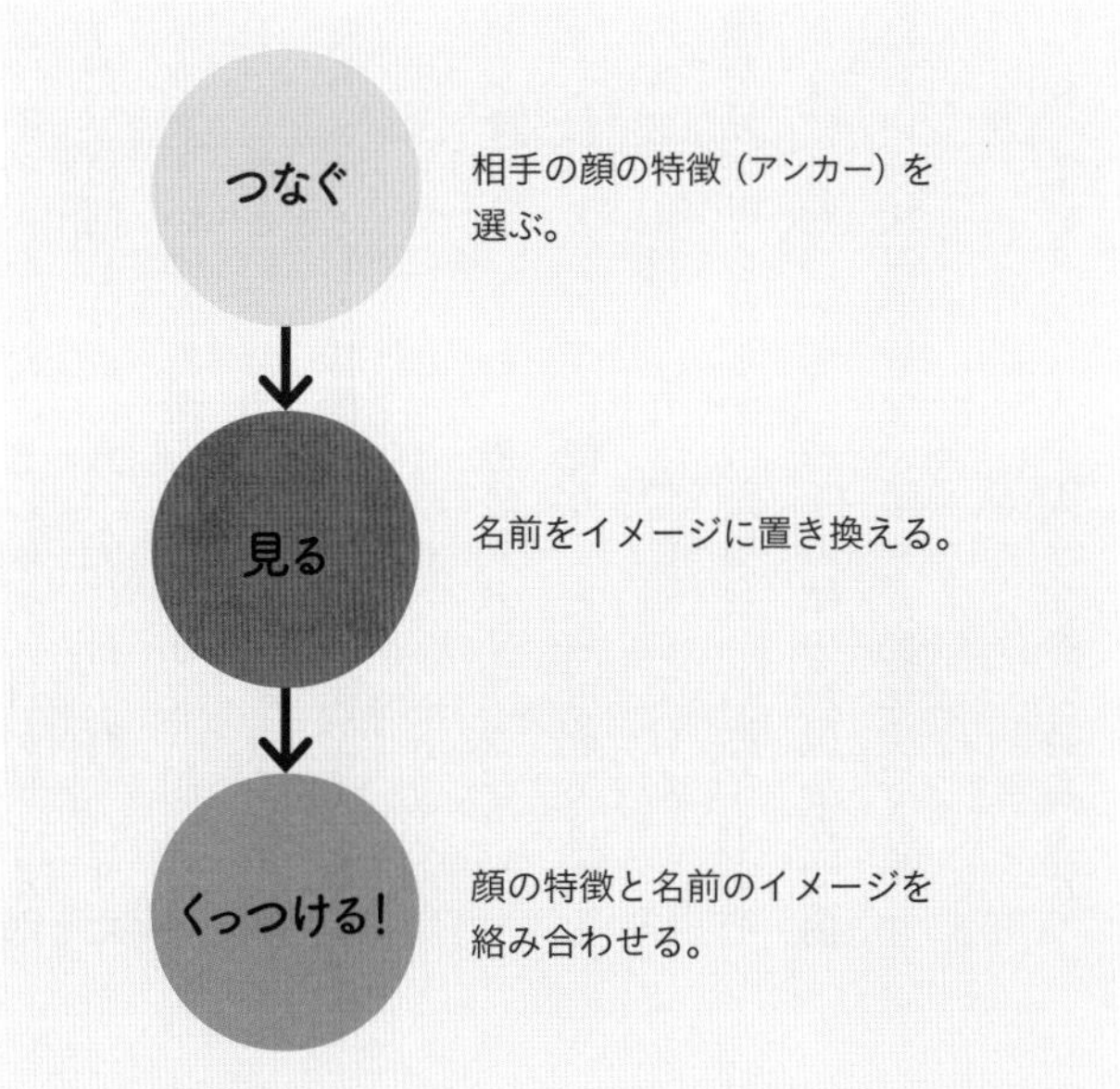
つなぐ
相手の顔の特徴（アンカー）を選ぶ。
見る
名前をイメージに置き換える。
くっつける！
顔の特徴と名前のイメージを絡み合わせる。

ぐに名前を記憶できるようにしたい。アンカーに選ぶのは、その人を見たときに最初に目が留まる部分であるべきだ。おそらくそのあと数回は、その人に会うたびに同じ特徴に真っ先に目が行くはずだからだ。たとえば魔女のように大きな鼻や、毛の生えたホクロといった特徴を選ぶことで、記憶に要する時間と労力を最小限にすることができる。一方、相手がこれといった印象のない、ありふれた顔だった場合は、かすかに割れたあごや小さなシワといったちょっとした特徴を選んで、頭でイメージするときにその部分を誇張して思い描くといいだろう。

しかしときには、個性的なヘアスタイルや眼鏡、アロハシャツといった、その人のファッション・スタイルに関するものが目に飛び込んでくる場合もある。それをアンカーに使うことも可能ではあるが、気をつけなければならないのは、人のファッション・スタイルは必ずしも常に同じではないという点だ[†]。次に会ったときにアンカーとして使った特徴を見つけられなかった場合、当然ながらその特徴に結びつけた名前を思い出すのが難しくなってしまう。したがって、相手の顔の特徴を探す前に名乗られてしまい、ファッションしか目につかなかったという状況でもない限り、変化する可能性の低い特徴を探したほうが無難だろう。

また、一度に10人の相手を紹介されることもあるだろうし、そのうち5人が大きな鼻の持ち主だったというケースもあるだろう。そんなときは、その人にしかないユニークな特徴を探したい気持ちに駆られるかもしれない。でも繰り返しになるが、ゆっくり考えている時間はないのだ。もし部屋にいる人全員が大きな鼻の持ち主だったら、それを使えばいい。その特徴は、それぞれの名前を憶えるために使う概念であり、最終的には相手の顔の特徴と名前を絡み合わせたイメージを思い浮かべることになるのだから。

ここで肝心なことをお伝えしておく。本当に大事なことなので、しっかりと頭に叩き込んでおいてほしい。何をしていても、誰に聞かれても、そして自分がこのテクニックを習得したことをどれだけ誇りに思っていたとしても、**決して相手にはどんな特徴をアンカーに使ったかは教えないこと**。僕の個人的な経験から、これは何があろうとも絶対にやってはいけないことだと確信をもって言える。たとえいい気分になって、美しい瞳の持ち主にこのテクニックを説明しているだけのつもりでも、つながり眉の人が会話に割り込んできて、「じゃあ私の場合どんな特徴を使ったわけ？」と聞いてくるかもしれないのだ。だから、絶対に他言は無用だ。

初めのうちは、ありふれた顔の相手の特徴を選ぶのに苦労するかもしれない。でも挫折しないでほしい。小さくて、ほとんど目につかないような特徴を見つけ出すのは難しいかもしれないが、誰にだって何らかの特徴が見つかるはずだし、少し練習を重ねればすぐに上達していくものだ。

「見る」

相手の名前を聞き取って、それを符号化し、記憶するには、集中力が物を言う。典型的な社交の場やビジネスシーンなどでは、不意に自己紹介されることも決して珍しくはない。相手が名乗ってきたかと思ったら、すぐに会話に移ってしまうこともしばしばある。そういったとき、もしワーキング・メモリー［訳注：作業（作動）記憶とも呼ばれ、認知課題を遂行するために必要な情報を一時的に保持し、処理する機能のこと。短期記憶は、ここで一時的に保持される記憶を指す］を働かせる準備ができていなければ、あなたが記憶に残るイメージを頭のなかで思い描こうとしている間、脳にその名前を維持しておくことができず、あとで後悔することになるだろう。

だが集中し、挨拶を交わす準備が整っていれば、すぐに視覚化する作業に取りかかれるはずだ。その具体的な流れはこうだ。まず、しっかりと握手を交わす。あなたは集中できていて、相手の特徴も選んだ。次は名前だ。これはよく聞き取ればいいだけの話だが、可能であれば必ず自分から名前を尋ねるようにし（これが集中力をさらに高める）、もし相手が先に名乗ってきた場合には、正しく聞き取ったことを確認するためにその名前を復唱しよう。名前を耳にする回数が多いほど、そしてより明瞭に聞き取るほど記憶するのが容易になるからだ。

しかしどういうわけか、名前を完全に忘れてしまって未来永劫「おい」とか「きみ」と呼び続けるはめになることよりも、相手の名前を二度三度と聞き返すことのほうが恥ずかしいと感じる人が多いようだ。でもこれは完全な勘違いだ。はっきりと聞き取れるまで何度だって聞き返してもいいし、必要とあらば名前の書き方を尋ねてもいい。とにかく、正確に名前を聞き取ることが肝心なのだ。

続いて行う作業は、その名前を簡単にイメージできる概念に置き換えることだ。名前によっては、それだけで単語として成り立つものや、単語に音がかなり似ているものもある（「Brian《ブライアン》」なら「brain《ブレイン》（脳ミソ）」、「Liz《リズ》」なら「lizard《リザード》（トカゲ）」など）。それ以外にも、よく知っている人や具体的なものを思い起こさせる名前もある（「Bill《ビル》」なら「Bill《ビル》 Clinton《クリントン》」や「a《ア》 dollar《ダラー》 bill《ビル》（1ドル札）」など）。そういったタイプの名前なら、難なくイメージに置き換えることができるだろう。

でもときとして「Shannon《シャノン》」のように、どんな単語の音にも似ていないうえに、即座に何かを想起するのが難しい名前に遭遇する場合もある。もしかしたらシャノンからアイルランド［訳注：シャノンはアイルランド由来の名前］や、１９６１年のヒット曲『悲しき街角』を歌ったデル・シャノン（Del Shannon）を思い浮かべるかもしれないが、そのいずれのイメージも名前を憶えるには不向きだ。なぜならどちらも、あまりにも多くの名前を連想させる可能性があるからだ。アイルランドならばケリー（Kelly）やショーン（Sean）［訳注：いずれもアイルランド系の名前］を思い浮かべてしまうかもしれないし、デル・

シャノンならそのままファーストネームのデルのほうを連想する恐れがある。

そういった曖昧な関連付けをして、あとで自分自身を振り回すことにならないよう、あなたにとってわかりやすいイメージに置き換えることが何よりも大切だ。そのためには名前を1つの単語として考える代わりに、音節で区切って、それぞれの音からイメージを練り上げてもいい。たとえば「Shannon」なら、「Shan《シャン》」と「on《オン》」という音に分割できる。「Shan」という音は「shine《シャイン》（輝く）」という言葉に似ている。ここから「Shannon」は、「shine on（照らす）」という意味に変換することができる。「アイルランド」のような曖昧な関連付けに比べれば、「shine on」をほかの名前と混同してしまうことはまずないだろう。

この「shine on」、つまり「照らす」から連想できるイメージはいろいろある。たとえば、シャノンが懐中電灯で自分の顔を照らすというのでもいいし、まばゆいスポットライトがシャノンを照らしているというのでもいい。あるいは、シャノンが洞窟でランプを照らしている様子や、シャノンの顔を太陽に見立てて、力強い光で地球を照らしている様子をイメージするのもいいだろう。

僕からのアドバイス

憶えた名前の記憶を定着させるためであれ、習得したばかりの名前記憶能力をひけらかすためであれ、とにかくその名前を使うようにしたほうがいい。頭のなかで何度となく繰り返すのでも、会話のなかで使うのでもいい。たとえば、名前を聞いたばかりの相手に何か質問をするときや、その人を誰かに紹介するときに、最初に名前を添えるという手もあるだろう。「ところでシャノン、仕事は何を?」「シャノン、こちらはシェーン」といった具合に。そしてその場を去るときには、出会った人たち全員のイメージをもう一度思い描き、それぞれの名前を再確認してみるとより効果的だ。

加えて僕は、仕事で誰かと会って名刺をもらったときには、デール・カーネギーが著書『人を動かす』のなかで薦めていたちょっとしたワザを使うようにしている。名刺の裏に、その人に関する情報――次回会うときに役立ちそうな会話の内容――を書き留めておくのだ。その情報を次に生かすことで記憶力のよさを印象づけられるだけでなく、自分が心から親しみをもって接していると相手に感じてもらえるはずだ。

「くっつける!」

今あなたはシャノンとおしゃべりをしている。そして好調なら、「つなぐ」と「見る」のステップを10秒もあればこなせるだろう。だが記憶に残りやすくするためには、顔の特徴と名前のイメージをしっかりと絡み合わせて、固定する必要がある。この「くっつける!」のステップこそ最も重要と言えるものだ。あとで名前を思い出す必要があるとき(数分後かもしれないし、数年後かもしれない)には、この最後のステップで作ったイメージを頭のなかに呼び起こすことになるからだ。

シャノンの顔で最も目を引く特徴は、丸みを帯びた頬だと仮定しよう。その特徴と視覚化した名前(「照らす」)から、どんなイメージが思い描けるだろう? シャノンの頬を2つのスポットライトが両側から照らしている様子だろうか。僕ならさらに想像を広げて、太陽に姿を変えたシャノンの顔が漫画のように頬をぷっくり膨ませながら微笑んでいて(ケロッグの「レーズン・ブラン」の箱に描かれている太陽のイメージ)、その頬から放たれた光線がビーチで日焼けに精を出している人たちを照らしている様子（猛烈な日光がジリジリと照りつける様子を加えるのを忘れないこと）をイメージする。これならきっと、記憶にしっかりと残るはずだ！

やってみよう

例1：「ドノバン（Donovan）」を記憶するには

集中力は十分だろうか？　それがいつも最初の一歩だ。目隠しや耳栓までは必要ないが、もし今あなたの注意をそらすものがあるのなら、それを遮断すること。次に、相手の目立つ特徴を選ぶ。ここは直感に任せよう。ドノバンの場合（下の右側のイラストを参照）、最初に僕の目を引いたのは彼の禿《は》げあがった頭だ（おそらくあなたもそこに目をつけただろう）。それから、名前をイメージに置き換える。でも僕にとって、ドノバンという名前から即座に想起できるものはない。そこで、名前を「Don-o-van」のように分割してみよう。「Don《ドン》」と聞いて思い出すのは、伝説の色男「ドン・ファン」だ。そして「Van《バン》」という音から連想するのは、車の「バン」だ。というわけで、僕が思い描くイメージは、ドン・ファンがバンを運転している場面だ。ただし、単なるバンではない。彼が口説いた素敵な

女性たちが大勢乗っているバンだ。

それでは続いて、このイメージを彼の禿げ頭に固定しよう！　女性たちでいっぱいのバンが、彼の頭の上を走っているというのはどうだろう。そのイメージに、僕ならさらに奥行きを加える。それには、ドン・ファンがなぜそんなところを運転しているのか考えてみるといい。もしかしたら頭が滑らかなので、車をオートパイロット・モードに切り替えて、別の「お楽しみ」にふけることができるからかもしれない。さらに、バンから聞こえる音も思い浮かべてみよう。それどころか、バンのなかから聞こえてくる音なら、なおさらいいかもしれない……いや、低俗な考えはこれでもう十分だ（もちろん冗談だ。低俗なイメージほど記憶に残りやすくなるので、十分ということはない）。現実に頭を戻そう——でも彼の名前は憶えたままで！

例2：「クレア（Claire）」を記憶するには

お次は、クレアだ（下のイラストを参照）。なんて素敵で、でもなんて印象の薄い顔なんだろう。人によっては顔にこれといって目立つ特徴がなく、何をアンカーとして使えばいいかが一目瞭然ではないこともある。けれども離れた眉は魅力的じゃないか？　困ったときは、そういうところにしがみつくことになる。突き詰めて言えば、特徴はなんであろうと問題ないのだ。とにかくなんでもいいから、目についたものを選んで使うことにしよう。

一方、名前の「Claire《クレア》」は「clear《クリア》」という単語を連想させる。

ここから僕が思い描くイメージはこうだ（多少のこじつけもあるかもしれないが、場合によってはそれが必要なこともある）。クレアの眉があまりにも広く離れているので（実際、そう言えなくもない）、その後ろまで「クリア」に見える。さらに想像を膨らませて、頭蓋骨までクリアに見渡せるというのはどうだろう！

これが、部屋にいる大勢の人たちの名前を憶えようとするときや、記憶力競技で「名前と顔」の新記録を打ち立てようとするときに、僕の頭のなかで起きているプロセスだ。このプロセスの大部分は、まったく奇妙でばかげているように感じるかもしれないが、実際のところきわめて効果的な方法だ。僕はこれにより、１つの部屋に集まった１００人全員の名前を10分以内に記憶したこともある。テクニック自体は納得できたけれど、瞬時にこれだけのプロセスをこなせるだろうかと不安に思っている人も心配することはない。練習を重ねていくうちに、スピードを養うことができるからだ。練習をすればするほど、より簡単に、より速くこなせるようになっていくはずだ。新たな出会いがあるときはいつでも、名前記憶の練習をするチャンスだと思って挑戦してみること。名前を記憶することは、誰にだってできることなのだから。

「ナントカさんご夫妻のお子さんは何人でしたっけ？」

ラストネーム（名字）を記憶するには

ファーストネームを記憶するためのプロセスが理解できたら、次は必要に応じてそこにラストネーム（名字）を追加できるように練習してみよう。さらに名字を追加したあとに、ほかの情報——趣味や共通の関心事、そのほか会話に出たちょっとした情報——を加えてみることも可能だ。

名字を追加するには、ファーストネームとは明確に区別できる別のイメージを作ることが必要だ。それができたら、前章で概要を説明した「連想結合法」を用いて両方をつなぎ合わせていく。仮に、前項でたびたび例に挙げたシャノンの名字が「Carboni《カルボーニ》」だったとしよう。その場合、僕には即座に想起できるものがないので、「Carb《カーブ》」と「oni《オニ》」という音に分割してみる。「Carb」と聞いて連想するのは、「高炭水化物のパスタ」［訳注：「carb」は「carbohydrate（炭水化物）」の略語］だ。「oni」という音は、「only《オンリー》」に似ていなくもない。そこで、こんなイメージに置き換えるのはどうだろう。太陽に姿を変えたシャノンの頬から放たれた光線が、何かを照らしている。よく見ると、それは1皿のパスタだ。たったそれだけ（only）を照らしている。「炭水化物だけを照らしている（shining on carbs only）」のだ！

別のパターンも考えてみよう。ステージ上にいるシャノンの頬にはスポットライトが当たっている。シャノンはステージを歩きながら、そこに並べられた食べ物のなかに1皿のパスタを見つける。彼女はそのパスタをぺろりと平らげるが、ほかの食べ物には手をつけようともしない。「炭水化物だけ（carbs only）」しか食べないのだ。いかがだろう、感触はつかめただろうか？　要は相手の特徴（アンカー）に固定してある最初のイメージ（この例ではファーストネーム）に新たな情報をつなぎ合わせて、ひと続きのストーリーに仕上げていくわけだ。これで完成！　でも忘れないように――決してシャノンに「炭水化物ばかり食べるのはよくないよ」なんて言わないこと。

そこにさらに相手に関する情報を加える場合にも、同じプロセスに沿って続けていけばいい。つまりは、ファーストネームとラストネームのイメージをつなぎ合わせて短いストーリーに仕立てたら、今度は記憶しておきたい情報もイメージに変換して（複数の情報がある場合も同様だ）、名前のために作ったストーリーにつなぎ合わせていけばいいのだ。このようにしてイメージどうしを鎖のようにつないで作った1つのストーリーを、アンカーとして選んだ相手の特徴に固定するわけだ。もちろん記憶したい情報が増えれば増えるほど、このプロセスは長くなる。その場合はとにかく集中して、時間をかけてそのイメージを脳に焼きつけるほかない。

やってみよう

例1：「ピーター・ボンド（Peter Bond）」を記憶するには

この男性（次ページの上のイラストを参照）の頬にはかなり大きなえくぼがあるので、自然とそこに目が行く。次に、僕なら「ピーター」という名前からはアニメ『ファミリー・ガイ』に出てくるピーター・グリフィンを、名字の「ボンド」からはジェームズ・ボンドを連想する。だから僕が思い描くイメージは、ピーター・グリフィンがタキシード姿（太っているせいでタキシードがきつそうだ）でワルサーPPKの拳銃を握り、ジェームズ・ボンドになりきっている様子だ。そして、ピーター・グリフィンはそのニューイングランド訛りで「ボンド、ピーター・ボンド」と名乗る。ここまでできたら、それをこの男性のえくぼに固定すればいい。こんなイメージだ。映画『007』のオープニング曲をBGMにピーター・（グリフィン）・ボンドが登場し、丸い銃身の真ん中まで歩いていくと、すかさずこちらに振り返って銃を発砲する。スクリーンが血で真っ赤に染まる。なんとその銃弾は、さっき出会ったばかりの男性のえくぼに当たったのだ。もちろん、ジェームズ・ボンドのテーマ曲も頭のなかで流すのを忘れないこと！

ピーター・（グリフィン）・ボンドが、えくぼを撃ち抜く

例2：「パトリック・マクドゥーガル（Patrick McDougall）と、彼が大のホッケー・ファンであること」を記憶するには

パトリック（次ページの右側のイラストを参照）は平たい額の持ち主だ。特徴はこれに決めた！ 僕はパトリックという名前を聞くといつも、「pat（軽く叩く）」という言葉を思い浮かべる。マクドゥーガルという名字からは、マクドナルド（McDonald）のハンバーガーに、牛

肉ではなく犬（Doug＝dog）の肉を挟んだ「マックドッグ（McDoug＝McDog）」をイメージする。これだけではまだ最後の「all《オール》」の部分が残っているが、この点に関してはあまり気にしなくてもいいだろう。名字の最初の部分がわかれば、たいてい最後まで思い出せるものだからだ。では次に、名前のイメージを彼の顔の特徴に固定してみよう。僕ならまず、何匹もの犬が挟まったハンバーガーが彼の額の上に置かれている様子を思い浮かべる。しかも恐ろしいことに、その犬たちはまだ生きている。食べちゃダメだ！「マックドッグは軽く叩く（pat McDog）」だけにしておこう。

　これでフルネームを憶えることができた。でも今回は、パトリック・マクドゥーガルが大のホッケー・ファンであるということも記憶しなければならない。ここで新しいイメージをそのストーリーにつなぎ合わせるわけだが、ひとつ注意しなければならない点がある。それは、情報の順番が入れ替わらないようにすることだ。つまり、最初のイメージにはファーストネームがきて、そこにラス

パトリック・マクドゥーガルは
何のファンだったかな？

トネームのイメージをつなぎ、そのあとに相手に関する追加情報をつないでいかなければならない。この点を強調しておきたい理由は、これから作るホッケーのイメージをマックドッグにつなぎ合わせるときには、必ず軽く叩く場面のあとにリンクさせる必要があるからだ。そうすることで、彼のファーストネームやラストネームが「ホッケー」や、それに近い音だったかもしれないと勘違いしてしまうのを防ぐことができるのだ。

それではやってみよう。「ホッケー」と聞いて、僕が思いつくいちばんシンプルなイメージは、誰かがホッケーのスティックを振っているところだ（動きのあるイメージが役に立つのは憶えているだろうか?）。そこで、彼の額の上に置かれているマックドッグをポンと軽く叩いたあと、今度はホッケーのスティックを握って思いっきり遠くへ飛ばすところをイメージしてみよう。少々残酷とはいえ、こういった動作を加えると、脳に定着《スティック》しやすくなるはずだ！

僕からのアドバイス

名前を憶えるのは難しい。僕もそれは認めるし、このセクションで学習したメソッドを使っても、たまに名前を忘れてしまうことだってあるだろう。でも、そこで挫折しないでほしい。練習を積んでいくうちに、必ずやうまくなっていくのだから。肝心なのは努力することだ。パーティに行くときには、「10人分の名前を憶える」といった目標を決めておくといい。うまくできなくても、失うものなんて何もないじゃないか！

第4章

順番に並んだアイテムを自由自在に思い出せるようにするには

「私の考えでは、人間の脳というのはもともとちっぽけな空っぽの屋根裏部屋のようなもので、人はみな自分で選んだ家具をそこにしまわなければならない。（中略）熟練した職人は、その屋根裏部屋である脳に何を入れるか、きわめて慎重に厳選するものだ」

——シャーロック・ホームズ［*］

記憶の保存先というのは、不動産に似ているところがある。肝心なのは「一にも二にも三にも場所」だからだ。こんなふうに考えてみよう。あなたの脳は、さまざまな書類や物で散らかった机みたいなものだ。時が経つにつれて、机の上の書類の山はどんどん大きくなっていく。だが机がいくら散らかろうとも、最後に置いたものを見つけるのはそれほど難しいことではない。山のいちばん上にあるからだ。しかし、たとえば1年前の電話料金の請求書を探すとなったらどうだろう？　書類の大海原《おおうなばら》深くのどこかにあることはわかっていても、見つけ出すには本格的な捜索活動が必要となるはずだ。ただし、それを適切なファイルにしまっておいたり、色分けしておいたりすれば話は違ってくる。

記憶についてもそれと同じことが言える。必要なのは、シンプルで明確なファイリング・システムだ。そして記憶を適切にファイルする方法、つまり適切な情報を適切な場所に入れる方法とは、適切な関連付けをすることなのだ。「見る－つなぐ－くっつける！」の3ステップは憶えているだろうか？　あなたはもう記憶の魔術師。もちろん憶えているはずだ。前章では、まさに記憶の保存先が焦点となる「つなぐ」のステップに主に関連付け法のアプローチを用いて、この3つの基本ステップを使った非常にシンプルな記憶法についていくつかの例を説明した。

「見る」のステップについてはもう呑み込めただろう。どんなものを記憶するときも、インパクトの強いイメージに置き換えることがカギだ。しかし「つなぐ」のステップについては、さらに洗練させていくことができる。そこで本章では、順番に並んだ情報やリスト上の各アイテムを「つなぐ」ための3つの高度な手法、すなわち連想結合法とペグ法、そしてジャーニー法を取り上げる。前章で記憶する対象として取り扱ったのは、1回だけ思い出せればいい情報や、シンプルな単一の概念がほとんどだった。本章ではそれを発展させて、一度に大量の情報を記憶し、かつそれを長期的に保持できるように記憶のスキルを磨いていこう。まずは連想結合法からだ。

その1

連想結合法

たった1つの情報ではなく、一度に数多くの情報を記憶しなければならない状況に出くわすこともままある。そんなときにはまず、何をどうすればいいのだろう。これまでは記憶したい情報があると、それを「つなぐ」のステップで別の情報に関連付けてきた。であれば、ひとつ前につないだ情報に新しい情報を数珠《じゅず》つなぎに関連付けていくことで、イメージからなる1本の強力な鎖を作ってみてはどうだろう――実はこれこそが、「連想結合法」の考え方だ。

ここで憶えておいてほしいのは、複数のアイテムが並ぶリストを記憶する際、連想結合法ではまず1番目のアイテムを頭のなかでイメージとして「見て」、それを2番目のアイテムのイメージと「つなぐ」ということだ。そして、同じプロセスをリストの最後のアイテムまで繰り返す。するとリストを思い出すときに、1番目のアイテムを思い浮かべるだけで（記憶の鎖が十分に強く、イメージがしっかりと記憶に残るものであれば）、リストの全アイテムが次から次へとよみがえってくるというわけだ。これを理解するには、わかりやすい例を見ていくのがいちばんだろう。

「桜の木を切ったのは誰だ？」

歴代アメリカ大統領を順番に記憶するには

イングランド君主であれ、中国王朝であれ、アメリカ大統領であれ、あなたも学生時代のどこかで必ず一度は何らかの厄介な歴代リストを暗記しなければならなかった経験があるはずだ。でも、何時間もかけて暗記に励み、親に模擬テストをしてもらっても、試験を終えてほどなくしたらすっかり忘れてしまったのではないだろうか。しかも、リストを暗記する過程でおそらくあなたは疲れ果て、自分の記憶力にうんざりしてしまったことだろう。まったく不公平な話だ。というのも、もしあなたが適切な記憶方法を教えてもらえていれば、そのリストを記憶するプロセスを楽しめていたかもしれないからだ。そう、記憶にかかる時間がはるかに短くてすんだだけでなく、記憶する作業自体を面白いと感じられたはずなのだ。

だが、今はもう記憶に苦労した記憶は捨て去って、連想結合法の使い方を学んでいくことにしよう。このテクニックを習得すれば、あなたが一度に大量の情報を記憶するときのアプローチの仕方は、すっかり変わってしまうこと間違いなしだ。連想結合法を使うと、たとえば歴代アメリカ大統領のような相当数のアイテムを含むリストでさえ、しっかりと取り組めば15分もしないうちに記憶できてしまう。普通なら、歴代大統領を記憶するとなると、かなりの労力を要するはずだ。記憶する名前は、全部で45人分もある。でもこのシンプルなテクニックを使うだけで、時間をかけずに、さほど苦労もせずに憶えることが可能になるのだ。

ここではひとまず、初代から15代目までのアメリカ大統領を記憶してみよう（16代目以降も記憶したければ、僕のウェブサイト「www.nelsondellis.com/memorize-the-presidents」を参照してほしい）。まずは僕が作った、歴代大統領のイメージをつないだ短いストーリーを読んでもらいたい。その前に、いくつかお断りを。これから記憶する15人の歴代大統領には、それぞれファーストネーム、ミドルネーム、ラストネームがある。だが今回は基本的に、ラストネームだけに焦点を当てていく。名前の残りの部分は、主要な情報であるラストネームのイメージをつないだ鎖に追加していけばいいからだ（その具体的な方法は本項で後述するが、基本は前章で紹介した「名前と顔」の記憶方法と同じだ）。もちろん、その他の事実情報を追加することも可能だ。これから紹介するストーリーを読む際に心がけてほしいことはただひとつ、各シーンをしっかりと把握して、頭のなかで視覚化することだ。もし、それぞれのイメージが各大統領を表している理由がよく理解できなかったときには、103〜104ページに掲載した表を参照して、その根拠を確認してほしい。それでは始めよう！

まずは**洗濯機**（washing machine＝Washington《ワシントン》）で、大量の**青りんご**（apples＝Adams《アダムズ》）を洗っている様子を想像しよう。そこに太った**シェフ**（chef＝Jefferson《ジェファーソン》）がやってきて、洗濯機からりんごを取り出してから、**メイド**（maid＝Madison《マディソン》）のユニフォームに着替えた。それからシェフは舟に乗り、こぎ出した――彼は**舟をこぐ男**（man rowing＝Monroe《モンロー》）だ。メイド姿のシェフが下流へとこぎ進んでいくと、遠くに何かが見えてきた。**目を細めて**（squinting）よく見ると、それは**ダム**（dam）だった（Quincy《クインシー》 Adams《アダムズ》）。ダムの上では、**マイケル・ジャクソン**（Michael Jackson＝Jackson《ジャクソン》）が股間に手を当ててムーンウォークをしながら「シャモーン!!」と叫ぶ。そこに**炎を上げたバン**（burning van＝Van《ヴァン》 Buren《ビューレン》）がどこからともなく現れて、シェフに激突した。その拍子にバッシャーンと水が飛び散って、ちょうどそこに居合わせた赤の他人にも跳ねかかってしまった。なんとそれは**ハリソン・フォード**

第1～15代アメリカ大統領をつないで記憶に残るストーリーに仕立てると──

（Harrison Ford＝Harrison《ハリソン》）で、彼は**ネクタイ**（necktie＝Tyler《タイラー》）を締めようとしている最中だった。するとネクタイがひとりでに動き出し、ハリソン・フォードの顔を**つつき**（poke＝Polk《ポーク》）始めた。しかもネクタイがあまりにも激しくつついたせいで、ハリソン・フォードの尻から**しっぽ**（tail＝Taylor《テイラー》）が飛び出してきた。それがかなり不気味な光景だったので、**カメラマン**（filmer＝Fillmore《フィルモア》）がその様子を撮影し始める。ところが、どういうわけかカメラマンのカメラが急に爆発し、その破片がダムの脇にあった大砲の後部に**突き刺さった**（pierces＝Pierce《ピアース》）。そのせいで大砲の導火線に火がついて、**本の形をした砲弾**（book-shaped cannonballs＝Buchanan《ブキャナン》）が発射された。ズドーン！

こんなとんでもない話は聞いたことがないと思うのも無理はないし、最初はその内容に圧倒されてしまうかもしれない。でも読み返して、とにかく視覚化する努力をしてみてほしい。何度か読み通したあとに目を閉じてこのストーリーを回想してみると、もうすっかり記憶できていることに気づくはずだ。こんな奇妙な内容のストーリーを脳がすぐに吸収できてしまうなんて驚きじゃないか？　次の表は、それぞれの大統領のイメージをリストにしたものだ。

1	**ワシントン**（Washington）	**洗濯機**（washing machine）
2	**アダムズ**（Adams）	**りんご**（apples：Adam's apple［喉仏］から）
3	**ジェファーソン**（Jefferson）	**シェフ**（chef：chef-erson）
4	**マディソン**（Madison）	**メイド**（maid：maid-ison）
5	**モンロー**（Monroe）	**舟をこぐ男**（man rowing）
6	**クインシー・アダムズ**（Quincy Adams）	**ダムに目を細める**（squinting at a dam）

7	ジャクソン（Jackson）	マイケル・ジャクソン（Michael Jackson）
8	ヴァン・ビューレン（Van Buren）	炎を上げたバン（burning van）
9	ハリソン（Harrison）	ハリソン・フォード（Harrison Ford）
10	タイラー（Tayler）	ネクタイ（necktie）
11	ポーク（Polk）	つつく（poke）
12	テイラー（Tylor）	しっぽ（tail）
13	フィルモア（Fillmore）	カメラマン（filmer）
14	ピアース（Pierce）	突き刺す（pierces）
15	ブキャナン（Buchanan）	本の形をした砲弾（book-shaped cannonballs）

このリストをさらに極めたければ、5代目、10代目、15代目の大統領に目印となるディテールを追加しておくといいだろう。そうすると、3代目や8代目、14代目などの大統領の名前も、数秒ですぐに思い出せるようになる。では、先ほどのストーリーに以下のディテールを加えてみよう。

1代目ワシントン：1ドル札に初代大統領が印刷されている（これは簡単だ）。
5代目モンロー：舟にオールが5本ついている。
10代目タイラー：ハリソン・フォードが首に10本のネクタイを巻いている。
15代目ブキャナン：本の形をした砲弾が15発発射される。

この目印を組み込むと、たとえば「11代目は誰？」と聞かれたときには、10代目のタイラーを思い出してから、ストーリーに出てくる次のイメージを思い浮かべるだけですむ（ネクタイがつっつく［poke］……つつく……ポークだ！）。13代目を聞かれたときも同様に、まず15代目のブキャナンを思い出してから、ストーリーの2つ前のイメージに戻るだけでいい（本が発射される前に何かが大砲を突き刺した。それはカメラマン［filmer］から飛んできたものだ――そうだ、フィルモアだ！）。

もっと情報を追加してみよう

各大統領に関する情報をさらに追加したければ、それぞれのイメージにディテールを加えることによって、追加したいサブデータをつなげばいいだけだ。たとえば、このまま残りすべての大統領を記憶していって、43代目のブッシュにファーストネーム（ジョージ）とミドルネーム（W）を追加したいと考えたとしよう。仮に、ブッシュを表すイメージとして庭の「茂み（bush）」を使ったとする。この場合は、その茂みにディテールを足していけばいいわけだ。たとえば、なんの変哲もない茂みを思い浮かべる代わりに、ジャングル・ジョージ［訳注：同名のアニメの主人公］が木から木へと飛び移っている場面をイメージしてみよう。しかもジョージがつかまっているのは単なるロープではなく、「W」の形にぶら下がったロープだ。さあできた！　これでもう第43代大統領は単なる「ブッシュ」ではなく、「ジョージ・W・ブッシュ」になったはずだ。

では、コレラが原因で他界したとされる12代目のザカリー・テイラーのように、在任中に死亡した大統領の名前を記憶したい場合にはどうすればいいだろう？　僕なら、ハリソン・フォードの尻から出てきたしっぽ（tail＝テイラー）のせいで、激しい腸の不調と下痢――つまりコレラ――に襲われることにする。このように、コレラとテイラー大統領のイメージ（しっぽ）を関連付けるというささやかな思考プロセスを加えるだけで、死因を記憶することができるのだ。

また、リスト上のいくつかのアイテムに共通する情報（在任中に死亡した大統領など）を記憶したいときには、その事実を表す共通のイメージを設定するのも賢い方法だ。在任中に死亡した大統領の場合、「死」を象徴するものとして、それぞれのイメージに何らかのかたちで赤いペンキを浴びせたり、赤い色を組み込んだりするといいだろう。ちなみに、第1～15代アメリカ大統領のうち、在任中に死亡したのは2人だ（歴代合計では8人）。それでは実際に、その2人のイメージに赤い色を組み込んでみよう（これはフラグを立てておくようなもので、特定の情報を想起したいときに認識しやすくなる）。

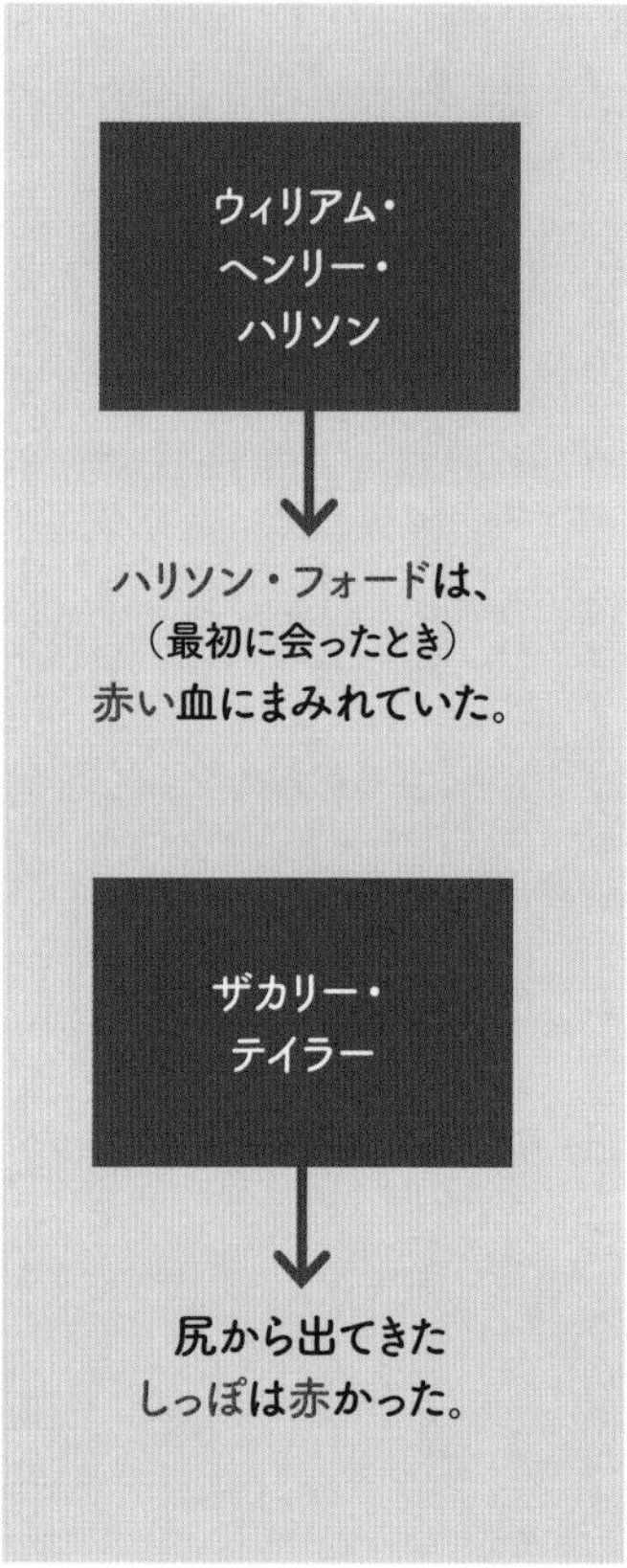

このようにして情報はいくらでも追加できる。どこまでやるかはあなたしだいだ（イメージに年月日を結びつける方法については、第5章で数字記憶について詳しく学んだあと、第6章「その3」で解説する）。

「何をしなきゃいけなかったんだっけ？」

To-Doリストを記憶するには

前項で歴代アメリカ大統領を記憶するのに用いたように、連想結合法は、順序が決まっているリストを記憶したいときに簡単に使える方法のひとつだ。憶えているだろうか？「結合」のカギとなるのは「つなぐ」ステップ、つまり関連付ける作業だ。あるアイテムのイメージと、その次のアイテムのイメージとの間に関わり合いをもたせるのだ。この関わり合いは、行動によるもの、出来事によるもの、理由によるものなど、さまざまに考え出せる。具体的には、前のアイテムが次のアイテムに対して何かをしたり、前のアイテムが次のアイテムを発生させたり、前のアイテムと次のアイテムに明白な関係性をもたせたりするといいだろう。それを決めるのはあなた自身だ。

こうして全体のストーリーが仕上がれば、そのひとつひとつの関わり合いがアイテムどうしをつなぐ架け橋となってシームレスなつながりを作り出すので、脱線してアイテムを飛ばしてしまうというようなことはなくなる。リストに並んでいる10個のアイテムを個別に思い出さずとも、最初のアイテムを思い出すだけで、そこにつながっている次のアイテム、そしてまた次のアイテムと、記憶が順々によみがえってくるのだ。

僕からのアドバイス

アイテムどうしを連結させて作ったストーリーと、そこに加えたディテールになじんでいくにしたがって、ストーリーをごく自然に想起できるようになってくる。そのレベルに達すると、やがてストーリーがなくともリスト上のアイテムを想起できるようになってくるはずだ。憶えておいてほしいのは、こういったテクニックの多くは、情報をすばやく頭に取り込めるようにすることを目的に考え出されたということだ。そのようにして取り込んだ情報を無意識に思い出せるほどの長期的な記憶として自分のものにしたければ、一にも二にも復習が必要だ。その点については本章「その3　ジャーニー法」内でさらに解説していく。

この連想結合法は、忙しくて準備に時間をかけたくないようなときに最適なテクニックだ。アイテム数の多いリスト（歴代アメリカ大統領45人の名前のリストなど）にも使えるが、僕の場合は、日々のTo-Doリストのようにアイテム数が比較的少なくて、長期的に憶えておく必要がなく、かつ変更されることの多いリストを記憶するのに使うようにしている。これから何ページか読み進めていくと、僕が長期的に記憶しておきたいリストに連想結合法を使わないようにしている理由がわかってくると思うが、ひとまずはこの記憶テクニックを使った練習をもう少し続けていこう。次に紹介するのは、僕が日々愛用している、To-Doリストの各項目を記憶しやすい視覚的イメージのつながりに置き換える方法の一例だ。

例：以下の5項目が含まれるTo-Doリストを記憶するには

1 スティーブにメールを返信する。

2 エクササイズをする。

3 スーパーでチーズを買う。

4 郵便局の私書箱から郵便物を取ってくる。

5 サラに電話をかける。

To-Doリスト
1 スティーブにメールを返信する。
2 エクササイズをする。
3 スーパーでチーズを買う。
4 郵便局の私書箱から郵便物を取ってくる。
5 サラに電話をかける。

前述したように、連想結合法を使う際には、必ずリストの最初のアイテムから順々に記憶していく必要がある。そこでまずは、「スティーブにメールを返信する」という項目を、**ガス台**（stove《ストーブ》＝Steve《スティーブ》）**の上でメールを打っている**イメージに置き換えてみよう。そのガス台は火がついていたので、キーボードを打っていると指が火傷しそうなほどに熱くなってきた。あまりに熱いので、あなたはメールを打ちながら何度も手を引っ込めたり戻したりする。そうやって腕を動かし続けていたせいで、次第にそれがジャンプしながら腕を上げ下ろしする運動「ジャンピング・ジャック」のようになってきた。そのままあなたはガス台の横で、**エクササイズをする**ことにする。エクササイズを終えると腹が空いたが、そばにあったのは**チーズ**だけだった。だが、そのチーズも腐りかけていて食べられたものではない。そこであなたはチーズを箱に入れて、誰かに引き取ってもらおうと**郵便局の私書箱**に持っていく。そして郵便局を出る前に、あなたはふと頭に思い浮かんだ**サラに電話をかけて**、チーズ入りの箱を取りにくるように言う。電話する相手がサラだということを確実に思い出せるように、電話の向こうからチアリーダーたちの「ラー、ラー、ラー！」（サラの「ラ」）という大きな声が聞こえてくることにするのもいいだろう。

難しい言葉をイメージに置き換えるには

もうお気づきだとは思うが、To-Doリストと歴代アメリカ大統領の名前のリストでは、含まれているアイテムに明らかな違いがある。大統領の名前のリストは1アイテムにつき1単語（ラストネーム）だったのに対し、To-Doリストの項目には文章の一部や動詞、さらにさまざまな種類の抽象語が入り混じっている。このようなリストを記憶する場合、そこに含まれる単語やフレーズが少し複雑になるため、即興的に想像力を働かせてイメージに置き換えることが必要になる。瞬時にイメージが思い浮かばない単語やフレーズに出くわした際には、次の3つのステップを使って対処するといい。

①その単語から連想するものは何か？

「自由（liberty）」という単語を例に考えてみよう。「自由」と聞いて連想するものはなんだろう？　ここで単語の意味を思い浮かべようとすると、より抽象的な概念へとつながってしまうので、その単語から連想される明確な名詞や物を考えよう。たいていの人は（アメリカ人であればほぼ必ず）、「自由」から連想するものを聞かれると、「自由の女神（Statue of Liberty）」と答えるだろう。それなら簡単に視覚化できるし、頭のなかでイメージがぶれてしまうこともない。もちろん「自由」という単語よりも長い言葉になってしまうが、それでも問題はない。脳というのは賢いもので、「自由の女神」が単に代用語であり、本来記憶したかった単語は「自由」であったことを認識できるからだ。

②単語から連想できるものがなければ、その音から連想してみよう。

ここでは「宣誓（sworn）」を例に使おう。僕には、「宣誓」という単語から何も明確なものを連想できない。こうした場合は、その単語の音に注目してみるといい。「sworn《スウォーン》」は「swarm《スウォーム》（群れ）」という音に似ているので、僕はミツバチの群れを連想する。さらに、そこに本来の「宣誓」という単語との関連性も少し加えておくとなおいいだろう。そこで、ミツバチの群れが女王バチを守ることを宣誓している様子を想像する。ほら、これでイメージができた！

③先の2つのステップが空振りに終わったら、単語をもっと短くて扱いやすいかたまりに分割してみよう。

それでは、「地方自治体（municipality《ミュニシパリティ》）」という単語について考えてみよう。この単語やその音から連想できるものもあるかもしれないが、ここでは何も思いつかなかったと仮定しよう。その場合、「municipality」を「muni」「cip」「ality」という3つのかたまり（このかたまりを「チャンク（chunk）と言う」）に分割してみる。

もしかすると、この単語を記憶するには最初のチャンクだけあれば十分かもしれない。人間の脳というのは、ちょっとしたヒントをもとに不足を補うのが非常にうまいからだ。話を戻すと、「muni《ミュニ》」は「money《マネー》（お金）」に音が似ている。「cip《シップ》」は「sip《シップ》（すする）」と同じ音だし、「ality《アリティ》」はどことなく「a lady《アレディ》（女性）」に似た音だ。そこで今度は、この3つを1つのイメージに組み合わせてみよう。僕なら「お金の入ったマティーニグラスをすすっている女性（a money-sipping lady）」を想像する。こじつけのように聞こえるかもしれないし、このままだと記憶したい本来の単語の意味や、単語そのものがイメージに含まれてい

ないのは確かだが、素敵な女性が現金の入ったマティーニをすすっている鮮明なイメージを思い出したとたん、「お金（money）」と「すする（sipping）」という言葉がトリガーとなって、「地方自治体（municipality）」という単語の記憶がよみがえってくるはずだ。

また、記憶したいアイテムが複数の単語で構成されている場合も、まずはそれを分解して、全体的な概念を把握できるような、重要性の高いいくつかの単語（可能なら1つの単語）に絞るといいだろう。それができたら、先のステップ1と2を使ってイメージに置き換えてみよう。フレーズや文章を一語一句正確に記憶する力を伸ばしたい人も心配には及ばない。それについては第6章で説明したい。

「信号を左だっけ？ それとも右だったかな？」
道順を記憶するには

道端で人を止めて、道順を尋ねたときのことを思い出してみてほしい。あなたは、その人が「左」やら「右」やら「曲がって」やらと事細かに教えてくれるのを熱心に聞く。それをしっかり頭に入れ、安心したあなたが礼を言うと、相手は去っていく。だが、いざ目的地に向かおうとしたとたん、どちらに行けばいいのか急に思い出せなくなってしまった……。あるいは、こういう経験もあるかもしれない。車に乗り込み、行き先の住所をスマホのＧＰＳに入力したものの、どこで曲がるか間違えないようにするために、結局は運転中に頻繁にスマホをチェックするはめになる……。こういった場面であなたは、あらかじめ道順を記憶しておければどんなにいいことかと実感したことだろう。

道順を記憶する必要が生じるのは、たいてい大急ぎで歩いているときや、車を運転している最中だ。

そういった状況では提供された情報をゆっくり消化している時間の余裕がないため、すばやく記憶することが求められる。そんなときにも連結結合法は最適な解決策となる［†］。道順は進む方向を順序立てて並べたものだからだ。それに、長期的に記憶しておく必要もない。

道順を記憶する方法はTo-Doリストの記憶方法とほぼ同じであるが、重要な違いがひとつある。それは、道順の場合、同じ言葉が何度も繰り返されることだ。「右」や「左」、「まっすぐ進む」「出口で下りる」「通り」「道路」などの言葉は何度も登場する可能性が高い。そこで、「右」や「左」といった特に頻出する単語については、事前に何らかの簡単な決まり事を作っておいたり、それが何を意味しているのかが明白にわかるイメージを決めておくといい。たとえば「右（right）」と「左（left）」なら、「R」と「L」の文字から始まる動詞か形容詞に置き換えて、同じ文章に含まれるほかのイメージの動作を表したり、形容したりするのに使うといいだろう。

例1：次のルートでこの方法を試してみよう。

あなたが今いるのは、ポール・リビア［訳注：アメリカ独立戦争の英雄とされる人物］の家があるボストンのスクエア（広場）だ。そこから、セーレム通りのオールドノース教会に向かうとしよう。

1　現在地のスクエア（square）から左へ進む。

2　プリンス通り（Prince St.）を左に曲がる。

3　ハノーヴァー通り（Hanover St.）を右に曲がる。

4　ベネット通り（Bennet St.）を左に曲がる。

5　セーレム通り（Salem St.）を右に曲がる――まっすぐ進むと、オールドノース教会に到着！

僕ならこうイメージする。**大きな四角**（Large square＝スクエアを左）が、**王子を舐めている**（Licking a prince＝プリンス通りを左）。王子は**二日酔い**（hangover＝ハノーヴァー通り）を治すため、**赤い**（Red＝右）ブラディ・マリーを一気に飲み干す。しかし**母乳が噴き出してきて**（Lactate＝左）、**ベンおじさん**（Ben＝ベネット通り）にまで飛び散ってしまう。ベンおじさんは**ヨット**（sailboat＝セーレム通り）に**走って**（Run＝右）飛び乗った――。少々おぞましいストーリーではあるものの、記憶には残りやすいだろう。これであなたも、ポール・リビアの家からオールドノース教会へ迷うことなく行けるはずだ。

例2：数字を入れて、もう少し難易度の高い道順に挑戦してみよう。

あなたはニューヨーク・シティを観光中で、マンハッタン区にあるグラマシー・パークを覗いてみようと思い立った。だが公園の入り口に到着すると、中に入れるのは383個しかない鍵の所有者だけだということがわかった［‡］。そこで今度は誰でも利用できるセントラル・パークに向かおうと考え、スマホを取り出してGoogleマップで行き方を調べる。でもスマホのバッテリーはあと1％しか残っていない。しまった、急いで道順を記憶しなくては！

1　**20丁目を西へ進む。**
2　**ブロードウェイを右に曲がる。**
3　**23丁目駅でN系統かR系統の地下鉄に乗り、アップタウンへ向かう。**
4　**57丁目駅で下車する。**
5　**7番街を北へ進む――セントラル・パークに到着！**

今回の場合は、右や左といった方向が繰り返し登場するわけではないものの、数字を含んだ複雑な内容がいくつか見られる（数字の扱い方については第5章で理解を深めていくが、できる範囲でやってみよう）。現在地がグラマシー・パーク脇の20丁目だとすると、「20丁目を西へ進む」のはそれほど難しいことではないので、そのまま歩き始めることにしよう。実際に憶える必要があるのは2番目の「ブロードウェイを右に曲がる」の部分からだ。「右」と「左」については、すぐ前の例でも使った僕の定番システムを用いることにして、連想結合法でストーリーを作っていこう。

まずは、自分がかなり**きわどい**（Racy＝右）ブロードウェイ・ミュージカルを見ているところを想像しよう。ヌードあり、性的な挑発ありのミュージカルだ。そのミュージカルには、**マイケル・ジョーダン**（彼の背番号「23」から「23丁目」を連想できる）が**ノルウェー・チーム**（「**N-o-R-weigian**」という言葉から、「N系統かR系統（N or R）」のどちらかの地下鉄に乗ればいいことを思い出せる）とバスケの試合をしているシーンもある。ジョーダンが**飛び上がり**（jump **up**＝アップタウン）、相手チームの選手の頭上を越え、その素晴らしい運動能力を見せつける。だが着地の際に、偶然「**オフ**」のスイッチ（下車［off］を連想）の上に立ってしまったため、**57**個の照明が消え、観客席は真っ暗になってしまった。ここでもし「57」という数が憶えにくいようなら、これを2つの数字に分けて、もっと意味を持たせることもできる。たとえば、照明は前から**5列**分だけを照らしていて、そこにはどういうわけか**7歳児**ばかりが座っている——そんな歳で、こんなきわどいミュージカルを見にきているなんて！　そして最後に、その**7歳児**（7番街）たちは暗がりのなか劇場からこっそりと抜け出し、**公園へと遊びに行く**（「make their way **up** to the **park**」から「北へ向かって（head up）、公園に行く（go to the park）」ことを思い出せる）。これでいいだろう！

僕からのアドバイス

こういったストーリーをその場で瞬時に思い描くことなど、自分にはとても無理だと感じてしまうかもしれない。でも、少し練習を積んで自分の記憶力に自信を持てるようになれば、想像よりもずっと簡単にできるはずだ。それに、この例では流れを理解しやすくするために細かいディテールまで説明したが、自分でやるときには解説を読んで視覚化するという手順は必要ないので、もっとすばやくストーリーを組み立てることが可能だ。とにかく挑戦して、自分で感触をつかんでほしい。

その2 ペグ法

前のセクションで解説した連想結合法の長所は、手早く使えて、決められた順番どおりにリストの各アイテムを記憶できることにある。したがって最初のアイテムさえ思い浮かべれば、最後まで順を追って思い出すことができるが、これはときとして短所にもなりうる。というのも、各アイテムのイメージをつないで作った記憶の鎖のどこかで順番を間違えたり、あるアイテムのイメージをすっかり忘れてしまったりしたら、そこで立ち往生して残りのアイテムをたどれなくなってしまうからだ。残念ながら連想結合法は、アイテムを好きな順番で、あるいは必要なものだけを自在に思い出せるテクニックではないのだ。

そこで紹介したいのが「ペグ法（アンカー法）」だ。これは、連想結合法のそうした短所を拭い去ったテクニックで、順番に並んだアイテムを、それぞれ独立した情報として記憶できるようにするものだ。ペグ法でもやはりアイテムを結びつける接着剤のようなもの――つまり、あの素晴らしい「つなぐ」のステップ――が必要にはなるが、このテクニックでは憶えたいアイテムどうしをつなぎ合わせるのではなく、別のリストに並んだアイテムを「ペグ（アンカー）」として用い、そこに記憶したい各アイテムを固定していく。

そう聞くと「リストが2つだって？　とんでもない！」と思われるかもしれない。確かにいくつかの記憶術の本が薦めているように、たった1つのリストを記憶するために、まったく別のリストをもう1つ記憶しなければならないのであれば、それはとんでもない話だ。でも心配はいらない。それよりはるかに簡単な方法がある。新しく別のリストを憶える代わりに、あなたが無意識のうちにすでに記憶しているアイテムのリストをペグリストとして使えばいいのだ。

たとえばあなたが野球ファンなら、守備番号（1番が投手、2番が捕手など）はすでに知っているだろう。もし太陽系の惑星の順番（水星、金星、地球……）を知っているなら、それもペグリストとしてすぐに使うことができる。数字でもいい。誰だって1から好きなだけ（1、2、3……）数えられるはずだ。あるいはアルファベット（A、B、C……）でもかまわない。要するに、あなたがすでに記憶していて、よく知っているリストであれば、どんなものでもペグリストとして使えるのだ。使うペグリストが決まったら、あとは「つなぐ」のステップの際に、そのリスト上のアイテムに記憶したいアイテムのイメージを順々に関連付けていけばいい。そうすることで、ペグリストのアイテムの順番をもとに、新たに記憶したリストの順番が思い出せるようになるのだ。それでは実際にやってみよう！

「殿下！」
歴代イングランド君主を順番に記憶するには

連想結合法では、初代から15代目までの歴代アメリカ大統領を記憶する方法を例として挙げたので、ペグ法については、初代から10代目のイングランド君主の名前を例に説明していこう。この記憶法ではまず、使用するペグリストを決める必要がある。今回は、誰もが知っているリストのひとつ、アルファベットを用いることにしよう。最初の10人の君主の名前を憶えるのに「ペグ（アンカー）」として必要なのは、AからJまでの文字だ。だが、文字をペグにするだけでは十分とは言えない。文字そのものは、さほど記憶に残るものではないからだ。そこで、それぞれのアルファベットが頭文字についた単語を想起し、それを頭のなかでイメージに置き換えてみよう。

初めて挑戦する人は、幼稚園の教室の壁に貼られていたアルファベット文字を思い出してみるといいだろう。たいていの場合、「A」は「りんご（apple）」、「B」は「バット（bat）」、「C」は「自動車（car）」といったように、その文字で始まるものの絵とペアで貼られていたはずだ。思い出しただろうか？　イメージは、それぞれのアルファベットで始まり、かつシンプルなものであればなんでもかまわない（「A」に「ずらかる（absquatulate）」を選んだり、「B」に「粗野なふるまい（baboonery）」を選んだりすることはお薦めしない）。

AからJまでのアルファベットから想起されるイメージの一例は、次のとおりだ。

A　りんご（apple）
B　バット（bat）
C　自動車（car）
D　扉（door）
E　ゾウ（elephant）
F　魚（fish）
G　草（grass）
H　家（house）
I　アイスクリーム（ice cream）
J　（広口の）瓶（jar）

そして以下が、これから記憶する初代から10代目までのイングランド君主の名前だ。

1　オファ（Offa）
2　エグバート（Egbert）
3　エゼルウルフ（Aethelwulf）
4　エゼルバルド（Aethelbald）
5　エゼルベルト（Aethelbert）
6　エゼルレッド（Aethelred）
7　アルフレッド（Alfred）
8　エドワード長兄（Edward the Elder）
9　エゼルスタン（Aethelstan）
10　エドマンド1世（Edmund the Magnificent）

このイングランド君主のリストには聞き慣れないうえに似通った名前も多く、かなり手ごわいものであることは否めない。だが恐れる必要はない。まずは頭のなかでそれぞれの君主を鮮明なイメージとして「見て」、次にそれをペグリストの同じ順番にくるイメージに「つなぎ」、最後はいつもと同様に「くっつける！」だけだ。

僕からのアドバイス

このリストには「エゼル（Aethel）」という接頭語がついている名前が多く、おそらくこれをイメージに置き換えるのに苦労するはずだ。そこで、「エゼル」のイメージを先に決めてしまおう。「エゼル」は「エチル（ethyl）」という音に似ている。エチルなら化学薬品にはおなじみの接頭語だ。液体の化学薬品はボトルに入っていることが多いので、「エゼル」を意味するイメージとしてボトルを使うことにしてはどうだろう？

ではさっそく始めよう。まずは初代イングランド君主からだ。オファ（Offa）と聞いて、あなたはどんなイメージを思い浮かべるだろう？　僕なら「臓物（offal）の入ったバケツ」を思い浮かべる。それをペグ――アルファベット・ペグリストの「A＝りんご」――に固定するには、そのバケツにりんごも放り込んでしまえばいい。いったいどんな味がするのだろう？　きっと想像すらしたくないはずだ。でもそれでいい。これで間違いなく、オファ王は記憶できる。続いて2代目のエグバート（Egbert）を「B＝バット」に固定するために僕が作ったイメージは、「たまご（egg）のパックを野球のバットで叩きつぶす」だ。卵の中身が飛び散り、あたりはどろどろになっている。まあ、こんなところだ。残りの君主のイメージについては、123～124ページに掲載した図表を参照してほしい。

ペグ法の優れた点は、連想結合法とは違って、リストの最初からだけでなく、最後からでも途中からでも、あるいはランダムな順番でも思い出せることだ。さらに、ペグリストを熟知していればいるほど、それを活用してもっと使いこなすことができるようになる。たとえば、「G」がアルファベットの7番目の文字だとわかっていれば、すぐさま7代目イングランド君主を思い出せる。「フライにした草（fried grass）」だから、アルフレッド（Alfred）王だ！　このように、記憶したあらゆる情報に瞬時にアクセスできるようになるのだ――まるで、脳のなかに本格的なファイリング・システムがあるみたいに。

演習として、まずはあなた自身でアルファベット全26文字のペグリストを作ってみてほしい（僕の手伝いが必要であれば、付録の「アルファベット・ペグリスト」を参照のこと）。それから、11～20代目のイングランド君主を記憶してみよう（もちろん、歴代君主全員の名前にチャレンジしてみてもいい）。

でもここで、「ペグリストのアイテム数が記憶したいリストのアイテム数よりも少ないときにはどうすればいいのだろう？」と思われた人もいるかもしれない。確かにアルファベットは26文字しかないので、歴代君主全員の名前を憶える際にはアイテム数が足りない。でも心配ご無用。これには2つの解決策がある。ひとつは、複数のアイテムをグループ化してから、1つのペグに固定することだ。つまり、「A（りんご）」をオファ王だけでなく、エグバート王にも使用するのだ。この場合、「臓物（オファ王）とたまご（エグバート王）が入ったバケツにりんごを放り込む」というイメージになる（ここで注意しなければならないのは、最初に「臓物」、次に「たまご」が登場するという順番でイメージを作ることだ）。

もうひとつは、ペグリストのアイテム数を増やす方法を考え出すことだ。アルファベット・ペグリストであれば、異なるテーマを使って複数のリストを作ることもできる。たとえば、メインとなるアルファベット・ペグリストのテーマは「動物」、2つ目のペグリストのテーマは「食べ物」、3つ目のペグリストのテーマは「スポーツ」といったように決めて、アイテム数を増やしていくのだ。そうすれば、歴代イングランド君主の場合、27～52代目には2つ目のアルファベット・ペグリストを、53代目以降には3つ目のペグリストを使うことができるようになる。

アルファベット・ペグリストを使って歴代イングランド君主を記憶するには

オファ（Offa）
バケツのなかに、ねっとりとした**臓物**（offal）と、切った**りんご**（apple）の混ざったものが入っている。いったい全体、どんな味なんだ⁇　想像したくもない！

エグバート（Egbert）
たまご（egg）のパックを野球の**バット**（bat）で叩きつぶす。グシャリ！　卵の中身が飛び散り、そこらじゅうがどろどろになっている様子を思い浮かべるのも忘れないこと。

エゼルウルフ（Aethelwulf）
ボトル（bottle＝Aethel［P121の囲み参照］）に入った**オオカミ**（wolf）が、走っている**自動車**（car）から放り出される。空に舞うオオカミの遠吠えが聞こえる。

エゼルバルド（Aethelbald）
ボトル（bottle＝Aethel）に入った**脱毛**（baldness）用シャンプーを毛むくじゃらの**扉**（door）にかける。すると、ご名答——毛が抜け落ちてしまった。

エゼルベルト（Aethelbert）
俳優の**バート・**レイノルズ（Burt Reynolds）が、**ボトル**（bottle＝Aethel）の酒を飲みながら**ゾウ**（elephant）に乗っている。

アルファベット・ペグリストを使って歴代イングランド君主を記憶するには（続き）

エゼルレッド（Aethelred）
ボトル（bottle＝Aethel）入りの**赤い**（red）染毛剤を**魚**（fish）にかける。するとなんと、美しい赤毛になった！

アルフレッド（Alfred）
フライにした（fried＝Alfred）**草**（grass）が、おいしそうなハンバーガーに添えられている。

エドワード長兄（Edward the Elder）
大きな**古い**（elder）**木彫りの頭**（head-wood＝Ed-ward）が、立ち並ぶ大きな空き家（houses）の中央に置かれている。

エゼルスタン（Aethelstan）
冷たくておいしい**アイスクリーム**（ice cream）が入った**ボトル**（bottle＝Aethel）の上に**立っている**（standing）と、その重みでボトルにひびが入った。

エドマンド1世（Edmund the Magnificent）
山積み（mound）になった**優秀な頭脳**（magnificent heads）が、**瓶**（jar）にぎっしり詰まっている（head-mound＝Ed-mund）。ものすごく不気味な光景だ！

「今日はどんな予定があったかな？」

日々の予約やミーティングの予定を記憶するには

日常生活でよくありがちな物忘れと言えば、自分が行くはずのミーティングや予約の日時を思い出せなくなってしまうことだ。実は、そんな問題を解決するのにぴったりのペグリストもある。すなわち、曜日ペグリストだ。曜日のイメージを作るには、それぞれの曜日の音をもとにして考えるといい（これは、次章で説明する音韻法と同様のアプローチだ）。本当に記憶に残りやすいイメージというのは、真っ先にあなたの頭に思い浮かんだイメージだが、以下にいくつかの例を挙げておこう。

月曜日（Monday）：**山**（mountain）、**月**（moon）、**モンスター**（monster）
火曜日（Tuesday）：**歯**（tooth）、**道具**（tools）、**漫画**（toons）
水曜日（Wednesday）：**ウェディング**（wedding）、**濡れる**（wet）、**ウェッジソールの靴**（wedgie）
木曜日（Thursday）：**喉の渇き**（thirst）、**3塁**（third base）、**『30 ROCK／サーティー・ロック』**
【訳注：アメリカのコメディドラマ】
金曜日（Friday）：**フライドポテト**（French fries）、**ほつれる**（fraying）、**冷蔵庫**（fridge）
土曜日（Saturday）：**座る**（sitting）、**衛星**（satellite）、**悲しい**（sad/sadder）
日曜日（Sunday）：**太陽**（sun）、**あなたの息子**（your son）

また、あなたがよく知っている空間をペグリストに用い、そこにアナログ式時計の文字盤のイメージを重ねることで、具体的な予定時刻を記憶することもできる。たとえば、アメリカなどの見慣れた地図の上に、文字盤の時刻の位置を重ねてみるのもひとつの方法だ。アメリカを上空から見下ろした地図を用いた場合、正午（12時）の位置には北部中央の大都市ミネアポリスが設定できる。そうして時計回りにほかの都市も設定していくと、だいたい次のようになる。

12時　ミネアポリス
1時　シカゴ
2時　ニューヨーク
3時　ワシントンDC
4時　チャールストン
5時　マイアミ
6時　ダラス
7時　フェニックス
8時　ロサンゼルス
9時　サンフランシスコ
10時　ポートランド
11時　シアトル

このとき設定する場所は、時計の文字盤の位置とぴったり合っている必要はないし、都市を使わなくてもいい。たとえば僕が7時に夕食の約束をしていて、フェニックスにいる自分を思い描けないときは、砂漠にいることを思い浮かべる（フェニックスは砂漠に囲まれている）。また、正午に歯医者の予約があるなら、湖の真ん中で歯の治療を受けているところを思い描くかもしれない（ミネアポリスは水が豊富で湖も多数ある）。どのようなイメージに置き換えるにせよ、単なる数のような非視覚的な概念を憶えるのに比べれば、確実に記憶に残りやすくなるはずだ。

さらに、予定時刻が15分過ぎ、30分過ぎ、45分過ぎといった場合でも、思い描いたイメージにシンプルな調整を加えるだけで表すことができる（前セクションで、在任中に死亡したアメリカ大統領に赤い色付けをしたような方法だ)。たとえば予定が12時半や3時半など30分過ぎの場合は、元のイメージを半分に切る。1時15分や6時15分など15分過ぎの場合は、25セント硬貨［訳注：1／4ドル(quarter)と15分(quarter)のつながりによる］をイメージに加え、3時45分や7時45分など45分過ぎの場合は、コルト45口径ピストルをイメージに組み込む。午前と午後も記憶しておきたいなら、午後を暗いイメージにしてみるといい(ただし、予約や予定の内容を考えれば、午前か午後かが明白なことがほとんどだ。午後10時45分に病院の予約があるはずはないし、午前3時15分に美容院に行くこともありえないだろう)。

やってみよう

例：今週は、火曜日午前10時30分に医者の予約、水曜日午後1時に理髪店の予約、木曜午後8時15分に息子のピアノの発表会がある。

こうした例ではあらかじめ、記憶しておきたい予定の入っている曜日のイメージを、曜日ペグリストで確認しておこう。僕の場合、火曜日(Tuesday)のイメージは「歯(tooth)」、水曜日(Wednesday)は「ウェディング(wedding)」、木曜日(Thursday)は「喉の渇き(thirst)」だ。

そのうえで、火曜日の予約――午前10時30分の医者――をイメージとして「見る」ことから始めよう。午前10時30分は、時計の文字盤を重ねた空間ペグリストを使うと、ポートランド(10時)を半分に切ったもの(30分)になる。だが、これではイメージがしづらい。そこで、ポートランドはこだわりの食材や飲み物を提供する店が多いことで有名なので、マイクロ・ブルワリー［訳注：小規模なビール醸造所］をイメージに使うことにしよう。医者は、そのままでも使えそうだ。これらに火曜日のペグである「歯」も「つなぐ」と、次のようなイメージができあがる。**医者**が**マイクロ・ブルワリー**でビールをひと口飲むと、マグが欠けていたせいで**歯**が**半分に欠けて**しまった。あとは「くっつける！」だけだ――おぉ、痛そうに！

それでは次の予定に移ろう。水曜日の理髪店の予約は午後1時。僕なら、自分の**切った髪の毛**が、**シカゴ風ディープディッシュ・ピザ**の材料に使われているところを想像する。それと水曜日のペグである「ウェディング」をつなぐには、そのピザを**披露宴用**に焼いていることにするのはどうだろう。あるいは、**ウェディングの最中**に散髪してもらっているところをイメージするのもいい。

最後の予定は、木曜日午後8時15分の息子のピアノの発表会だ。木曜日のペグは「のどの渇き」、そして午後8時15分は「夜のロサンゼルス」に「25セント硬貨」を加えたイメージになる。そこでこういうのはどうだろう？　**ロサンゼルス**にある**深夜営業**のジャズバーで、映画『ラ・ラ・ランド』のライアン・ゴズリングのごとく**ピアノを弾いていた息子**が、飲み物を買いたいから**25セント硬貨**をくれないかと頼む――ひどく**のどが渇いている**みたいだ！

曜日ペグリストと空間ペグリストを使って予定を記憶するには

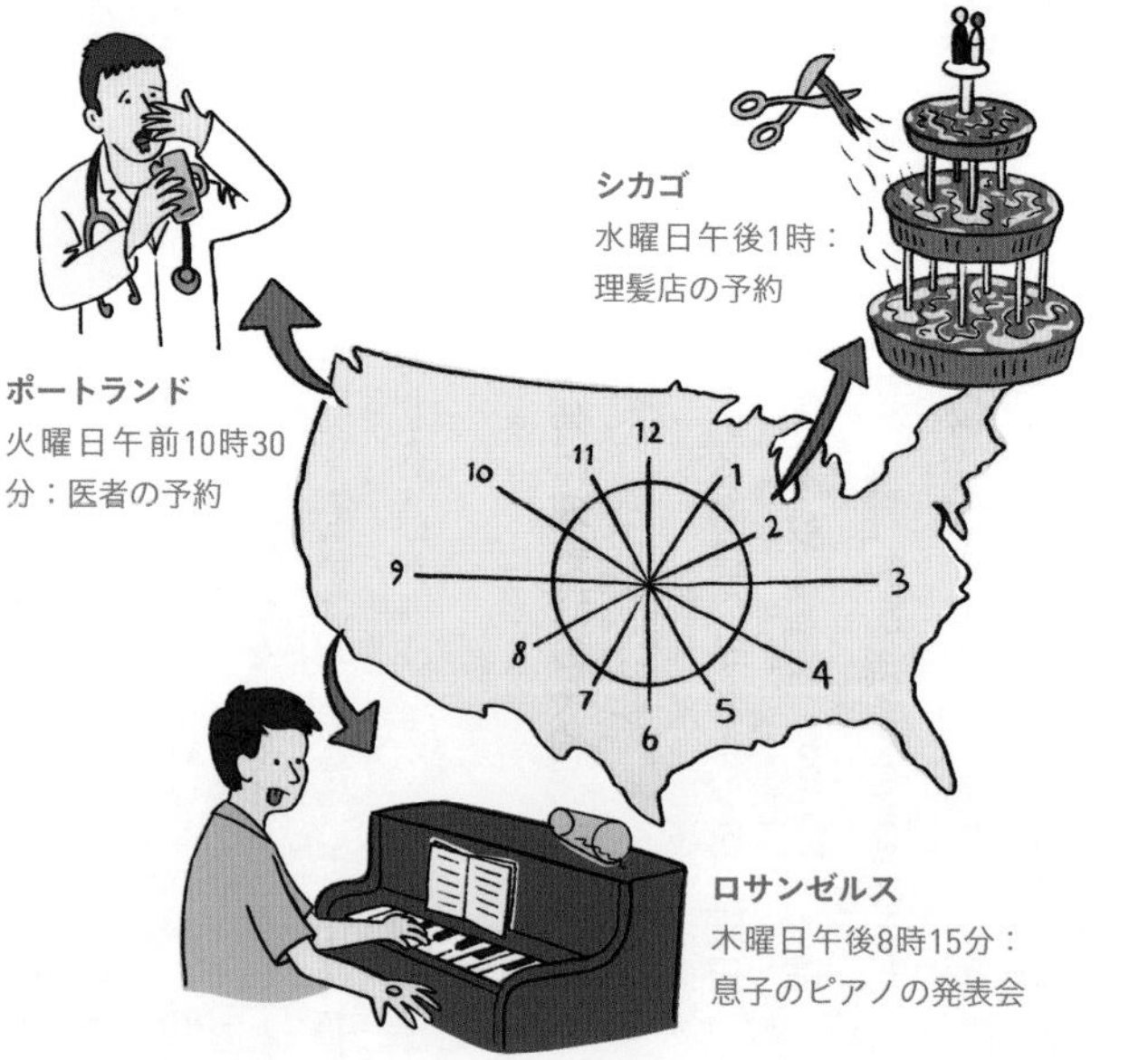

「あなたの身体は不思議の国」

世界の人口最多上位10カ国を記憶するには

ペグ法の驚きの威力を体感したいならば、これまで説明したアルファベット・ペグリストや曜日ペグリストを使うのが最適だ。だがもうひとつ、自由自在に使えて、驚くほど便利なペグリストがある。それは、あなたの身体だ。できるだけ多くの身体の部位を選び、わかりやすく、かつ記憶しやすい順番につなぎさえすれば（頭からつま先まで、あるいはその逆に選ぶのもいいだろう）、持ち運び自由なペグリストの完成だ！　それではさっそく身体の10カ所の部位を使って、10個のアイテム——世界の人口最多上位10カ国——を記憶する方法を学んでいこう。

身体の部位10カ所のリストは以下のとおり。

1　頭のてっぺん
2　耳
3　目
4　鼻
5　口
6　顎《あご》
7　腋《わき》の下
8　へそ
9　膝
10　足

人口最多上位10カ国は以下のとおり。

1　中国
2　インド
3　アメリカ
4　インドネシア
5　ブラジル
6　パキスタン
7　ナイジェリア
8　バングラデシュ
9　ロシア
10　日本

まずは、各国をイメージとして「見て」みよう。

1 中国＝箸
2 インド＝カレー
3 アメリカ＝ハンバーガー
4 インドネシア＝パン生地を押す（in dough《インドゥ》）
（パン生地をこねるときのように、生地を手の平で押すイメージ）
5 ブラジル＝ブラジャー
6 パキスタン＝1組のトランプ（pack《パック》 of cards）
7 ナイジェリア＝チェリオス【訳注：Cheerios。アメリカのシリアル】
（「ni-cheer-ia《ニ・チェリ・ア》」――十分近いと言えるだろう）
8 バングラデシュ＝「バン！」という音
9 ロシア＝ウォッカ
10 日本＝鍋

次に、身体ペグリストを用いてイメージを「つなぎ」、さらにそこに「くっつける！」の要素を加えていこう。今回のペグリストのアイテムは実際の身体の部位なので、各国のイメージとあなたの身体の部位に何らかの関わり合いをもたせてみよう。

❶ 中国：醬油まみれで、麺の残りカスがついた**箸**が、**頭のてっぺん**にのっている。
❷ インド：**耳**から辛い**カレー**のソースが垂れてくる。
❸ アメリカ：**目**には目玉の代わりに**ハンバーガー**の肉が入っている。マヨネーズの涙が一筋、頬を伝うのもいいだろう。
❹ インドネシア：**鼻**のなかに**パン生地を押し込む**。一部が鼻孔に入り込み、反対側の穴からは小麦粉の煙が噴き出す。
❺ ブラジル：手品師がどこまでもつながった色とりどりの旗を口から取り出すように、**口**からセクシーなレースの**ブラジャー**が出てきた。ワオ！
❻ パキスタン：**1組のトランプ**の上に顎をのせる。ブラックジャックのディーラーが、あなたの顎の下からトランプを配ろうとしているというのもいいだろう。
❼ ナイジェリア：**腋の下**から次々と流れ出てきた**チェリオス**をボウルに入れて食べる。体臭の香りつきで、うまそうだ！
❽ バングラデシュ：へその深いくぼみから、銃のように弾丸を撃つ——**バン、バン！**
❾ ロシア：あなたの**膝**は、強力なロシアン**ウォッカ**を使ったマティーニだ。
❿ 日本：足の上に焼けるように熱い**鍋**をのせて夕食を料理中。そのせいであなたの足はひどい水ぶくれだらけだ！

おわかりいただけただろうか？　これで、あなたの身体に世界の人口最多国が順番どおりに並んだ。お見事！

身体ペグリストを使って人口最多上位10カ国を記憶するには

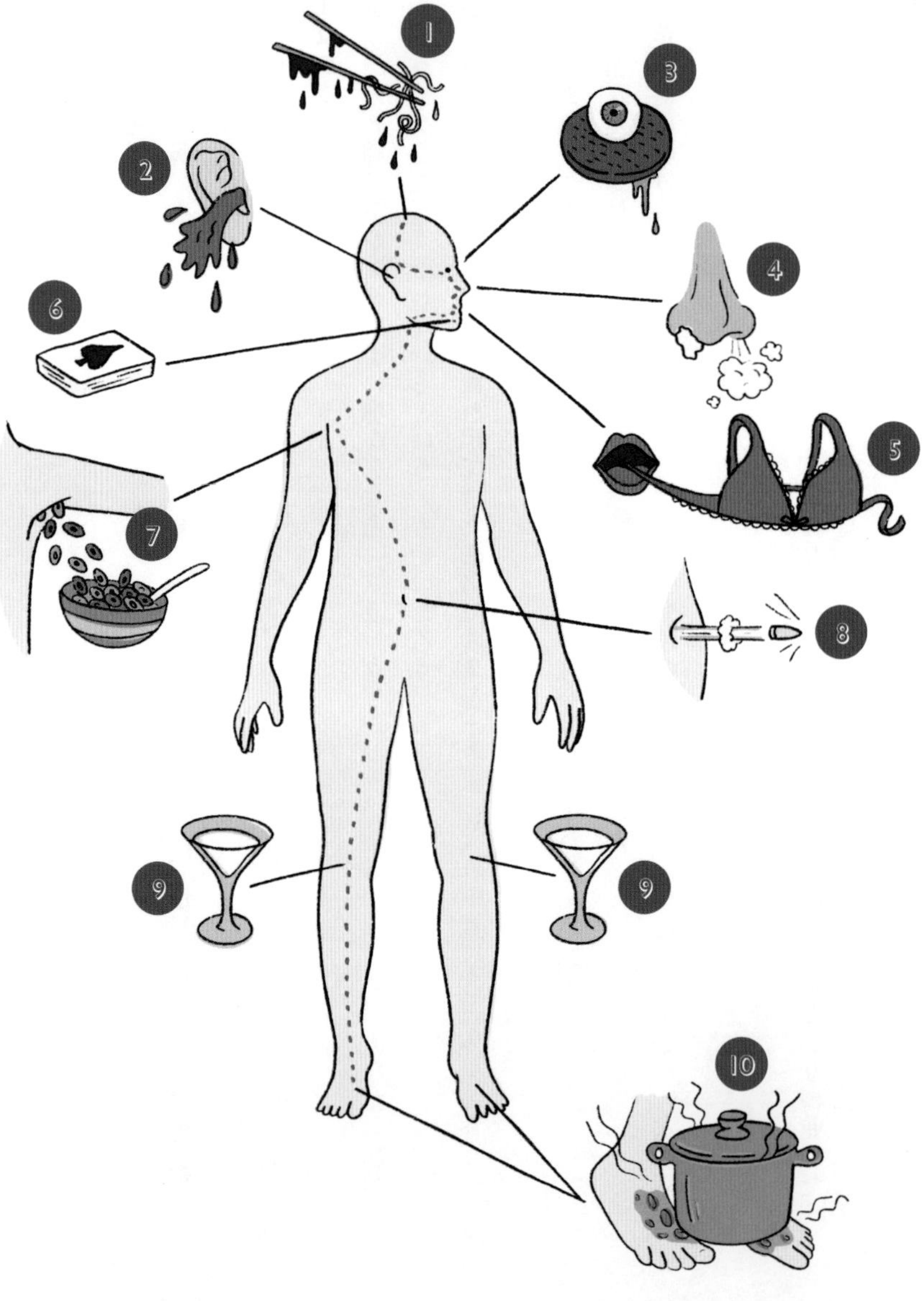

「ゴ――――ル！」
ワールドカップの過去の優勝国を記憶するには

誰にも手軽に使えるペグリストとしてもうひとつ挙げられるのが、数字ペグリストだ。ただし、数字そのものは非常に抽象的なので、これをそのままペグとして使うのは難しい。そこで数字ペグリストを使う場合には、あらかじめ数字をイメージに置き換えておく作業が必要になる。

そのための簡単な方法が2つある。「音韻法」と「形態法」だ。それぞれの詳細については数字記憶を扱う第5章で説明するが、要は、数字と同じ韻を踏む単語のイメージを使う（「1＝パン（one《ワン》＝bun《バン》）」「2＝靴（two《トゥー》＝shoe《シュウー》）」など）のが音韻法で、数字と形が似ているもののイメージを使う（「1＝棒」「2＝白鳥」など）のが形態法だ。

サッカー・ワールドカップは1930年に始まって以来、これまでに20回にわたり開催されてきた（本書がアメリカで出版される頃には、第21回大会の優勝国も決まっているだろう〔訳注：第21回大会の優勝国はフランス〕）。そこで数字ペグリストを使って、第20回から過去5回にさかのぼって優勝国を記憶してみよう。まずは、ペグとなる「1」から「5」までの数字をイメージに置き換える作業だ。ここでは形態法を使ってやってみよう。以下がその例だ（詳しいリストは第5章174ページを参照）。

1＝棒（1は棒のように見える）

2＝白鳥（2は湖に浮かぶ白鳥のように見える）

3＝手錠（3は開いた手錠のように見える）
4＝ヨット（4はヨットの帆のように見える）
5＝ヘビ（5は頭を上げて攻撃の構えをしているヘビのように見える）

優勝国のリストについては国名のみなので、その国を連想させるイメージを使うべきだろう。僕のイメージは次のとおりだ。

1 ドイツ（第20回）＝ブラートヴルスト・ソーセージ
2 スペイン（第19回）＝闘牛士
3 イタリア（第18回）＝ピザ
4 ブラジル（第17回）＝サッカーボール
5 フランス（第16回）＝エッフェル塔

国名のイメージが決まったら、あとはそれぞれのイメージに対応する数字ペグと「つないで」、「くっつける！」だけだ。あなたなら、どんなシーンを想像するだろう？　僕の場合は、次ページの図表に示したとおりだ。

このような手順を踏んで記憶すれば、数字を思い浮かべるとそれに関連付けたイメージが否応なく頭のなかによみがえり、続いてワールドカップ優勝国のイメージが自然と頭に浮かんでくるはずだ。数字ペグリストが重宝するのは、時間的な余裕がなくて、イメージをつなぐのに使えるリストがすぐに必要なときだ。ただし、記憶するアイテムが20個を超えるような場合には、この方法はお薦めしない。

数字ペグリストを使って、ワールドカップ優勝国を記憶するには

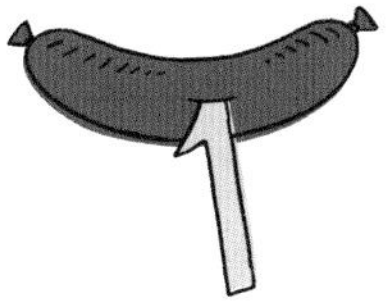

ドイツ
ジューシーでおいしそうな**ブラートヴルスト・ソーセージ**を、**棒や串**で突き刺すところを思い浮かべよう。

スペイン
闘牛士が、闘牛場にいる様子をイメージしよう。ただし、闘っている相手は牛ではなく、**白鳥**だ。

イタリア
ひと切れの悪党**ピザ**が悪事を働いて逮捕され、**手錠**をかけられた様子をイメージしよう。

ブラジル
2艘の**ヨット**が**サッカーボール**を蹴り合って、サッカーで遊んでいる様子を思い浮かべよう。

フランス
鉄骨の代わりに、絡み合った何千匹もの**ヘビ**を使って建てられた**エッフェル塔**をイメージしよう。

「23（twenty-three）」と同じ韻を踏む単語や、「45」に似た形のものを考え出すことを想像してほしい。簡単ではないことがおわかりいただけるだろう。音韻法や形態法は、基本的に10までの数に用いられることがほとんどで、ときおり20までのものも見かけるという程度だ。それ以上の数になると、使い勝手がとたんに悪くなるのだ。

ペグ法は連想結合法と同様、順序立てられた情報を記憶しやすくするためのテクニックだ。さらにペグ法では、各アイテムを単に前後のアイテムとつなぎ合わせるのではなく、別のリストに並ぶペグに結びつけることで、混乱が起きるのを防ぐことができる。そのため、ランダムな順番でアイテムを想起することも可能だ。しかし連想結合法と同じく、ペグ法も実は重要な要素が1つ欠けている。それは、記憶を脳の奥深くに長期間保存しておくことができないという点だ。その理由は、どちらの方法も個々のイメージがストーリーとしてフラフラと漂っているだけで、家と呼べるような特定の場所に置かれていないからだ。この要素を加えるには、場所や空間を記憶することができるという、人間の脳が持つ特殊な能力を活用したテクニックが必要になる。そのテクニックこそが、次のセクションで解説するジャーニー法だ。

その3 ジャーニー法

だいぶ前になるが、ギリシャの詩人シモニデスについての話をしたのを憶えているだろうか？　宴の会場が突如として崩壊し、彼を除く客人全員が瓦礫の下敷きとなって命を落としてしまった。シモニデスは犠牲者たちの身元を尋ねられたが、すぐには思い出すことができなかった。だが目を閉じて宴席を回想しているうちに、それぞれの客人がいた場所を空間的に視覚化できることに気づいた。その結果、シモニデスはすべての客人を思い出すことができたのだった。これが「記憶の宮殿」、別名を「ジャーニー法」と呼ぶ記憶術が誕生した瞬間である。

ジャーニー法はとてもシンプルな記憶法で、その基本的な使い方は前のセクションで学んだペグ法と同じだ。ただし、ジャーニー法ではペグリストの代わりにジャーニー、つまり現実の慣れ親しんだ「場所」（育った家でもいいし、今住んでいるマンションでも、よく行く公園でもなんでもかまわない）を使い、そこを通るルート上に設けたポイント（アンカー・ポイント）に記憶したい情報のイメージを固定していく。アルファベット・ペグリストではアルファベットの文字にイメージを固定したが、ジャーニー法ではジャーニーのルートに設けたアンカー・ポイントにイメージを固定するのだ。

ジャーニー法は2500年前に誕生して以来、その効果の高さからあらゆることを記憶する最強の方法として広く用いられてきた。にもかかわらず、この記憶法が効果的である理由については、まだ解明が始まったばかりだ。それでも1970年代には、一時的に情報を保持・処理する機能であるワーキング・メモリーは、僕らが記憶する頭のなかのイメージのようなものを作り出す「視空間スケッチパッド」と呼ばれるものに依存していることがわかってきた[1]。そして80年代に入ると、視覚イメージと空間イメージはそれぞれ別個のものであることが発見された[2]。さらに2000年代初めには、脳に新たに取り入れた空間情報はすでにある空間記憶に干渉することがあり、同様に、新たな視覚情報も視覚記憶に干渉することがあるが、一方で視覚情報が空間記憶に干渉することはなく、逆もまた同じであることが明らかになった［3］。簡単に言えば、**視覚イメージを場所に固定するほうが、視覚イメージどうしを固定するよりも混同してしまう可能性が低い**ということだ。人間の脳には初めから、そのように記憶する能力が備わっているのだ。

それではいよいよ、記憶のジャーニーに足を踏み入れるとしよう！

「スーパーで何を買うんだったかな？」
リストに並んだアイテムを記憶するには

あなたは地元のスーパーに着き、買い物リストを書いたメモをポケットから取り出そうとする。が、入っていない！　あなたは書き留めた10個のアイテムを思い出そうと頭をフル回転させつつ、「買い物リストを記憶しておけたらどんなにいいだろう」と考える。そうすれば、配偶者から文句を言われることもなくなるだろうし、あとで買い忘れに気づいていらいらしながらまたスーパーに行く必要もなくなる。

買い物リストを記憶するというのは、ほとんどが1単語で表すことができて、視覚化するのが容易なアイテムを10～20個ほど憶えるということだ。連想結合法とジャーニー法のどちらも役立つ場面だが、これはジャーニー法がとりわけ威力を発揮する分野だ。ジャーニー法を使う際には、いつものように「見るｰつなぐｰくっつける！」の3ステップを使って記憶していく前に、アイテムを保存するためのジャーニーを決めておく必要がある。最初は、あなたの家を使ってみるといいだろう。そうしてジャーニーとして使う場所が決まったら、買い物リストを「見て」、各アイテムを頭のなかで視覚化する。ここでは、下のイラストに示した10個のアイテムを記憶することにしよう。

それらのアイテムを使って、あなたの家を「模様替え」していくわけだが、そのためには「つなぐ」作業が必要になる。家のなかでたどるルートを決め、そのルート上に適切な数のアンカー・ポイントを設定していくのだ。そこでまずは玄関前に立っているところを想像し、それから家のなかに入って、部屋を1つずつ移動しながら10カ所のアンカー・ポイント——アイテム1個につき、1つのポイント——を設定していこう。たとえばこんなルートができるだろう。玄関扉→玄関→居間→キッチン→廊下→階段→トイレ→戸棚→ベッド→寝室の窓。おわかりかとは思うが、ここで挙げたルートは、あくまで例を説明するためのものにすぎない。それぞれの家のレイアウトによってルートは変わってくるだろうから、いずれはあなた自身のジャーニーを作ってほしい。

そのときに必ず守らなければならないただひとつの点は、矛盾のないルートを作ることだ。ある部屋（もの）から遠く離れた別の部屋（もの）へと不規則にあちこち移動するのではなく、何らかの順番に沿った一貫性のあるルートを作る必要があるのだ。その理由は、ジャーニーのルートは深く考えなくても簡単に思い出せるものでなければならないからだ。たとえば、時計回り（または反時計回り）で

買い物リスト

実際に家のなかを歩いているところを想像してみるといいだろう。僕の場合、ジャーニーのルートに設定するアンカー・ポイントとして、家具を使うこともあれば、部屋そのものや部屋の一部だけを使うこともある。最終的には、あなたがアンカー・ポイントとして設定したいものであれば何を使ってもかまわない。

ここまでできたら、あとは「くっつける！」のステップを残すのみだ。この仕上げのステップでは、ジャーニーのルートをたどりながら、各アンカー・ポイントに買い物リストのアイテムのイメージを順に1つずつ絡み合わせていけばいい。

ジャーニー法を用いる際の「見る－つなぐ－くっつける！」のプロセスは理解できただろうか？　では僕と一緒に、ここで設定したジャーニーのルートを移動しながら、先に示した10個のアイテムを順々にアンカー・ポイントに固定していこう（想像しやすいように、僕が挙げたアンカー・ポイントをあなた自身が設定したものに置き換えてもいい）。

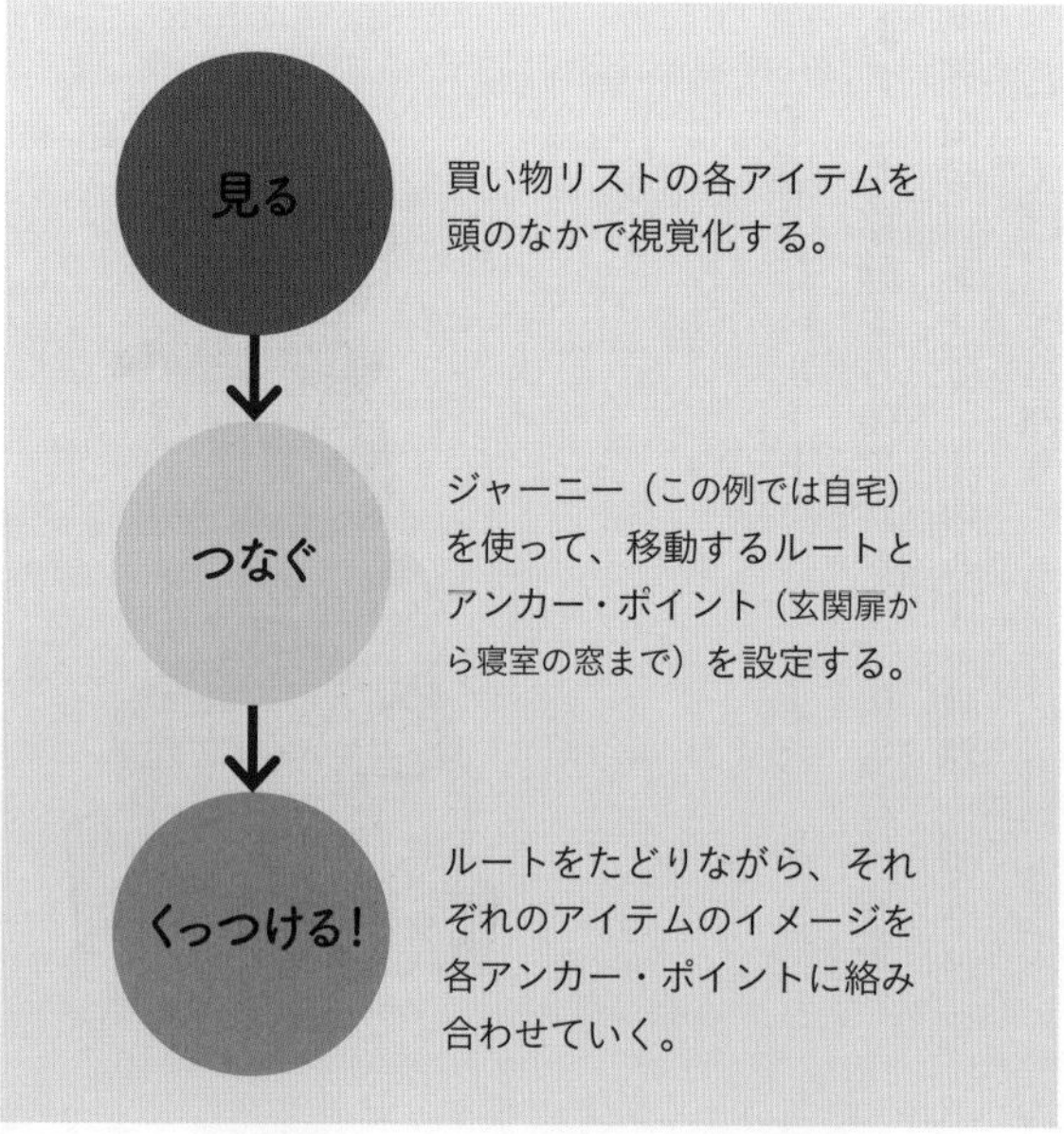

見る
買い物リストの各アイテムを頭のなかで視覚化する。
つなぐ
ジャーニー（この例では自宅）を使って、移動するルートとアンカー・ポイント（玄関扉から寝室の窓まで）を設定する。
くっつける！
ルートをたどりながら、それぞれのアイテムのイメージを各アンカー・ポイントに絡み合わせていく。

まずは**玄関扉**だ。ここでは巨大なスイス**チーズ**でできた扉を想像しよう。その際に、「くっつける！」のステップを忘れてはいけない。つまり、「魔法の成分」であるワイルドな描写を付け加える

初めてのジャーニー（記憶の宮殿）

のだ。そこで、チーズから強烈なにおいが漂ってくることにしよう。腐りかけているせいで、扉が溶け始めている。

扉を開けると、そこは**玄関**だ。しかしなんということだろう、玄関じゅうに**トイレットペーパー**が散乱しているではないか！　しかも、その犯人である不良の若者たちがにやにや笑いながら遠くに逃げていくのが見える。

次は**居間**だ。そこにはどういうわけか、巨大な**キウイ**がどっかりと置かれている。その表面に生えているトゲトゲした毛までイメージしてみよう。さらに、キウイが半分に切ってあって、緑色の果肉が見えるというのはどうだろう。その巨大でジューシーなキウイをひとかじりすることを想像してみよう。うまい！

続いては**キッチン**だ。そこには大型客船を固定するのに使うような、どっしりとした太い**ロープ**があり、片側の先端は投げ縄用の輪に結んである。あなたがそれを頭上で振り回し、キッチンに置かれたたくさんの鍋やフライパンに向かって投げると、金物がぶつかり合ってけたたましい音が響きわたる。

それから**廊下**に出ると、嵐が起きていた。床は浸水していて、頭上には大きな雨雲が見える。あなたは足首まで達した**水**のなかを苦労しながら歩く。雨水はバシャバシャと音を立て、跳ね上がった水があなたの体や壁にかかる。

ようやく**階段**に到達すると、そこに**鶏**がやってきて、あなたと一緒に階段をのぼり始めた。鶏が「コッコッ」と鳴き声を上げながら、羽をパタパタさせて羽毛をそこらじゅうに落としていく様子を想像しよう。

その後、**トイレ**に入ると、便器には**たまご**の山が高く積み上がっていた。天井に届いてしまいそうなほどの高さだ。そのうちのいくつかが割れ、中から出てきたヒヨコたちがピヨピヨと甲高い声で鳴き始めた。

トイレにある**戸棚**を開けると、今度は無数の缶**ビール**が転がり落ちてきた。何本かは床に激しく叩きつけられてシュワシュワと音を立てたかと思うと破裂し、あたり一面にビールの泡が飛び散った。立ち込めるビールの強烈なにおいまで想像すること！

次は**寝室**だ。ベッドの上には、かなり大きな銀色に輝く機械が置かれている。細長いスロットの上には赤いボタンが見える。ボタンを押してみると、そのスロットからは煙とともに肉汁のしたたる**ステーキ**が出てきた。ボタンを何度押してみても、次から次へとステーキが滑り出してくる。ステーキの食べ放題だ！

最後に、ベッドの向こう側にある**寝室の窓**に目を向けると、生い茂った庭の**花**が窓いっぱいに顔を出している。今までに見たこともないくらいの色とりどりの花と、その周りを飛び回る何匹ものミツバチを想像しよう。

さあ、これで完成だ！　なんと荘厳で、優雅で、恐ろしく奇妙なジャーニーだろう。それでは今度は買い物リストを見ずに、玄関扉からもう一度ジャーニーのルートをたどって、買い物リストのアイテムを思い出してみよう。最後のアンカー・ポイントから逆の順番にリストのアイテムを思い出せれば、なおさらいい。どうだろう、全部正解だったのでは？

買い物リストを思い出せるかな？

「やるべきことが山積みだ！」

世界最高峰の10座の名前を記憶するには

僕が登山家でもあることを考慮に入れると、世界最高峰の山々のリストを教えるのは当然のことだろう［§］。そうしなければ、これまでに無数の人々を感化し、思考させ、創造させ、冒険させ、山に登らせてきた古代の巨獣たちに対して無礼となってしまう。また、実世界のエベレストと、記憶術のエベレスト――ジャーニー法――という類似性に思いを馳せるのもいいだろう。ジャーニー法はまさしく、記憶術の「最高峰」なのだから。

実際、世界トップレベルの記憶アスリートたちが、ありとあらゆる種類の記憶に挑む際に用いているのがジャーニー法だ。この記憶術をマスターして練習を積めば、円周率πを10万桁まで憶えることもできるし、聖書の節をすべて記憶することも可能だ。さらに、ランダムに並んだ1組のトランプを20秒以内に記憶することも可能になる。あなたがそうした記憶に挑戦するしないにかかわらず、最強の記憶術であるジャーニー法のさまざま場面での使い方を知っておいて損はないだろう。

そこで本項では、事実情報――世界最高峰の山々の名前――が並んだリストの記憶方法を説明していく。前項で学んだ買い物リストに比べて少々難しい点は、このリストに含まれる山の名前のほとんどが、ネパール語やチベット語に由来しているということだ。そのため今回は、名前のイメージを表すのに必ずしも1つの単語を使うのではなく、場合によっては名前を分割して作ったフレーズや複数の単語を用いる。こうすることで難しい名前でも、正確に記憶しやすくなるのだ。たとえば標高８０００

メートルを超える世界最高峰の10座［¶］（そのすべてがヒマラヤ山脈に分布している）の名前は、それぞれ次のような単語やフレーズに置き換えられる。

1 **エベレスト**（Everest）＝**休憩中**（resting）
2 **K2＝2本足の警察犬**（K9 dog with 2 legs）
3 **カンチェンジュンガ**（Kangchenjunga）＝**ジャッキー・チェンにジェンガができるか？**（Can Jackie Chan play a game of Jenga?）
4 **ローツェ**（Lhotse）＝**「見どころいっぱい」**（lots to see）
5 **マカルー**（Makalu）＝**トイレを作っている**（making a loo）
6 **チョオユー**（Cho Oyu）＝**「見せてやるよ」**（let me cho you）
7 **ダウラギリ**（Dhaulagiri）＝**金を抱える**（dollar carry）
8 **マナスル**（Manaslu）＝**飛んだ男**（man who flew）
9 **ナンガパルバット**（Nanga Parbat）＝**マンゴー**（mango）／**パー**（par）／**バット**（bat）
10 **アンナプルナ**（Annapurna）＝**アンナ・クルニコワ**（Anna Kournikova）／**燃えている**（burning）

これらの山々をイメージとして「見た」ら、次はジャーニーの準備だ。買い物リストでは一般的な家を使ったが、本来であれば、あなたにとって意味のある場所をジャーニーとして用いるべきだ。そのほうが憶えやすいうえに、はるかに記憶に残りやすくなるからだ。とはいえ、まずは例を使って学習していく必要があるので、ここでも一緒に使えるジャーニーを僕が準備しよう。今回は、次ページのイラストで示したようなプール付きの豪華な裏庭だ。

今回使うジャーニー

1 左端のヤシの木
2 隣接する焚き火台
3 プール
4 ジャクジー
5 プール・バー

ジャーニーとして使う場所が決まったら、今度は「つなぐ」のステップだ。そこでジャーニーのなかでたどるルートを決めて、そのルート上に必要な数のアンカー・ポイントを設定していこう。今回記憶するのは世界最高峰の10座の名前なので、必要なアンカー・ポイントの数は、通常ならば各山に1カ所ずつで、合計10カ所になる。だが今回は、ジャーニーを有効活用するためにアンカー・ポイントを5カ所に節約して、各ポイントに2つの山の名前を固定してみよう（これは、記憶の保存先を賢く使うことにもつながる）。

その5か所のポイントは先のイラストに示したとおりだが、今回は左端にあるヤシの木からプール・バーまで反時計回りにたどっていく。そうしてすべて山の名前をアンカー・ポイントに「くっつける！」と、次のようなイメージができあがる。

1 **エベレストとK２：左端のヤシの木**の下に**休憩中**（resting）の**2本足の警察犬**（K9 dog with 2 legs）がいる様子をイメージする。

注意

このとき重要なのは、必ず「犬」の前に「休憩中」がくるように並べることだ。今回は１つのアンカー・ポイントに2つのアイテムを固定していくので、その順番が入れ替わることがないように注意しなければならない。１番目がエベレストで、２番目がK２であることがわかるように並べる必要があるのだ。

2 **カンチェンジュンガとローツェ**：焚き火台の横で、**ジャッキー・チェンがジェンガで遊びながら**（Jackie Chan playing a game of jenga）、強い香港訛りで**「見どころいっぱい、見どころいっぱい！**（lots to see, lots to see！）**」**と叫んでいる。あなたはその様子を眺めながら、「えっ、ジャッキー・チェンにジェンガができるのか？」と考える。ジャッキーは積み上がったブロックを倒してしまわないだろうか……。どうやらなかなか見事な腕前なので、あなたに向かって大声で「見どころいっぱい！」と叫んでいるようだ。

3 **マカルーとチョオユー**：**プール**のなかで、映画『スカーフェイス』のトニー・モンタナ〔訳注：アル・パチーノ演じる主人公〕が**トイレを作っていて**（making a loo）、周りの人たちにあのかなり強いキューバ訛りで**「見せてやるよ**（let me cho you）**」**と言っている。

4 **ダウラギリとマナスル**：**ジャクジー**から水しぶきを上げて出てきたのは**金を抱えて**（dollar carrying）、**飛ぶ男**（man who is flying）だ。男は胸にドル札の束を抱えて、ジャクジーから飛び立っていく（順番が肝心であることを忘れないこと。つまり「金を抱えた男が飛んだ」のであって、「飛ぶ男が金を抱えている」のではない）。

5 **ナンガパルバットとアンナプルナ**：最後に、**プール・バー**の上でゴルファーが**マンゴー**（mango）を入れて**パー**（par）を出した。しかも使ったのは野球の**バット**（bat）だ。マンゴーを見事にカップインさせた瞬間、**アンナ・クルニコワ**（Anna Kournikova）が、**燃えている**（burning）頭を突き出した。

ワイルドな出来事が次々に起こるが、きっともうこの内容を頭から振り払うことはできないはずだ。10座の名前を逆から思い出すときには、組み合わせた2つのイメージの順番も入れ替えることを忘れないようにしよう。

すべての山の名前を思い出せるかな？

「生ごまペーストは大さじいくつ？」

お気に入りのレシピを記憶するには

今度はジャーニー法を使って、実用的な物事を記憶してみよう。その例として、僕のお気に入り「タヒニソース」［訳注：タヒニ（tahini）とは生ごまペーストのこと］のレシピを取り上げることにしたい。これを学習すると、長くて複雑な手順を記憶する方法が理解できるだけでなく（この例ではレシピを使うが、どんな種類の手順を記憶するときにも同じアプローチを用いることができる）、どんな料理にも合う絶品ソースの作り方までマスターできて、一石二鳥だ！　その作り方は、以下の材料をすべてミキサーにかけるだけけだ［**］。

＊　ニンニク　2かけ
＊　皮をむいたショウガ　5センチ分
＊　たまり醤油　大さじ1
＊　レモン汁　大さじ2
＊　タヒニ　大さじ2
＊　オリーブオイル　大さじ1
＊　水　大さじ2

1 左側ドア
2 蛇口
3 ガス台
4 電子レンジ
5 包丁立て
6 冷蔵庫
7 キッチン・アイランド

いつもと同様、まずはジャーニーを作るための場所選びからだ。今回は上に掲載したイラストのようなキッチンを使うことにしよう（このソースを作る場所と言えばキッチンだ）。レシピの手順は7項目あるので、そこに7カ所のアンカー・ポイントを設ける必要がある。

ここで、「前項では山の名前を憶えるのに、各アンカー・ポイントに2つずつイメージを組み合わせて固定したのに、今回はなぜ同じようにしないのか？」と疑問に思われた人もいるかもしれない。その理由は、今回のレシピの場合、各項目が1単語だけで成り立っているわけではないため、イメージがもっと複雑になることが予想されるからだ。要するに、各項目を1個のアンカー・ポイントに固定できるようにして、それぞれのイメージに、より細かな肉づけができるようにしておきたいのだ。そこで今回は、イラストに示したようにキッチン・アイランドの左側にあるドアを出発点として、時計回りに7カ所のアンカー・ポイントをたどることにする。

次はレシピの各項目をイメージに置き換える作業だが、その前に、それぞれの項目の内容をよく見てほしい。どの項目もシンプルな食材名と、その分量を表す単位と小さい数で構成されている。しかも分量は、ほとんどが「大さじ1」か「大さじ2」なので、かなりシンプルなレシピと言える。一方でほかのレシピの場合だと、大さじ以外にも、小さじ、カップ、リットル、グラムなどといった単位が混在していることもある。でも、そういった付加情報を扱うのも、もう初めてではない。それぞれの単位を表すのに適したイメージをあらかじめ決めておけばいいだけだ――「大さじ（tablespoon）」なら「テーブル（table）」、「小さじ（teaspoon）」なら「ティーカップ（teacup）」といったように。数字で示された分量については、数字のイメージを即興で考え出せばいい（あるいは第5章へ飛んで、急いで数字変換システムについて学んできてもいい）。

ここまで理解できたら、あとは実際にレシピの各項目をイメージに置き換えて、アンカー・ポイントに固定するだけだ。それではやってみよう！

❶ **ニンニク　2かけ：2人の吸血鬼**（ニンニクと言えば、ニンニク嫌いで有名なこの怪物だ）が**ドア**から突入してきた。吸血鬼の青白い肌や牙を思い浮かべよう。

❷ **皮をむいたショウガ　5センチ分：蛇口**をひねると、**身長5センチの赤毛の男**（英語では親しみを込めて赤毛を「ginger《ジンジャー》（ショウガ）」と呼ぶ）が出てきた。5センチ版の僕（実物は198センチの赤毛だ）が出てくることをイメージすれば、なおさら効果的だろう。

❸ **たまり醤油　大さじ1：**「たまり（tamari）」は「タマーレ（tamale）」という音に似ている。タマー

レという言葉自体はメキシコ料理の一種（トウモロコシ粉の生地にチリ味の挽き肉などを入れ、トウモロコシの皮に包んで蒸したもの）を意味するが、タマーレと聞いてもっとなじみがあるのは、シナモンの辛みがピリッと効いたジェリービーンズのようなキャンディ「ホット・タマーレ（Hot Tamales）」だ。そこで、**ガス台**に置かれたフライパンの上で「ホット・**タマーレ**」が**1つ**溶けている様子をイメージすることにしよう。

4 **レモン汁　大さじ2：電子レンジ**のなかで、**2つ**の鮮やかな黄色い**レモン**が破裂する。火花が出て、レモン汁が扉ガラスに飛び散った様子を想像しよう。

5 **タヒニ　大さじ2**：タヒニも手ごわい言葉だ。生ごまペーストとしても知られている。でもここでは、初めて聞いたつもりで考えてみよう。僕ならこれを「タ・ヒニ（ta-hini）」と2つの音に分けて、そこから「尻（the heinie《ザ ハイニー》）」を連想する。まったく同じ音とは言えないが、十分近いだろう。ついては、**包丁立て**から大きな肉切り包丁を取り出して、自分の**尻**を切り取ってしまおう。痛々しいイメージだが、尻には**2つ**の山があるから、これで「大さじ2」が記憶しやすくなるはずだ！

6 **オリーブオイル　大さじ1：冷蔵庫**を開けると、そこにはポパイのガールフレンドの**オリーブ・オイル**が**ひとり**で凍えながら、歯をカチカチ鳴らして立っている。

7 **水　大さじ2：**最後に**キッチン・アイランド**を本物の島に見立て、そこに**2つ**の方向から**水**が押し寄せてきて、しぶきが上がる様子を思い浮かべよう。

このレシピを想起するときには、先に夕食の準備をしておいたほうがいいだろう。そうすればできあがったソースをすぐにかけて食べられる！

ジャーニー法を使ってタヒニソースのレシピを記憶するには

「Googleマップで調べてみたほうがいい?」

道順をさらに速く記憶できるようにするには

道順の記憶方法については、本章ですでに連想結合法を使って学習したが、ここで習得したばかりのジャーニー法を使った道順の記憶方法も手短に説明しておこう。

例:あなたは今パリにいる。ルーヴル美術館で「モナリザ」を鑑賞してきたところだ。次はほんの数ブロック離れたノートルダム大聖堂に行くつもりだ。あなたはルーヴル美術館の入り口のすぐ前で、通りすがりの人に声をかけて尋ねる(ラッキーなことにその人は英語を話せるようだ)。「ここからノートルダムへはどう行けばいいですか?」相手は道路を指さして答える。「最初の角で左に曲がってルーヴル通り(Quai du Louvre)をまっすぐ進み、4つ目の橋(シテ通り[Rue de la Cité])で右に曲がり、まっすぐ行くと左手に大聖堂が見えてきますよ」。「メルシー!」あなたは礼を言い、親切なその人が立ち去るのを見届ける。

では、自分が記憶のジャーニーのなかにいるつもりになって(ジャーニーに使うのはどこでもいいが、ここでは家を使うことにしよう)、通りの名前や付加情報を憶えるためのイメージを追加しながらルートに沿って進んでいこう。ジャーニーの出発点は、いくつかの部屋につながっている場所(たいていは居間)にするといいだろう。行き止まりにぶつかっても心配することはない。想像力を働かせて、壁を突き抜けてしまえばいい！　それこそが記憶のジャーニーの強みだ。

最初のステップは「左へ曲がる」なので、居間から出て廊下を左に進むことを想像する。ここでは通りの名前（ルーブル通り［Quai du Louvre］）も記憶する必要があるので、廊下のすぐ左手に見える部屋に、その名前のイメージを必ず固定するようにしよう。「Quai」は「kay」（okay《オーケイ》のkay《ケイ》）と発音する。そこで、廊下の左側にある部屋を覗くと、突如としてまた目の前にルーヴル美術館が現れて、それを見たあなたが「まぁ、悪くなかった（Okay-Louvre = Quai du Louvre）」と冷めたように言うのを思い浮かべるのはどうだろう。

次の「まっすぐ進み、4つ目の橋（シテ通り［Rue de la Cité］）で右に曲がる」という部分は、僕ならこんなシーンを想像する。ジャーニーの廊下をそのまま進み、最初に右側に現れた部屋に入ると、ヨット（形態法による「4」のイメージ）が橋にぶつかるところ（「4つ目の橋」）だった――。「シテ通り（Rue de la Cité）」という通りの名前も憶えておきたければ、カンガルー（kanga-roo = Rue）が街（city = Cité）のなかを跳ね回って、あたり一面の建物を破壊している様子を加えるといいだろう。つまり、ヨットが橋にぶつかり、そのすぐ横ではカンガルーが街なかを跳ね回っているというイメージになる。

最後のステップは「まっすぐ行くと左手に大聖堂が見える」という部分だ。ここでは、現在の部屋を少しだけ直進して左を向くと、その瞬間に「バーン！」と音がして、気がつくと美しいノートルダム大聖堂があなたの頭上にのっていたという場面をイメージしてはどうだろう。このプロセスの利点は、各ステップで自分がいる部屋を憶えていれば、どのような順路で部屋を移動したかがわかるため、「右」や「左」「まっすぐ」といった指示は記憶せずにすむことだ。

「永遠の記憶よ！」

ジャーニーをうまく使いこなし、長期的に記憶を維持するには

ジャーニー法はシンプルであると同時に、非常に強力なテクニックだ。１つのジャーニーに設定できるアンカー・ポイントの数は無限だと言っていい。たとえ１つの小さな部屋だけでも、少なくとも５つのアンカー・ポイント（４つ角と部屋の中央部）を設定できる。加えて、ベッドやソファ、化粧台、窓、ドアなど、同じ部屋のなかにあるさまざまなアイテムもアンカー・ポイントとして利用できる。僕が作ったジャーニーには、１つの部屋に収まるものもあれば、街全体に広がっているものもある。

憶えておいてほしいのは、ジャーニー法が視覚記憶と空間記憶を組み合わせることで機能しているという点だ。だからアンカー・ポイントとしてその役目を果たしているのは、家具やドアそのものではなく、それらが置かれた位置ということになる。また、一貫性のあるパターン（時計回りや、左から右など、明確に定められた順路）を守りさえすれば、１つの部屋の４つ角に沿って進むだけの極小サイズのジャーニーを作ることだって可能だ（自分が映画『ミクロキッズ』並みのサイズになって歩き回る様子を思い浮かべれば、巨大なジャーニーにだってなりうる）。ドイツ人のエリート記憶アスリート、ボリス・コンラッドはよくこんなふうに言っている。「石鹸を使って歴代アメリカ大統領を記憶する方法を教えてあげよう！」

まさにこれこそが、ジャーニー法がペグ法よりもはるかに優れている理由だ。**ジャーニーは無限に広げることができる**のだ。家のなかのありとあらゆる場所やアイテムを使い果たしてしまったとして

も、外に出てジャーニーをさらに続けることもできる。確かにジャーニー法は、一般的には「記憶の宮殿」と呼ばれている。「宮殿」と聞くと建物を想像するかもしれないが、街なかを運転するルートであっても、山を歩くルートであっても、アンカー・ポイントが設定してあり、そのポイントを毎回同じ順番で進むことができるルートでありさえすれば、それを「宮殿」と呼ぶことができるのだ。

僕が作った最も長いジャーニーと言えば、かつて円周率πを1万桁記憶する際に用いたジャーニーがそのひとつだ。それを作ったときには、頭のなかで生まれ故郷であるマイアミのなじみのある場所をいくつかたどり、数百に及ぶアンカー・ポイントを設定していった。住んだことのある家や働いたことのあるオフィスのすべて、高校、お気に入りのショップなどから思い出せる、あらん限りの部屋やエリアを使ったわけだ。

そういった長いジャーニーを作る場合には、ひとつひとつのアンカー・ポイントを書き出してみるといい。そうすることで各ポイントが頭のなかに定着しやすくなるだけでなく、たどるルートも憶えやすくなる。また、ジャーニーとして使う場所に実際に行ってみて、そのルートを歩きながら十分に記憶できているかどうか確認するのもいい。もし直接足を運べないような場所であれば、Googleマップのストリートビュー機能を使うのもお薦めだ。

もちろん知っている場所が多ければ多いほど、作れるジャーニーも増えてくる。ジャーニーが増えるということは、脳内のＨＤＤ（ハードディスクドライブ）をアップグレードして、容量を何ギガバイトも増やすようなものだ。ぜひあなたも、記憶に残るあらゆる場所――特にあなたにとって意味のある場所――を使ってジャーニーを増やしていってほしい。短いジャーニーは買い物リストに最適だし、長いジャーニーならば叙事詩にだって使うことができる。

でも、長いジャーニーがどうしても思いつかない場合にはどうすればいいのだろう？　短いジャーニーをいくつか組み合わせて使えばいいのだろうか？　それぞれのジャーニーが自然につながり合うのであればこの方法でも問題はないが、それ以外の場合はお薦めしない。途中でルートをたどれなくなってしまう可能性があるからだ。ただし、1つのジャーニーをいくつかのセクションに分割することなら可能だ。これは何らかの出来事があった年を記憶したいときなどには特に有効だ。

たとえば僕はかつて、テレビ番組のなかで過去のアカデミー作品賞受賞作を、1928年の『つばさ』からすべて、受賞年とともに記憶する方法を教えたことがある。そのときにジャーニーとして使ったのは、マイアミにあるビスカヤ・ミュージアム＆ガーデンズで、記憶する際にはその庭園の各エリアを年代別に使用して、それぞれに該当する受賞作を配置していった。こうすることで、1962年度の受賞作（『アラビアのロレンス』）を思い出したいときには、単に60年代のエリアへ行って3つ目のアンカー・ポイントを見つけるだけですむのだ。

ふさわしいジャーニーを作るには

すでに述べたように、初めてジャーニーを作るときには自宅を使ってみるといいだろう。過去に住んだ家でも十分に使える。当時使っていたダイニング・テーブルの形までは憶えていなくとも、家のレイアウトは思い出せるはずだ。使えるエリア（空間）をもっと増やしたければ、学校やオフィスをジャーニーとして用いるといい。とはいえ、ジャーニーは必ずしも建物や固定された屋外空間である必要はない。それどころか、現実の場所でなくてもかまわない。

もしあなたがコメディドラマ『となりのサインフェルド』の大ファンだったとしたら、主人公ジェリーのアパートをジャーニーに使うこともできる。そらで憶えているほど好きな映画があるのなら、各シーンやその舞台をアンカー・ポイントに使うことも可能だ。厳密に言うと、そのような方法はジャーニー法とペグ法の境界線を曖昧にしてしまうものではあるが、それでもやはり驚くほど効果的なのだ。また、『グランド・セフト・オート』や『マインクラフト』『コール・オブ・デューティー』といったゲームにはまっている人なら、その世界をジャーニーに使ってもいい。現実であるか仮想現実であるかにかかわらず、まったく知らない場所に行った場合でも、5分ほど過ごせば、自宅と同じだけ効果的なジャーニーを作り出すのが可能であることが研究にも示されている〔4〕。

手始めとして僕が提案するのは、自宅を含めて3つのジャーニーを作ることだ。そしてそれぞれのジャーニーには、無理のない出発点を設定しよう。その場所の入り口でも、自分が最も長く時間を過ごすエリアでもいい。それが最初のアンカー・ポイントだ。それから同じエリアを歩き回ってさらにいくつかアンカー・ポイントを追加してもいいし、ほかのエリアに移動しながら追加していってもいい。いずれにしても、1つのジャーニーにつき、アンカー・ポイントは10〜20カ所ほどは設定したいところだ。

ただし、1回通った場所は、できる限り再び通ることがないようにしよう。もしどうしてもそれが避けられないのなら、その空間を違うアングルから見るようにして、それが別のアンカー・ポイントであると認識できるようにすること。そして、ジャーニーができあがってもすぐには使用せずに、頭のなかで何度か行ったり来たりして、しっかりとルートが定まっているのを確認することが重要だ。そこまでできれば準備完了だ！

もうひとつ注意してほしい点は、同じジャーニーを頻繁に使い回さないようにすることだ。確かに、特定のジャーニーのルートに沿って一度イメージを「録画」しても、またあとから同じジャーニーに新しい情報を「再録画」することは可能だ。しかし再利用するのが早すぎると、前の記憶に多少干渉されてしまうこともあるのだ[††]。したがってアカデミー作品賞受賞作の全作品名のように、永久的に記憶しておきたい情報がある場合は、そのリスト専用のジャーニーを選ぶか、新たなジャーニーを作り、「再録画」はしないようにするのが得策だ。

ジャーニーを再訪する

ジャーニー法の素晴らしい点は、何かを一度学ぶだけですばやく記憶できることだ。ただし、脳に記憶してある情報のほとんどがそうであるように、復習せずにいると、ジャーニー法で記憶した情報もやがて薄れてしまう。**長期的に情報を保持したいのであれば、復習に復習を重ねることがすべてであるという事実は否定できない**。

復習作業は退屈なうえに、時間や労力を要するものだ。しかし長期的に記憶を定着させるには、復習を「効率的」に行うことが大切だ。その点、ジャーニー法を使って復習するのは非常に簡単だ。目を閉じて、頭のなかのジャーニーのルートに沿って歩くだけでいいのだから。さらに効率的に復習するには、「間隔反復」を用いるといい。これは、「習得した情報の復習には最適なタイミングが存在する」という事実に基づいた方法だ。もし復習するのが早すぎれば、時間の無駄になってしまう。逆に、復習するのが遅すぎれば憶えた内容を忘れてしまい、憶え直すためにそれ以上の時間を無駄にすることになる。実のところ、復習に最も適したタイミングというのは、忘却する直前なのだ。そしてそのタイミングには個人差があるだけでなく、記憶した情報によっても異なってくる。

学習曲線と忘却曲線、そして間隔反復の概念は、19世紀にドイツの心理学者ヘルマン・エビングハウスによって考案された[5]。これは、次ページに示したようなグラフで表すことができるものだ。グラフを見ると、記憶した時点の記憶定着率がおよそ100%であるのがわかるだろう。だが数日のうちに、そのパーセンテージは急落していく。人間の脳というのは、時間の経過とともにほとんどのことを自然に忘却するものなのだ。しかしエビングハウスは、最初に記憶した直後にその情報を復習すると、記憶定着率がまた100%に戻り、定着率低下のスピードも遅くなるということを発見した。さらに適切な間隔を空けて2回、3回と復習を繰り返していくと、やがて記憶定着率の低下を防げるようになる。言葉を換えれば、記憶をほぼ永久に保持できるようになるのだ。

このように考えてみてほしい。あなたの記憶はすべて、実質的には脳内のニューロン（神経細胞）どうしがつながった電気回路によってできている。もし、その回路が長い期間のなかで一、二度しか発火することがなければ、回路はさほど強くならずに、次第に弱まっていく。しかし常に発火させて活性化させ続け

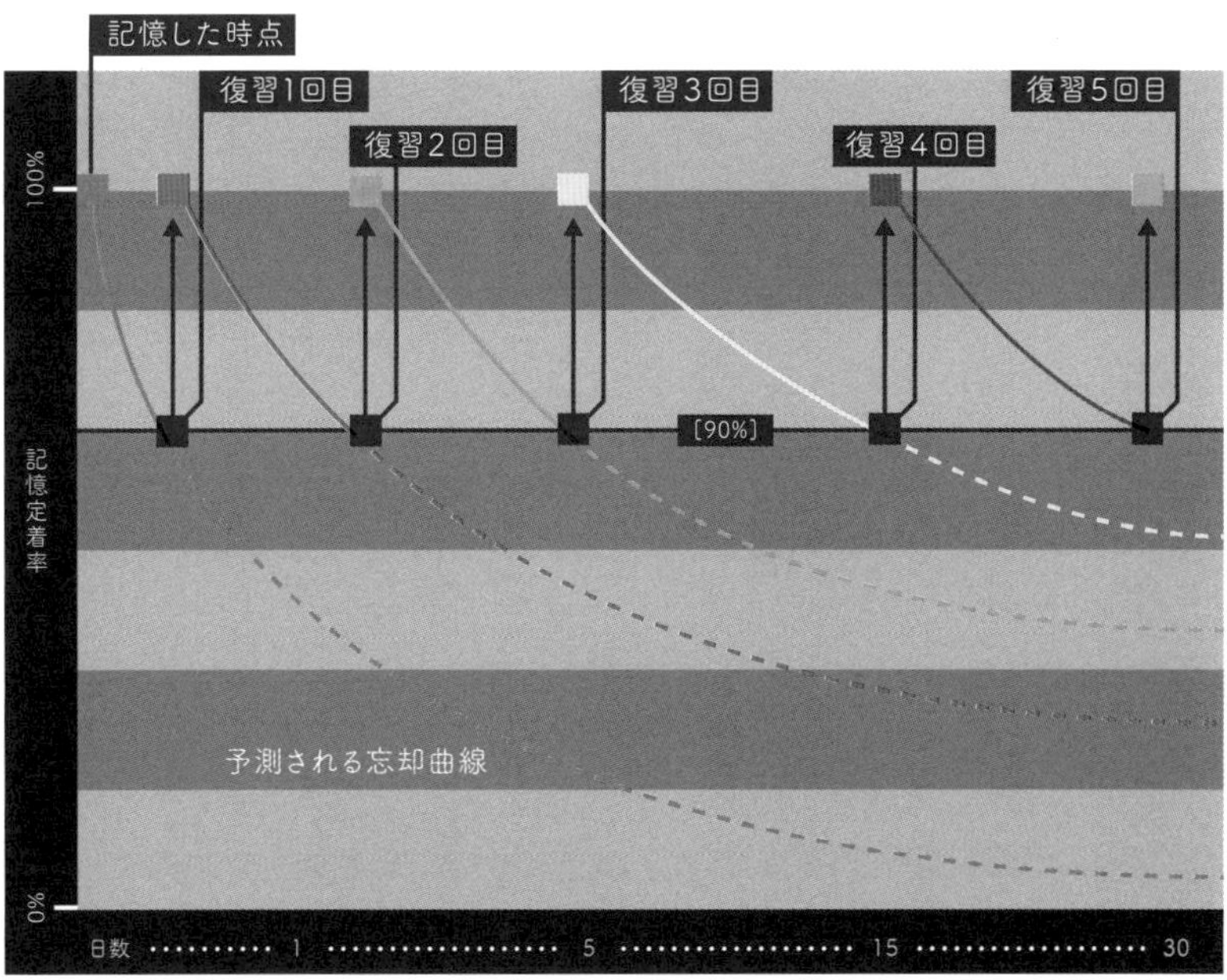

れば——つまり記憶の復習をすれば——その回路が強化されていく。そうしてニューロン間のつながりが太くなっていくと、やがて回路を発火させるのが容易になる。例えるなら、「いつでも歓迎の友人」ならぬ、「いつでも歓迎の記憶」といったところだ。

どのような方法であれ、復習をすれば記憶した情報をより長く保持できるようになる。だが、真に長期的な記憶にするためには、先のグラフに示したような正しい忘却曲線を考慮に入れた数学モデルに従うことが求められる[‡‡]。ただし今の世の中、そのすべてを自分で理解する必要はない。というのも、そのためのウェブサイトがあるからだ。僕のお薦めは「Anki」「Memrise」「Art of Memory」などだ。いずれのウェブサイトも、記憶した情報を入力しておくと、あなたがそれを忘れそうになる頃に復習するようにリマインダーで知らせてくれるので、ぜひ活用してみてほしい（各ウェブサイトの詳細は、付録の「役立つウェブサイト・ツール」を参照）。

第5章

難解な数字に意味を持たせて、記憶として定着させるには

「数字は生きています。紙の上に書かれた単なる記号ではないのです」

——シャクンタラ・デビ［*］

あたりを見回してみよう――数字はそこらじゅうに溢れかえっている。銀行で預金を引き出すにも、スポーツを観戦するにも、カレンダーに予定を書き込むにも、何をするにも欠かせない。それに、あなたがパッと思いついて引き合いに出すような統計のどれをとってみても、数字は絶対的に不可欠な存在だ。また、数字は僕らのアイデンティティの基礎をなすものでもある。たとえあなたが「年齢なんてただの数字にすぎない」と信じていたとしても、年齢は誰にでも必ずついて回るものだし、身体や身の回りにまつわるさまざまなものを測定したり、数値化するのにも用いられている。

数字と密接な関係があるのは、なにも統計学者や会計士、エンジニア、競売人に限ったことではない。自称「算数が苦手」な人でさえ、いたるところに姿を現す数字から逃れることはできない。それでも、数字がこれほど多くの人々を、これほどまでに苦しめている理由を想像するのは決して難しいことではない。具体的な数字を正確に記憶するともなれば、なおさらのことだ。その理由は、数字があまりにも抽象的で、かつそれぞれが独自性に欠けているためだ。数字の形は想像することができても、そこには色も感触も、味もにおいも、そして背景も音もない。確かに数が小さければ、具体的な数量をイメージすることもできるだろう。しかし大きな数となると、そうはいかなくなる。たとえば2匹の子ブタと3匹の子ブタでは、頭のなかのイメージがはっきりと異なる。けれども、これが102匹と103匹になった場合、そのイメージはほぼ見分けがつかなくなってしまうだろう。

会計士や熱狂的なスポーツ・ファンのように日常的に数字について考えている人たちは、いくらか有利と言えるかもしれない。たとえばサンフランシスコのアメフト・ファンにとって、「49」という数字は決してランダムで抽象的な数などではないし［訳注：地元チームの名称は「サンフランシスコ・フォーティナイナーズ（49ers）」］、「1099」は会計士にとって特殊な意味を持った数だ［訳注：アメリカ税務当局に提出する書類のひとつに「Form1099」というものがある］。だが、常に数字と接する生活を送っていない限り、容易に記憶できないというわけではない。**どんな人でも数字に意味を持たせることで、記憶に残りやすくできるのだ。**

では、人というのはどれくらいの数字を記憶できるものなのだろう？　驚くことに、インドのスレシュ・クマール・シャルマによる円周率暗唱のギネス公認世界記録は7万30桁だ。さらに非公式記録ともなると、日本の原口證が10万桁の壁を破っている［訳注：２０１９年現在、ギネス社に申請中］。記憶力競技では、5分間でランダムに並んだ数字をどれだけ多く記憶できるかを競う「スピード・ナンバー」という種目があるが、記憶力チャンピオンのアレックス・マレンが２０１７年に打ち立てた世界記録は５６８桁で、僕もかつては３３９桁という全米記録を保持していた。とはいえ、記録はほぼ毎年更新されていくものだ［訳注：スピード・ナンバーの２０１９年現在の世界記録は６１６桁］。記憶力競技の世界では、過去に人間には記憶不可能だと思われていたものが、やがてトップレベルの記憶アスリートにとっての標準となるのは、お決まりのことなのだ。

だが正直に告白すると、ほとんどのトップ記憶アスリートたちは、数字がそれほど好きではない。そもそも数字記憶には高度な計算能力が必要とされるわけでもないし、それどころか、これは数学でさえない。実を言えば、ストーリー・メイキングなのだ。それも、僕らがこれまで本書で学習してきた内容と大差はない。あの3つの基本ステップ、つまり「見る－つなぐ－くっつける！」の延長線上にあるものだ。数字記憶の場合、この3つのステップで最も難しいのは、数字をイメージとして「見る」作業だ。だからといって、映画『ビューティフル・マインド』の主役ジョン・ナッシュのように、数字が踊り回ったり、魔法のように一体となったりする様子が見えるようになる必要はない。必要なのは体系的な仕組みだ。それをこれから僕と一緒に作っていくことにしよう！

その1

桁数の少ない数字を記憶する

数字の記憶方法を学ぶというのは、実際には、さまざまな長さの「数字の列」を記憶する方法を学ぶということだ。もう少し捕捉すると、数字の列を記憶するというのは、数字をひとかたまりの数値（「34」「1764」「803976」など）として見るのではなく、数字という記号の集合体と捉えて記憶することを言う。そんなふうに数字を見てみると、記憶に要する労力を大幅に減らすことができるし、ずいぶん気も楽になる。考えてみてほしい。数値は無限に存在するのに対し、数字は0、1、2、3、4、5、6、7、8、9という、たった10個の記号しか存在しない。数値がいくら大きくなろうとも、それは数字という記号の列が長くなっただけのことなのだ。

どんな数字もこの10個の記号によって構成されていると考えれば、シンプルでかつ効果的な記憶法を編み出すことが可能だ。とはいえ、千里の道も一歩から。まずは、日常生活で憶えておかなければならない桁数の少ない数字列――カウントした数や暗証番号、住所など――から始めてみよう！

「何週目を走ってるんだっけ？」

単一の数を記憶するには

こんな経験に思い当たりはないだろうか？　あなたは電話番号を調べた［†］。しかしダイヤルするためには、その番号から目を離して電話を見る必要がある。そこであなたはダイヤルし終えるまで忘れないように、頭のなかで、あるいは声に出してその番号を何度も唱える――。これは、それなりに有効な記憶のワザだ。要は情報を使うまでの間、一時的にワーキング・メモリーに維持しておくわけだ。ときには、ある情報を次の情報に置き換えるまでの間だけ、ワーキング・メモリーに維持しておくという場合もある。その最たる例は、数をカウントするときだ。記憶しておくのは最後にカウントした数だけでいい。次の数に置き換わってしまえば、もう前の数の記憶は必要なくなる。

だが、ワーキング・メモリーをそのように用いるのは、まるで高級な陶磁器を腕いっぱいに抱えて綱渡りをするようなものだ。ちょっと足を踏み外しただけですべての陶磁器を台無しにしてしまうのと同じように、少し気が散っただけで記憶しておきたかった情報はすべて消え去ってしまう。また、集中力を保つことができたとしても、あなたの注意は完全にその情報だけに向けられることになるので、ほかの情報はすべて遮断せざるをえない。たとえ、それがもっと重要な情報であったとしても……。でも、そんな憶え方をしなくても確実に数をカウントすることは可能だ。

数をカウントすること、つまり1つの数を記憶に保持することは、きわめて単純な能動的記憶［訳注：自分の力で知識を獲得すること。これに対し、誰かに知識を教えられて憶えることを受動的記憶と言う］のひとつだ。その際に僕が愛用している記憶法に、「腹話術師法」というものがある。僕がこのテクニックを使うのは、ジムでランニングをするときだ。ジムの屋内トラックは1周が1／11マイル（約146・3メートル）で、僕は普段、1周当たり1分弱かけて33周もしくは44周走る。これは、走りながらカウントし続けるにはかなりの数だし、できれば何も考えずに走れたほうがありがたい。それにしばらく走っていると、前にカウントしたのが何週目だったのかわからなくなってしまうことも珍しくない。

そこで僕が編み出したのが、腹話術師法だ。頭のなかでカウントする代わりに、腹話術師になったつもりでさまざまな声色やイントネーション、さらには外国語などを使い、声に出してカウントするのだ。このとき重要なのは、カウントするたびに趣向を変えることだ。「1」は低いバリトン声で、「2」は「deux《ドゥ》」と、できる限りセクシーなフランス語のアクセントで、「3」は鼻にかかった甲高い声でカウントするといった具合だ。そうすれば、「今は何周目だっけ?」とわからなくなったとしても、前にカウントした声色が十分に脳裏に焼きついているので、すぐに何週目であるかを思い出すことができる。要するに、口に出してカウントしたらもう、その数に集中し続ける必要はないのだ。

もし声色のバリエーションが思いつかなくなった場合は、数を混同してしまう可能性さえなければ、すでに使った声色を使い回してもいい。とはいえ、たとえ外国語での数え方を知らなくても、バリエーションを考え出すのはそれほど難しくないはずだ。異なる音程や訛り、ゆっくりとした口調や震え声、ロボットの声や有名人のものまねなど、いくらでも思いつくだろう。周りにいる人からすれば滑稽に聞こえるのは確かだが、物事を突飛で奇妙にすることは、記憶に残りやすくするための方法のひとつだったはずだ(第3章「物を置いた場所を記憶するには」で学習した内容を思い出してほしい。今回は動作ではなく、声を使ったわけだ)。

この腹話術師法は、1つの数を少しの間だけ記憶しておくには最適な方法だ。エクササイズ中だけでなく、階数や部屋番号、番地などを記憶する際にも役に立つ。ただし、これは桁数が少ない数字を憶える場合にしか使えず、またワーキング・メモリーに頼った方法でしかない。つまりは、ほんの短い時間しか情報を記憶に保持できないということだ。腹話術師法にはそれなりの用途はあるものの、もっと長期にわたって数字を記憶しておけたほうが好ましいのは当然だろう。その方法については、次項で詳しく学んでいこう。

「金が増えれば、苦労も増える」

暗証番号、口座番号、小切手番号などを記憶するには

日常生活で絶対に憶えておかなければならない数字と言えば、暗証番号、つまりロックのかかったスマホやATM、ジムのロッカーなど、きわめて重要性の高い個人情報にアクセスする際に必要な数桁の番号だ。そこで本項では、先ほど学んだ腹話術師法からひとつレベルを上げて、少し桁数の多い数字を、長期的に記憶に保持しておくための方法を紹介する。ただし、テクニックが高度化するぶん、そのためのシステムも複雑になる。数字記憶のテクニックというのは、学習が進むにつれて、より長い数字列を、より長い間憶えておけるようにしてくれる一方で、それ専用のシステムを準備するのに時間を要するようになるのだ。

だが、これから学習していく高度な数字記憶のシステムはどれも、時間をかけて構築するだけの価値がある。その最大の理由は、どのシステムも、それ以前に学習したあらゆる数字記憶にさかのぼって使うことができるからだ。つまり、より高度な数字記憶のシステムを構築すればするほど、汎用性が高くなるのだ。もちろん、桁数が多くなるにつれて数字をイメージとして「見る」難易度も高まる。でも、即興で想像力を働かせることもできるはずだ。もし、ある数字からすぐに何かを連想できるのであれば、そのイメージを使えばいい。何も連想できなくても、数字記憶のシステムを使えばいいだけだ。数字の構成要素はたった10個の記号に限られているのだから、あらかじめ符号化システムを使ってそれぞれの数字のイメージを作っておけばなんら問題はないのだ。

その符号化システムとして、暗証番号やそれに類似する番号の場合、桁数が多くないので（たいて

い4～6桁）、前章で数字ペグを作るときに簡単に紹介した2つの方法――音韻法と形態法――が活用できる。改めて説明しておくと、音韻法は各数字を、同じ韻を踏む単語のイメージに置き換える方法だ。かたや形態法は、数字の音ではなく、形をもとにしてイメージに置き換える。僕が音韻法と形態法から連想する10個の数字のイメージは、それぞれ次ページと次々ページの図表に示したとおりだ（いずれはあなたも自分でイメージを考え出してほしい）。

10個の数字のイメージを作ったら、次は「つなぐ」のステップだ。各数字に関連付けたイメージを使って、数字列を記憶に残りやすい1つのストーリーに仕立てるのだ。それができたら最後は、その数字列がキャッシュカードの暗証番号なのか、スーツケースの暗証番号なのかということをいつでも思い出せるようにする作業だ。そこで「くっつける！」のステップを踏んで、その数字列と関係するもののイメージをストーリーと絡み合わせ、さらにそこに奇想天外な要素も忘れずに加えていこう。こうすることで、その暗証番号は絶対に忘れられないものになるはずだ！

音韻法と形態法はいずれも手早く簡単に使える符号化システムであるが、準備という点ではおそらく音韻法のほうが時間も手間もかからないだろう。ただし、使えるイメージの種類は限定されるため、数字列に同じ数字が繰り返し登場する場合、同じイメージを何度も使わなければならなくなる。その点、形態法では、イメージをカテゴリー化することで柔軟性が生まれる（これが理由で、僕は音韻法よりも形態法のほうを好んで使っている）。たとえば、「2」が3回並ぶ数字列を記憶する場合にも、3羽の白鳥をイメージする必要はない。白鳥に似た鳥のイメージを使いさえすれば、それが「2」だということを容易に思い出せるからだ。白鳥を3回使うよりも、白鳥とアヒルとワシにしたほうがイメージが引き立つのは明白だろう。

音韻法

0（zero）＝
hero（ヒーロー）

1（one）＝
bun（パン）

2（two）＝
shoe（靴）

3（three）＝
tree（木）

4（four）＝
door（ドア）

5（five）＝
hive（ミツバチの巣）

6（six）＝
sticks（棒）

7（seven）＝
heaven（天国）

8（eight）＝
gate（門）

9（nine）＝
wine（ワイン）

形態法

ボール

またはその他の球状の物体：テニスボール、ガムボール、ビー玉など

棒

またはその他の棒状の物体：野球のバット、鉛筆、ナイフなど

白鳥

またはその他の鳥類：アヒル、ガチョウ、ワシなど

ブラジャー

またはその他の下着類：トランクス、ブリーフ、Tバックなど。もしくは手錠

ヨット

またはその他の船種：ボート、クルーズ船など

ヘビ

またはその他の動物：ミミズ、サンショウウオ、カメなど

ゴルフクラブ

またはその他のスポーツ用具：フィールドホッケー用スティック、テニスラケットなど

ブーメラン

または1カ所が曲がっているその他の物体：矢じり、L字型ブラケット（支持具）など

雪だるま

またはその他の雪関係、クリスマス関係のもの：トナカイ、サンタクロースなど

旗ざおや、紐つきの風船

または棒状の先に物体がついた形のもの：気球など

やってみよう

例：スマホの暗証番号「1002」を記憶するには

形態法を使って「1」は鉛筆に、1個目の「0」はビー玉に、2個目の「0」はオレンジに、そして最後の「2」は白鳥のイメージに置き換えよう。これらのイメージを「つなぐ」と、こんなストーリーができあがる。あなたが宿題をする机の上には、いつでも使えるように鉛筆が山積みにしてある。そのうちの1本をあなたが手に取って紙に書き始めたとき、紙の下から突然ビー玉が転がり出してきた。ビー玉は机を横切り、床に落ちると、そこにあったオレンジにポンと当たった。するとその拍子にオレンジが転がり始めて、そばにいた白鳥の口のなかに入ってしまった――。くだらない話なのは承知だが、記憶にはしっかりと残るはずだ。

あとは、このストーリーをスマホのイメージに「くっつける！」だけだ。たとえば、この奇妙なストーリーは現在ネット上で最も拡散している動画のひとつで、再生回数はなんと1兆回を突破しているというのはどうだろう。それなら、友だちからあなたのところにもこの動画が送信されてくるはずだ。自分がスマホでその奇妙な人気動画を見ているところを想像してみよう。ここまでやれば、きっともう忘れられないのでは？

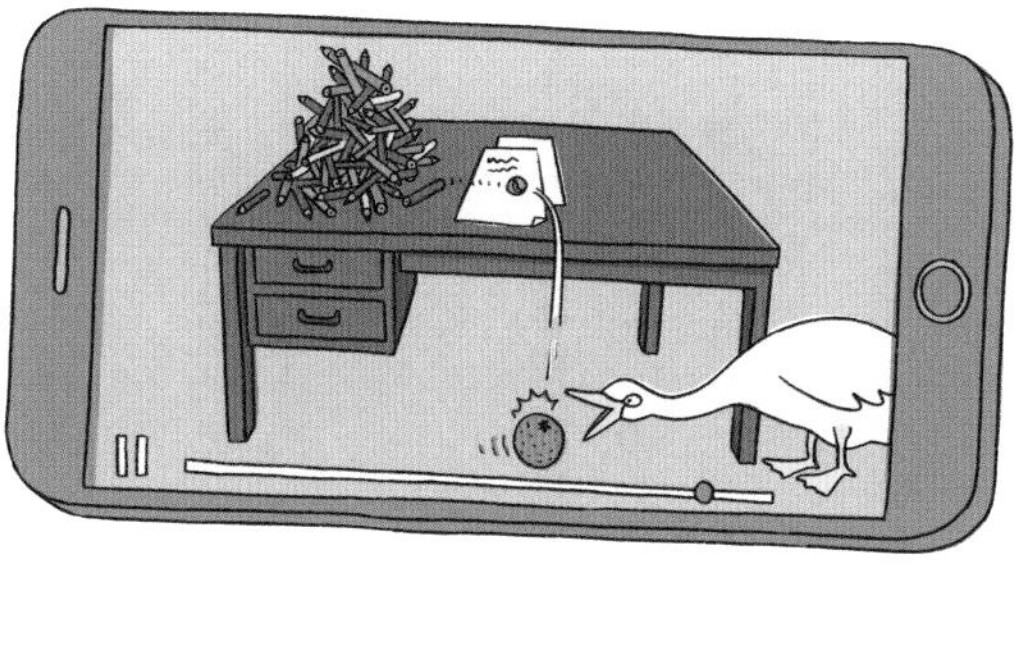

暗証番号：1002
（鉛筆－ビー玉－オレンジ－白鳥）

「6480、SW6……通りの名前は何だったかな？」

住所を記憶するには

住所の場合、数字には前項で学習した符号化システム、すなわち音韻法や形態法を使用し、言葉については第4章「その1」で連想結合法を学習する際に紹介した、単語をイメージに置き換える方法を用いるといいだろう。

やってみよう

例：あなたの新しい職場の住所は「12412 SW 91st St.（91丁目通りSW12412番地）」だ。

この住所には数字が多く含まれている。でも大丈夫。まずは番地の「12412」のなかに、2つの数字――「1」と「2」――が繰り返し用いられていることに着目してほしい。この2つの数字については、それぞれ同じイメージを当てはめることもできるが、バラエティに富んだイメージを使ったほうが、ストーリー全体がもっとユニークで記憶に残りやすいものになる。そこで形態法を使って、最初の「1」は棒、続く「2」はショウジョウコウカンチョウという赤い鳥（使えるなら何を使ったっていい）、「4」はクルーズ船、2つ目の「1」は矢、最後の「2」はアヒルに置き換えることにしよう。

これらのイメージを「つなぐ」と、次のようなストーリーができあがる。あなたは棒を手に持って、周りをバタバタと飛び回る赤い鳥を追い払おうとする。その鳥はなんとか飛び去って、通りすがりのクルーズ船の屋根にとまったが、そこに矢が飛んできて命中した（痛い！）。矢が飛んできた方向に目をやると、弓を持ったアヒルが自分のしでかしたことに高笑いしていた（なんてやつだ！）。

次は、「SW」の部分だ。これは「southwest（南西）」の略だが、それを知らなくても「SW」をイメージに置き換えればいいだけだ。それなら「SWeat（汗）」はどうだろう。「91」の部分については、「9」を紐つきの風船に、「1」はそれを割るための針にしよう。最後に残ったのは「St.（通り）」という単語だが、これは単純に通りのイメージに置き換えればいい。

それではすべてのイメージをストーリーに仕立てて、それを場所に「くっつける！」ことにしよう。記憶するのは新しい職場の住所なので、ストーリーの始まりは、あなたがオフィスの自分のデスクに座っている場面がいいだろう。あなたはパソコンの前で棒を振り回して、赤い鳥を追い払う。そこから最初に作ったストーリーが続いていく。鳥がクルーズ船にとまり、矢が鳥を襲う。矢を放ったのはアヒルだ。そこにさらに続きのストーリーを足していこう。犯人だということが発覚して汗だくになったアヒルは、

弓を放り投げると、大きな赤い風船の紐を引き寄せて、針でそれを割る。そして現場から逃走し、近くの通りに停めてあった自分の車に乗り込んで去っていった――。

ストーリーは複雑だが、やはり忘れられない内容になったはずだ！

その2 桁数のやや多い数字を記憶する

前のセクションでは、腹話術師法や符号化システムを使って、1桁または桁数の少ない数字を記憶するための方法について解説した。どの方法もかなり初歩的なテクニックではあるものの、その効果は確かだ。実際、僕も日常で数をカウントするときや、暗証番号のようなシンプルな数字を記憶するときには、これらの方法を愛用している。だが、もう少し桁数の多い数字となると話が違ってくる。その理由は、全米記憶力チャンピオンとなった今でも、「記憶する情報は少ないほどいい」という記憶の基本原則のひとつを守っているからだ。たとえば「９６１５７４」という数字を目の前にしたら、僕なら「風船－ゴルフクラブ－棒－ヘビーブーメラン－ヨット」というように形態法を使って憶えようとは思わない。それは、「剣を使って黒板に字を書いている親友のノア」だけをイメージすればすむことを知っているためだ。これならイメージは１つですむが、１桁の符号化システムだと６つのイメージが必要になってしまう。

ここで挙げた1つのイメージは、決して適当に思いついたものではない。詳しくは本章で後述するが、僕がこれまでに引き合いに出してきたトラクターに乗ったゾウ（第2章参照）や、ジムで会ったジェームズ・ボンドやトニー・ブレア、50セント（第1章参照）に用いたのと同じ数字変換システムによるイメージなのだ。僕はこういったイメージに、それぞれ異なる2桁の数字を割り当てているので、数字を見ればすぐさまそれに結びつくイメージを連想することができる。同様に、記憶のジャーニーで想起したイメージを、瞬時にそれぞれが意味する数字に戻すこともできる。

数字変換システムを学ぶことは、外国語を学ぶことに似ている。たとえば、あなたはフランス語を学習中で、「chien」という単語が「犬」を意味していることを知ったばかりだと仮定しよう。すると、学習したその単語はまず脳にファイルされる。次にあなたが「chien」という単語に出くわしたときには、ちょっと考えてから、それを母国語に翻訳するだろう。そして母国語に翻訳したあとにようやく、その単語が意味する「犬」をイメージすることができる。しかしその単語を何度も使っていくうちに、そうした中間のステップが消え始め、気がつけばフランス語の単語を聞いただけで、瞬時にそれが意味するものをイメージできるようになっている。

数字変換システムもそれと同じで、学習を重ねていくうちに、やがてその翻訳作業が自然にできるようになってくる。つまり、数字に堪能になっていくわけだ。そうなれば、数字変換システムは一生あなたのものとなる。そして、桁数の多い数字を記憶しなければならない状況に遭遇するたびに、必ずそれが功を奏することになる。

オリジナルの数字変換システムの作り方については、僕自身が愛用している「数字言語」である「人（Person）－行動（Action）－物（Object）システム」（略して「ＰＡＯシステム」）を使って、ひととおり説明していく。だがそれ以外にも、いくつかの選択肢を示しておきたい。あなたの数字変換システムは、あなた自身の基準で決め、あなた自身が作り上げるものだからだ。また、1つの数字言語を使っても記憶に残るイメージができないときには、別の数字言語の要素を組み合わせて用いることも必要になる。そこで、PAOシステムの説明を始める前に「メジャー法（数字子音置換法）」について説明しておこう。

「今度、電話してもいいかな？」

気になる相手の電話番号を記憶するには

少し考えてみてほしい。自分の電話番号以外に、暗唱できる電話番号はいくつあるだろう？　おそらく1つもないという人も多いのではないだろうか。たとえ1つか2つ憶えていたとしても、はるか昔、番号を憶えておかなければならなかった時代に記憶した番号のはずだ。当時は、憶えていない番号は、わざわざアナログの電話帳を開いて調べなければならなかったからだ。こうした状況を踏まえると、次のようなことが言えるだろう。あなたは、はるか昔に憶えた電話番号を今でも思い出せる。にもかかわらず、現在のあなたにとって大事な番号は、たったの1つも記憶していない――。

これに対し、「スマホがいくらでも番号を記憶してくれるのに、なんで番号をわざわざ自分で記憶する必要があるのか」と反論したくなる人もいるだろう。確かにそれは一理ある。でも、あなたが本書を読んでいるのは、記憶力を向上させたいからではないか？　それに、あなたが電話番号を記憶するのは難しいと、そしてスマホに保存するほうが簡単だと感じているのは、もはや電話番号を記憶しようとすらしなくなっているからではないか？　僕はなにも、決してスマホに電話番号を保存してはいけないと言いたいわけではない。むしろ、僕は生活を楽にしてくれるデバイスを使うことには大賛成だ。けれども先に番号を記憶してから、スマホに入力するようにしてはどうだろう。そして、誰かに電話をかけるときには緊急時でもない限り、記憶のなかから番号を呼び出す努力をしてみる。そういった小さな努力が、いずれあなたの数字記憶能力に驚くほどの効果をもたらしてくれるし、スマホのバッテリーが切れたときには窮地を救ってくれることにもなるのだ。

ただし、本章でこれまでに扱ってきたタイプの数字の記憶に比べると、電話番号の場合は桁数がやや多くなるので難易度が少し高くなる。あなたが生まれながらにして人並外れたワーキング・メモリーの持ち主でもなければ、頭のなかで電話番号を唱えただけでは記憶できないだろう（たとえできたとしても、それほど長い時間は維持できないはずだ）。でも心配することはない。人はみな、基本的にそんなものなのだ。人間がワーキング・メモリーに維持できる情報の数は平均およそ7個で、個人差も±2個だとされている［‡］。だからなんら、気を揉む必要はない。

では、仮に市外局番はすでに知っているとしても、残りの7桁はどのように記憶したらよいのだろう［訳注：アメリカの電話番号は市外局番に7桁の電話番号が組み合わさっている］。見方を変えれば、電話番号は単に7個のアイテムが並んだリストと考えることもできる。そしてリストを効率的に記憶するなら、連想結合法やジャーニー法［§］を使えばいいことももう知っている。あとは、この抽象的な数字を視覚化できるものに置き換えればいいだけだ。

その際に、音韻法や形態法を使ったときのように個々の数字にイメージを割り当てることもできるが、もっと簡単な方法は、番号のなかに何らかのパターンや見覚えのある数字列を探して、それをチャンク化（複数の数字をグループ化して、そこに1つの意味を持たせること）することだ。ただしこれは、数字を得意としない人や、数字に興味がない人にとってはかなり難しいことかもしれない。一方、走るのが好きな人（ランニングの距離や記録が頭から離れない人）やアナリスト、スポーツ・ファン、会計士ならば、おそらく数字列から何らかの意味を引き出すことができるはずだ。

かつてカーネギーメロン大学〔1〕で行われた、有名な記憶力の実験がある。この実験では、学生を被験者にして数唱能力のテスト（被験者に対して数字を読みあげ、いくつの数字を想起できるかを調べるテスト）を繰り返し実施したのだが、被験者のひとりは最初、7個しか数字を想起できなかった。しかし次第にその数は増えていき、最終的には82個という驚きの結果を出した。記憶術の指導はまったくなかったにもかかわらずだ！　どうしてそんなことができたのだろうか？　実は、この被験者は優秀な長距離ランナーで、実験が始まってしばらくすると、読みあげられた数字の一部から自分のマラソンの完走時間や、自分がよく知るランニング・コースの距離などを連想するようになったのだ。つまり、数字をつないで、自分が好きなことにまつわる長くて意味のある1つのストーリーを作っていたということだ。

それでは、左の数字を見てほしい。この数字をひと目見て記憶するようにと言われても、おそらくそれほどいい結果は出せないのではないだろうか（これは電話番号としては桁外れに長いが、とりあえずはチャレンジしてみてほしい）。

0911200011207194106061945

だが、これがアメリカの歴史にとってきわめて重要な3つの日付を表していると聞かされたらどうだろう？

09-11-2001：アメリカ同時多発テロ事件
12-07-1941：真珠湾攻撃
06-06-1945：ノルマンディー上陸作戦
＊訳注：年月日表記はアメリカ式で「月-日-年」の順。真珠湾攻撃の日付はハワイ時間による。

今度ははるかに簡単に記憶できただろう。数字がたちまち大きな意味を持ち始めて、忘れられないものになったはずだ。驚きじゃないだろうか？　最初は記憶にまったく残らなかったものが、一瞬のうちに忘れられないものへと変貌したのだ。ここでは2つの要素が作用している。ひとつは、数字を意味のあるものに置き換えたこと。そしてもうひとつは、並んだ数字を、日付を表すまとまりにチャンク化して扱いやすくしたことで、記憶するアイテムの数が24個から3個に減ったことだ。

長い数字を記憶したい場合には、このようにして有名な数、あるいはなじみのある数を連想させる数字のチャンクを見つけ出し、それを短いストーリーに仕立てあげるといい。もしその数字を長期的に記憶しておきたいのであれば、前章で説明したあの強力なテクニック、すなわちジャーニー法を使えばそれも可能になる。

それでは、数字言語のひとつであるメジャー法についての解説に移ろう。

メジャー法（数字子音置換法）

数字記憶の真の達人になるためには、言葉を読むのと同じように、すらすらと数字を読めるようになる必要がある。本章では、そのための複雑な数字変換システムについてもいくつか学習していくことになるが、その場で数字を記憶しなければならない状況に陥ったときに頼れるシステムが必要なら、「メジャー法」が最適だ〔¶〕。しかもこれは、数分もあればすぐに習得できる。

メジャー法の基本原則は、記憶したいそれぞれの数字を子音に置き換えることにある。そして置き換えた子音を並べ、子音の間に必要に応じて母音を挟んでいくことで意味のある単語の並びを作り、それを視覚化して記憶できるようにするのだ。このシステムで大変なのは、どの子音がどの数字を表すのかを憶えることくらいだ。とはいえそれも、次ページに掲載した表音コードのリストを見ていただければ、さほど難しいことではないと感じてもらえるはずだ（そのリストには、10個の数字が表す子音を憶えやすくするために簡単な説明もつけておいた）。

では、このリストを憶えたあとは、どう使用すればいいのだろう？　それにはまず、数字を見て、どの子音に置き換えられるかを考える。この時点ではまだ単語と言えるものではなく、脈絡のない子音の寄せ集めにすぎない（ゆえに記憶にも残りにくい）。そこで次に、好きなところに適切と思われる母音を挟み込んで、子音の寄せ集めを実際の単語に変えていく。母音は自由に使うことができ、子音は数字を表すと憶えておくといいだろう。さらに、これは表音に基づいたシステムなので、綴りそのものは気にしなくていい。音がすべてなのだ。

たとえば、「Spaghetti（スパゲティ）」という単語には多くの文字が含まれているが、メジャー法では、これは「s（0）」「p（9）」「g（7）」「t（1）」という4つの子音だけを表している。「h」は無音で、2つ目の「t」は厳密に言うと、単語のなかで1回だけ発音される「t」の音の一部だ。作る言葉は長くても短くてもよいというのがメジャー法の強みのひとつであり、これにより大きな柔軟性がもたらされる。では、この方法を使って実際に数字を記憶してみよう！

メジャー法の表音コード

0	s、z、サ行を表すc（「cider（サイダー）」など）	いずれも「ゼロ（zero）」に含まれる「z」に表音が似ている。
1	tまたはd	どちらの文字を書くときも、上から下に1本の線を引くが、それが数字の「1」のように見える。また「t」と「d」は音も似ている。
2	n	「n」を書くときは、上から下への動きを2回繰り返す。
3	m	「m」を書くときは、上から下への動きを3回繰り返す。さらに、3を倒すとmに見える。
4	r	4を英語で「four」と書くと、最後の文字は「r」になる。
5	L	左手の5本の指を開くと、人差し指と親指で「L」の形ができる。
6	j、sh、ジ行を表すg（「ginger（ショウガ）」など）またはch	「6」は「G」に形が似ている。また、「j」「sh」「g」「ch」は表音が似ている。
7	k、カ行を表すc（「cash（現金）」など）、ガ行を表すg（「gamble（ギャンブル）」など）、ckまたはq	「K」を90度回転させると、2つの「7」を背中どうしでくっつけたように見える。また、「k」「c」「g」「ck」「q」は表音が似ている。
8	fまたはv	筆記体で「f」を書くと「8」のように見える。また、「f」と「v」は表音が似ている。
9	pまたはb	「9」は「p」を左右に裏返したように見え、「p」は「b」を上下に裏返したように見える。

やってみよう

例1：「86」を記憶するには

まずは、この2つの数字をどの子音に置き換えられるか考えてみよう。数字ごとに分解してみると、以下のとおりになる。

(fまたはv)＋(j、sh、gまたはch)

ここに、どのように母音を補えば単語ができるだろう？　いくつかの組み合わせが考えられるが、たとえば「fog（霧）」「fish（魚）」「fuschia（赤紫色）」などはどうだろう。いずれにせよ、読みあげたときに「8」と「6」を表す2つの子音が聞こえればいいわけだ（綴りは忘れてかまわない）。このなかで僕なら「fish」を使う。視覚化するのが簡単な単語だからだ。これで次からは、「86」という数字を見たら、魚のイメージに置き換えて記憶すればいい。想起するときには、魚のイメージから「fish」という単語を思い出して、メジャー法の表音コードをもとに単語に含まれる子音（「f」と「sh」）を数字に戻せば、「8」と「6」で「86」だということがわかる。

例2：「35」を記憶するには

「35」は以下のように分解できる。

(m)＋(L)

これにいくつかの母音を補うと、たとえば次のような単語ができる。「mail（手紙）」「male（男性）」「mole（モグラ）」「email（電子メール）」「mile（マイル）」「mule（ラバ）」……。僕だったら「mail」を選ぶだろう。

例3：「27」を記憶するには

「27」は以下のように分解できる。

(n)＋(k、c、g、ckまたはq)

これに母音を補うと、「Nokia（ノキア）」「nag（文句を言う）」「nog（木くぎ）」「knock（ノック）」（最初の「k」は無音なので考慮しなくていい）などの単語が作れる。

例4：「323」を記憶するには

今度は3桁の数字に挑戦してみよう。「323」は以下のように分解できる。

(m)＋(n)＋(m)

桁数が多くなるにつれ、1つの単語にするのが困難になっていく。もし、頑張って考えても1単語にならないときには、複数の単語に分けて、それらの単語を「つなぐ」といい。この3つの子音を使った場合、「ammonium（アンモニウム）」（「m」が2つ続く部分は1つの音とみなす）が作れるが、視覚化するのは難しそうだ。そこで映画『オースティン・パワーズ』シリーズの「Mini-Me（ミニ・ミー）」〔訳注：ヴァーン・トロイヤー演じる人物〕はどうだろう。あるいは、チョコレート菓子の「M&M's（エムアンドエムズ）」〔訳注：英語では「&」の部分が「n」の表音になる〕でもいいかもしれない。

例5：「961574」を記憶するには

ここで、本セクションの冒頭に挙げた6桁の数字「961574」に戻ってみよう。これは以下のように分解できる。

(pまたはb)＋(j、sh、gまたはch)＋(tまたはd)＋(L)＋(k、c、g、ckまたはq)＋(r)

6つの子音を使うとなると、憶えやすい1つの単語を見つけるのは至難の業だ。そこで、ほかのオプションを考えてみよう。たとえば、6桁の数字を3桁ずつ2つの組（「961」と「574」）に分けてみる。すると前の3桁からは、「patched（継ぎはぎのある）」「batched（束にした）」「pitched（投げた、傾斜のついた）」「bitched（悪口を言った）」「botched（下手な）」「budget（予算）」などの単語ができる。後ろの3桁については、「lacker（漆）」「licker（舐める人）」「liquor（酒）」「locker（ロッカー）」「lugger（ラガー）」などが考えられる。

ただし、これでもまだいくつかの問題点がある。まず、前の3桁から作った単語のうち、名詞は「budget（予算）」のみで、視覚化がしづらいこと。そして、ほかの単語はすべて1音節の単語なので、最後についた「d」を忘れてしまう可能性があることだ。後ろの3桁はいくらかましだが、「lacker（漆）」について言えば、これといって組み合わせる単語がない。とりわけ「budget」と組み合わせた場合は、視覚化するのが困難を極める。つまり、これらの単語でもイメージを作るには作れるものの、記憶に残るものに

はなりにくいということだ。

そこで今度は、2桁3組（「96」と「15」と「74」）に分けて考えてみることにしよう。1組目の数字からは、「page（ページ）」「badge（バッジ）」「patch（斑点）」「batch（束）」「pitch（投げる）」「bitch（あばずれ女）」「botch（しくじる）」「pudge（ずんぐりした人）」「budge（動く）」などの単語が作れる。これならいくつか使えそうなものがありそうだ。2組目からは「tall（背が高い）」「tell（言う）」「Dell（デル）」「till（レジ）」「dill（ディル）」「toll（通行料金）」「doll（人形）」「Tull（タル）」「dull（退屈な）」などが、3組目からは「car（自動車）」「grr（唸り声）」「core（芯）」「Gore（ゴア）」「cur（臆病者）」などが思い浮かぶ。ここにも使いやすそうな単語がかなりある。

たとえば、「PATCH on a TALL CAR（斑点がついた背の高い自動車）」や、「PUDGE Rodrigues throwing a DOLL at Al GORE（元オールスター捕手のパッジ・ロドリゲスが、人形をアル・ゴアに向かって投げる）」、さらには「Jimmy PAGE and the flute player from Jethro TULL jamming out in the back seat of a CAR（ジミー・ペイジ――あの長くカールのかかった髪の毛と、バイオリンの弓でエレキを弾いている様子を思い浮かべてほしい――と、ロック・バンド「ジェスロ・タル」のフルート奏者が、自動車の後部座席でジャム・セッションをしている）」などが考えられる（フルート奏者はイアン・アンダーソンという名前だが、僕は顔を見たことがないので、革のベストを着たヒッピーがフルートを吹いているところをイメージする）。

僕からのアドバイス

この例を読んで難しそうだと感じても、決してやる気を失わないでほしい。外国語を学習したことがある人なら、練習が必要なことはご存じだろう。自分のものにするためには――つまり堪能になるためには――頻繁に使うことだ。そうして練習を重ねていくうちに、数字を単語として読み、単語を数字として読むことが容易になっていくはずだ。数字はそこらじゅうにある。渋滞にはまって退屈なときには、周りの車のナンバー・プレートを単語に変換してみよう。きっといい練習になるはずだ！

それではいよいよ、電話番号に挑戦だ。市外局番はもう知っているものと仮定して、残りの7桁の番号を記憶してみよう。

例6：バーに座っている背の高い赤毛の男、ネルソンの電話番号は「298-2926」だ。

「2982926」を数字ごとに分解すると、以下のとおりになる。

(n)＋(pまたはb)＋(fまたはv)＋(n)＋(pまたはb)＋(n)＋(j、sh、gまたはch)

今回も桁数が多いので、小さなセグメントに分割して単語を見つけやすくしていこう。たとえば「29」「82」「926」という3組に分ければ、「29」から「nap（昼寝）」、「82」から「van（バン）」、「926」から「pinch（つねる）」という単語がすぐに思い浮かぶ。そこから、「昼寝をバンのなかでしていたら、つねって起こされたと」いうストーリーが作れる。これで電話番号のイメージはできた。

では、これを電話番号の持ち主に結びつけるにはどうすればいいのだろう？　この例における設定は、あなたがバーで僕から電話番号を聞いたというものだ。その際にもし、あなたが僕と1時間ほど話して、僕がエベレスト登頂に過去3回挑戦していることを知ったとしたら、それはかなり記憶に残る内容なので、アンカーに使うことができる。でも、特に実のあるやりとりがなかったとしたら、僕の外見や特徴をアンカーとして使うほかなくなる。そこで今回は、僕の外見をアンカーに使って、電話番号を表すストーリーと「つなぐ」ことにしよう。「昼寝をしている赤毛の巨人がバンのなかにいて、あなたがつねって起こす」――これでどうだろう？

市外局番を追加する場合は、そのストーリーに短い単語を1つか2つ追加すればいいだけだ。たいして難しいことじゃない。

298-2926：「nap（昼寝）」「van（バン）」「pinch（つねる）」――何かあったら、電話をくれ！

僕からのアドバイス

僕が誰かに電話番号を聞くときは、たいてい先に市内局番を尋ねるようにしている。地元の番号だったらすでに知っているので憶える必要はないし、残りの部分を記憶するのが楽になるからだ。一方、なじみのない市外局番の場合は、そこで相手をいったん止めて、どこの市外番号かと尋ねることにしている。そうやって時間稼ぎをしている間に、市外局番を単語に置き換えるのだ。また番号を小さくチャンク化して、扱いやすい桁数にするのも役に立つ。相手が間を空けずにすらすらと10桁の電話番号を言った場合は、憶えるのが少し難しくなるが、それでも番号を3桁2組――市外局番とそのあとの3桁（電話番号の最初の半分）――と、4桁1組（電話番号の残り半分）に分ければなんとかなるはずだ。

ここまで読んで、メジャー法を用いて数字列を単語に置き換える作業は、必ずしも手早くできるものではないということに、あなたも気づかれたかもしれない。トレーニングを積めばスピードを上げることは可能だが、たいていは、グループ分けした数字で単語が作れるかどうかを試すのにかなりの時間を要してしまうだろう。それを回避する策のひとつは、メジャー法の「固定リスト」を作ってしまうことだ。つまり、特定の桁数の数字すべてに単語を割り当てて、あらかじめそれを記憶しておくのだ。下準備にいくらか労力を要するが、それだけの価値はある。

ほとんどの人は2桁の固定リストを作ることから始める。たとえば「76」は常に「cash（現金）」、「89」は常に「fib（嘘）」といった具合だ。こうして「00」から「99」までの2桁の数字が表す単語を作り、それぞれの固定イメージを憶えておけば、どんな数でも記憶することが可能になる。どれほど桁数が多くても、2桁ごとに分割してイメージに置き換え、ジャーニー法やペグリスト、連想結合法を用いてそのイメージを記憶していけばいいのだ。僕が作ったメジャー法の2桁固定リストについては、付録を参照してほしい。

「パスポートを忘れずに！」
パスポート番号、社会保障番号、クレジットカード番号を記憶するには

憶えるのをつい苦手に感じてしまう番号というのは、なにも電話番号に限ったことではない。日常的に使うほかの重要な番号、たとえば社会保障番号〔訳注：アメリカの市民、永住者、外国人就労者に発行される番号〕やパスポート番号、16桁のクレジットカード番号などもそうだろう。だがメジャー法を用いれば、その手の番号を憶えることも可能だ。ただし、桁数が多くなると記憶しなければならないイメージの数が増えるので、一筋縄ではいかなくなってしまう。そのため、多数桁の数字を憶えるときにはチャンク化することをより強く意識することが必要だ。

チャンク化というのは複数のイメージを統合して、より少ないイメージにすることだったのを憶えているだろうか？　ここで問題となるのは、どうすれば数字を表すイメージの数を極力減らせるかということだ。チャンク化しても、たった1つの番号を憶えるのにイメージを5つも6つも記憶しなくてはならないのでは、ひどく億劫《おっくう》に感じるだろう。しかしメジャー法では、桁数の多い数字を扱う場合に、どうしてもそれが避けられない。なかなか1つか2つのイメージに圧縮するのが難しいのだ。

さらにメジャー法には、イメージのなかの言葉の順番を間違えないようにするメカニズムがないという欠点もある。前項の「例5」で説明したように、ペイジ（Page）とタル（Tull）が自動車（car）に乗っているところを想像することはできるが、タルの次にペイジがくると間違えて憶えてしまう可能性も否定できないのだ。そもそも2、3個の単語の順番が入れ替わってしまうのは、記憶力競技ではきわめてよくあるミスのひとつだ。これは当然のことながら、致命的なミスとなる。

そこで本項ではいよいよ、数字を伴う情報のほとんどに応用できる「人（Person）－行動（Action）－物（Object）システム」（ＰＡＯシステム）について解説していきたい。前述したように、これは僕が好んで使っている数字変換システムでもある。ＰＡＯシステムを使うというのは、より高度に形式化されたシステムの世界に足を踏み入れるということだ。固定のシステムを作ることによって、同じ数字には必ず同じイメージを使えるようにするのだ。もちろん、こういったシステムをマスターするには、それなりに時間がかかる。だが、このシステムの習得に投資した時間が、あなたの一生に恩恵をもたらしてくれるのは間違いない。

メジャー法を用いて「９６１５７４」という数を記憶する場合、それを3分割して「96」はジミー・ペイジ（96＝PaGe）に、「15」はジェスロ・タル（15＝TuLL）に、そして「74」はアル・ゴア（74＝GoRe）に置き換えた。ここで注意しなければならないのは、先ほど述べたように、この3つのイメージの順番を間違えないようにすることだ。順番が入れ替わってしまうと、「９６１５７４」と憶えるべきところが、「１５９６７４」や「７４９６１５」となってしまう。

一方、ＰＡＯシステムを使って記憶する場合は、3つの特徴あるイメージを「つなぐ」のではなく、1組目は「人」、2組目は「行動」、3組目は「物」という定式に従って数字を置き換え、必ずその構造を守ってイメージを組み立てる。つまるところ、特徴ある3つの要素を含んだ1つのイメージ（そう、たった1つ！）が最終的にできあがる。そのようにして3つの要素を1つに混ぜ合わせることが、まさに「くっつける！」のステップにもなるのだ。

具体的に説明すると、「９６１５７４」を記憶する場合、1組目の「96」が表す「人」（ジミー・ペイジ）が、2組目の「15」が表す人物の「行動」（ジェスロ・タルの行動は「フルートを吹く」）を、3組目の「74」が表す人物の「物」（アル・ゴアの物は「地球」だ。これは、ゴアのドキュメンタリー映画『不都合な真実』で地球を救っているところを想像したからだ）を使って行っている様子をイメージする。要するに、「ジミー・ペイジがフルートを吹いていると、フルートから地球が飛び出してくる」といったイメージを思い浮かべるのだ。そうすれば、数字の正しい並びが「961574」だということがわかる。必ず1組目の2桁が「人」、2組目が「行動」、3組目が「物」という順番になっているからだ。ここで、PAOシステムの利点を改めて説明しておこう。

①数字をチャンク化できる：複数の数字を統合することで効率がよくなる。言い換えれば、1つのイメージに詰め込むことのできる桁数が増える。

②構造が固定されている：どのイメージにも「人－行動－物」という固定した構造があるため、想起する際の助けとなる。次にくるものが思い出せない場合でも、必ず「人」の次には「行動」、その次には「物」という順番で並んでいることはわかっているので、それを手がかりにさまざまな可能性をじっくり考えることができる。

③よく知っているイメージを使うことができる：「00」から「99」までのすべてのイメージが決まっており、変化することもないので、数字列を確実に憶えることができる。また、毎回新たなイメージを考え出す必要がないため、記憶するスピードも高まる。さらに、人物というのは、メジャー法で使うことになるようなランダムな単語に比べてはるかに記憶しやすいことが多い。

PAOシステム用コード

PAOシステムでは、メジャー法のような表音コードではなく、最適化された専用のコードを用いる。簡単に説明すると、PAOシステムは必要最低限にまでそぎ落とした数字言語であり、コードとして使用するのはアルファベット10文字だけだ。しかもこのシステムは、単純にアルファベットの順番に沿って体系化されている（ただし、「0」「6」「9」の3つは例外。詳しくは次のコード表を見てほしい）。

PAOシステム用コード

0	O（ゼロと同じように丸いので記憶しやすいため）
1	A
2	B
3	C
4	D
5	E
6	S（Fよりも使用頻度が高く、「Six」の頭文字なので記憶しやすいため）
7	G
8	H
9	N（Iよりも使用頻度が高く、「Nine」の頭文字なので記憶しやすいため）

これまでの例からお気づきかもしれないが、僕には数を2桁ごとに分割する傾向がある。これからPAOシステムを使う際にも、とりあえずはこの流れに沿って、どんな数字を記憶する場合にも必ず2桁ごとに分割していく。これは要するに、このシステムには「0」から「9」までの1桁の数字が存在しないということでもある。必ず2桁ずつ記憶するので、理論的には「00」が「0」を、「01」が「1」を意味することになる。また、2桁のシステムであるということは、1組の「人 - 行動 - 物」は、必ず6桁（人に2桁、行動に2桁、物に2桁）に及ぶことになる。ここまでは理解できただろうか？　右に示した専用のコードを憶えたら、次はそれを使って「00」から「99」までのすべての数字に意味を

割り当てていく。その際には、システムの名前からもわかるように、2桁の数字それぞれに「人－行動－物」を割り当てる。それでは、あなたオリジナルのPAOリストを作ってみるとしよう！

特別な人を思い浮かべよう

PAOリストを作る際にはまず、2桁の数字すべてに関連付ける人物を選ぶ必要がある（「行動」と「物」については、「人」を決めたあとで考える）。この作業は、次の3つのステージに分けて行うといい。作業に取りかかる前には、何も書いていない紙を準備して、「00」から「99」までの100個の数字をすべて書き出しておくこと。それができたら、さっそくこのリストを埋めていこう。

ステージ①　すぐに誰かを連想できる数字を探す

最初はひとまずPAOシステムのことは忘れて、書き出した「00」から「99」までのすべての数字にざっと目を通してみてほしい。とにかく見るのだ。すぐに目につく数はないだろうか？　僕の場合、「05」からは5ドル札を連想した。5ドル札にはアブラハム・リンカーンの肖像が印刷されている。そこで、「05」にはリンカーンを使うことにした。それから、僕の好きな数は「12」なので、これには自分自身を当てはめた。もうひとつ簡単に決まった数は「66」だ。これは悪魔以外に考えられなかった［訳注：「666」はキリスト教圏で悪魔の数字と考えられている］。また、僕がスポーツ・ファンだからこそ目についた数もあった。「24」は今は亡きコービー・ブライアント［訳注：ロサンゼルス・レイカーズで永久欠番「24」を持つ元バスケットボール選手］、「34」はシャキール・オニール［訳注：同じくレイカーズで永久欠番「34」を持つ元バスケットボール選手］だ。

たとえあなたがスポーツ・ファンではなくても、すぐに連想できるものはあるはずだ。たとえばビートルズのファンなら、「64」という数から『When《ホエン》 I'm《アイム》 Sixty-Four《シックスティ・フォー》』が連想できるだろう。それならポール・マッカートニーだ。ジョン・レノンを使いたかったら、『Eight《エイト》 Days《デイズ》 a《ア》 Week《ウィーク》』から「08」を割り当てるといいだろう（この曲にもポールは名を連ねているが……）。

初めて数字のリストに目を通す際に、1つの数を0・5秒以上見ても何も思いつかなければ、次の数へ移ってかまわない。ステージ①の目的は、低い位置にぶら下がっている果実を取ってしまうこと――つまりコードを使わなくとも、すでにあなたにとって何らかの意味がある数を片付けてしまうことにあるのだ。瞬時に連想できる数を見つけておくのは大事なことだ。というのも、PAOリストが完成したら、結局のところそれを憶えなければならないからだ。要するに、すでに知っていて、改めて記憶する必要のない数――瞬時に連想できる数――があれば、リスト全体をマスターするのが楽になるということだ[**]。

ステージ② PAOコードを使って連想する

残りの数字をイメージに変換するのは少し難しくなってくる。ここからは、先ほど紹介した専用のコードを使い、ちょっと頭を絞ってPAOシステムにうまく適合する人物を見つけなければならない。PAOコードを用いる際は、子音や母音を使って単語を作るのではなく、基本的に2桁の数字に対応する2つのアルファベットを、人物の名前を表すイニシャルに見立てる。ただし、イニシャルとして考えても、どうしても名前が思いつかない数はまた飛ばしてかまわない。最終的に、ステージ③で埋めればいいだけだ。

なお、PAOの「P」は「人（Person）」を表してはいるものの、それについてはさほど厳密に考える必要はない。たとえば「06」だと「OS」になるが、僕には誰の名前も思い当たらなかった。ただ、それを見て「Mac OS X」を連想したので、スティーブ・ジョブズを使うことにした。「80」は「HO」なので、「ホー！　ホー！　ホー！」というサンタの笑い声にちなんで、サンタクロースを選んだ。だが、たとえば「75」の「GE」からはゼネラル・エレクトリックを連想することができても、そこから必ずしも際立つ「行動」や「物」を伴う特定の人物を思い浮かべることはできないかもしれない。重要なのは、「物」ではなく「人」を先に考え出すことだ。

場合によっては、より記憶に残りやすくするために、人物にひねりを加えなければならないこともある。僕は何年も前にPAOリストを作ったときに、ジョージ・クルーニー（GC=73）をバットマンのイメージにした。映画『バットマン＆ロビン Mr.フリーズの逆襲』でバットマンを演じたクルーニーの演技は、お世辞にもうまいとは言えない代物ではあったものの、少なくとも僕にとっては、彼が演じたほかの役柄に比べれば格段に記憶に残りやすかったからだ。別の例を挙げると、「35」の「CE」はクリント・イーストウッドにしたが、イメージするときにはイーストウッド本人ではなく、映画『続・夕陽のガンマン』で演じた西部のガンマン「名無しの男」を思い浮かべる。「36」の「CS」からは、かつて僕がスナイパーのキャラクターを使ってプレイしていたゲーム『カウンター・ストライク』を連想したので、この数字にはスナイパーをイメージとして使うことにした。

ここに挙げたのは、僕が実際にPAOシステムで使用しているいくつかの例だ。もしあなたにも使えそうなものがあれば、自由に使ってもらってかまわない。いずれにしても重要なのは、PAOシステムを使ってすばやく数字をイメージに変換できるように、どの人物がどの2桁の数字と一致するのかが瞬時にわかるようにしておくことだ。

ステージ③　残った穴を埋めていく

ここまで100個の2桁の数字について、2つのステップで関連付ける人物を選んできたが、まだリストには空欄がいくつか残っているだろう。そのような数字については、頭をフル回転させてじっくり考えてみれば、コードで変換したアルファベットから誰かしら連想できるかもしれないし、例外としてメジャー法を使って人物を決めてもいい。あるいは最後の手段として、本書の付録に掲載した僕の「PAOシステムの2桁固定リスト」を参考にしてもいいだろう。残った空欄に誰の名前を入れるにしても、その人物と数を瞬時に結びつけられるようになるまでには、しばらく時間をかけて練習する必要がある。大切なのは、あなたにとって特徴がはっきりしていて、記憶に残りやすい人物やキャラクターを選ぶことだ。友人や家族、現在や過去の配偶者や恋人、映画やアニメの個性的なキャラクター、スポーツ選手やミュージシャン、あるいはペットでもなんでもいい。残った数にはそういった「人」たちを関連付けて、とにかく憶えていこう。

リストの名前が埋まったら

100人分のリストの名前が埋まったら、次はそれぞれの「人」に関連付ける「行動」と「物」を決める作業だ。それにはまず、それぞれの人物について「この人のことを考えるとき、自然と思い浮かぶ行動は何だろう?」と自問し、続いて「その人がその行動をしているときに使う物は何だろう?」と考えてみてほしい。仮に「16」をアーノルド・シュワルツェネッガー（AS=16）にしたとしよう。シュワルツェネッガーをイメージして直感的に思いつく行動と言えば、ウェイトリフティングをしているところかもしれない。だとすると、物は何がいいだろう? もちろん、バーベルだ! これで「16」は完成だ。つまり、「16」が意味する「人－行動－物」（PAO）は、「シュワルツェネッガー－

リフトする－バーベル」となる。こうしてPAOが決まったら、「16」が最初の2桁に登場した場合はまずシュワルツェネッガーをイメージし、真ん中の2桁に登場した場合は別の人（最初の2桁が意味する人物）が何かをリフトしているところを思い浮かべればいい。「16」が最後の2桁に登場した場合は、別の人が、別の行動を、バーベルを使ってしているというイメージになる。

では、「15」をアルバート・アインシュタイン（AE＝15）にした場合はどうだろう？　僕は、アインシュタインが黒板に何か書いているところを「行動」としてイメージし、「物」には黒板を設定した。つまり「15」のPAOは、「アルバート・アインシュタイン－黒板に書く－黒板」となる。見てわかるように、この3つはつながり合っているので、実際にはそれが組み合わさった1つのイメージだけを記憶しておけば十分に事足りる。

「行動」と「物」を決めるときも、なるべく直感的に思い浮かぶものを選ぶようにしたほうがいい。だが、なかなかそうもいかないものもあるだろう。そうした場合、個性的な行動や物を割り当てるために、その人物についてリサーチしたり、多少のこじつけを加えたりすることが必要になる。重要なのは、すべての行動と物をほかのどれとも違うものにすることだ。もし2つの異なる数字に同じ行動や物を割り当ててしまうと、どちらの数字を表しているのかわからなくなってしまう。でも、似ていても見分けがつくものであれば支障はない。僕のPAOリストでも、「35」と「36」は両方とも「撃つ」という行動と、「銃」という物を割り当てているが、前者は片手に握って撃つピストルで、後者は両手を使って狙撃するライフルのイメージだ。かなり似てはいるが、僕自身がジャーニーに戻ってそのイ

メージに出くわしても、自分にとっては十分に見分けられるだけの違いがあるのでなんら問題はない。

　2桁の数字のPAOリストが完成したら、その使い方に移ろう。前にも説明したとおり、長い数字列を記憶するときには、必ずそれを6桁のチャンクに分割する。それから各チャンクをさらに3つに分けて、自分のPAOリストをもとに、最初の2桁には「人」を、次の2桁には「行動」を、最後の2桁には「物」を当てはめていく。たとえば「163515」という数字なら、僕の場合、最初の2桁（16＝AS）は「アーノルド・シュワルツェネッガー」、次の2桁（35＝CE）は「撃つ」（35はクリント・イーストウッドで、その行動は「撃つ」だ）、最後の2桁（15＝AE）は「黒板」（15はアルバート・アインシュタインで、物は「黒板」だ）になる。これを1つに混ぜ合わせると、相当に忘れられないイメージが完成する。「黒板を撃つシュワルツェネッガー」［訳注：日本語の文法上、和訳は「OAP」の順で記載］だ！最初のうちは数字を符号化して変換するのに少し時間がかかるかもしれないが、練習を重ねるうちにスピードがついてくるはずだ。加えて、このシステムを使えば使うほどより数字に堪能になっていくので、ぜひいろいろな数字にチャレンジしてみてほしい。

　PAOシステムを使って1つのイメージを作り上げたら、あとはほかの情報を記憶したときと同じ方法で保存するだけだ。つまりアンカーになるものや、ジャーニーのルート上に設けたアンカー・ポイントに「つなぐ」のだ。記憶する際には、いつも基本的に「見る－つなぐ－くっつける！」の3ステップを使えばいいのだということを忘れないでほしい。とはいえ、PAOシステムを使うともっと面白くなってくる。あなたの家じゅうに、あるいはほかの記憶のジャーニーに、ありとあらゆる奇妙なシーンが繰り広げられることになるからだ！

僕からのアドバイス

僕がお薦めするのは、社会保障番号やパスポート番号、保険証券番号、クレジットカード番号といった、数字を伴う個人データ専用のジャーニーを1つ作っておくことだ。そしてそれらをきちんと整理しておくためには、記憶する番号に関連のある自宅の部屋や場所をアンカー・ポイントに選ぶといい。たとえば僕なら、クレジットカード番号のアンカー・ポイントは自宅のパソコンの近くに設定する。その番号を頻繁に使うのは、ネットショップで買い物をするときだからだ。さらに僕ならその場所に、具体的にどのカードの番号であるかを瞬時に思い出せるようにするための簡単なイメージを追加する。たとえばバンク・オブ・アメリカのVisaカードなら、パソコンの上にアメリカ国旗（バンク・オブ・「アメリカ」）を掲げ、国旗の星の位置にモーガン・フリーマンの顔（フリーマンが、オリンピックのスポンサーを務めるVisaのCMナレーションをしていたことから連想した）がついていることをイメージするといった具合だ。イメージはつかめただろうか？

やってみよう

例1：パスポート番号「432212847」を記憶するには

僕のPAOリストを使ってやってみよう（付録の「PAOシステムの2桁固定リスト」を参照）。まず前述した手順でこの数字を分解すると、**「43－22－12／84－7」**になる。こうしてみると、後半のチャンクは6桁ではなく3桁の数字になることがわかるが、それでも大丈夫だ。その3桁の数字については、単純に2桁は「人」にして、最後の1桁は形態法を使って簡単な「行動」か「物」のイメージを作ればいい。それぞれのチャンクをイメージに置き換えると、以下のようになる［訳注：以降の例で取り上げるイメージも日本語の文法上、和訳は「OAP」の順になる］。

①ルービックキューブ（12）の上で泣いている（22）手品師（43）

②ブーメラン（7）を飛ばしているラリー・デヴィッド（84）

それではこれを、我が家の裏庭をジャーニーに使って保存するとしよう。出発点はベランダなので、そこにまずはルービックキューブがずぶ濡れになるほど大泣きしている手品師を配置する。それからベランダ横にあるプール（2番目のアンカー・ポイント）に移動して、プールのなかを歩きながらブーメランを見事な手さばきで投げているラリー・デヴィッド［訳注：アメリカ人俳優兼コメディアン］の姿を思い浮かべれば完成［††］だ！

例2：16桁のクレジットカード番号「4758402678314509」を記憶するには

この例も僕のPAOリストを使ってやってみよう。まず数字を分解すると、「47－58－40／26－78－31／45－09」になる。これも各チャンクが6桁の数字だけで成り立っているわけではないが、最後の4桁チャンクについては2桁ずつに分割できるので、「人」と「行動」を当てはめればいい。それぞれのチャンクをイメージに置き換えると、以下のようになる。

①トランプ(40)に登る(58)異星人(47)

②バンジョー(31)をトッピングしたピザを食べる(78)ブリトニー・スピアーズ(26)

③ジャンピング・ジャックをする(09)デューク・エリントン(45)

このイメージを保存するジャーニーとして僕の家を使うのであれば、まずベッドの上(出発点)にトランプに登る異星人を配置する。次にバンジョーをトッピングしたピザを食べるブリトニー・スピアーズがトイレ(2番目のアンカー・ポイント)に座っているところをイメージし、最後にクローゼット(3番目のアンカー・ポイント)のそばでデューク・エリントン〔訳注：アメリカ人ジャズピアニスト／作曲家〕がジャンピング・ジャックをしている様子を想像する。なんとも異様な光景だが、とにかく記憶には残るはずだ。

47-58-40
トランプに登る
異星人

26-78-31
バンジョーをトッピング
したピザを食べる
ブリトニー・スピアーズ

45-09
ジャンピング・
ジャックをする
デューク・エリントン

これまで数字記憶のためのさまざまな手法を紹介してきたが、実のところ、どれをとっても効果的であるということを強調しておきたい。状況によってどの手法が最適かは異なるものの、使いたいと思ったものを使うようにするといいだろう。決めるのはあなたしだいだ。僕の個人的な意見としては、PAOシステムは楽しいし、本当に記憶に残るイメージを作り出すことができる。それにPAOシステムは理論上、数字記憶が必要なあらゆる場面で使うことが可能だ。だから僕は、数字記憶の99％をPAOシステムに頼っている。「ハイヒールを履いて煙突を下りてくるクリント・イーストウッド」をイメージすればクレジットカードの番号を記憶できるなら、使わない手はないじゃないか！

「そろそろどんなプレゼントを買うか考え始めなきゃ」

大切な日（記念日、誕生日、特別なイベントなど）を記憶するには

有名な言葉がある——「結婚記念日を憶えたければ、一度忘れてその日を迎えてみることだ」。そんな使い古された結婚ネタのジョークはさておき、さまざまな数字記憶の方法を身につけた今、それらを活用すれば大切な日を記憶することだってできる。ここではそのための手法をいくつか説明していくが、僕のお薦めはやはりPAOシステムを使った方法だ。

基本的な手順は以下のとおりだ。まず、日付に結びつけるための人物やイベントなどを考えておく。日付というのは「月」と「日」で構成されている。場合によっては、そこに2桁の「年」（00〜99）がついてくることもあるだろう。月は単語（「January（1月）」「February（2月）」など）として考えることも、2桁の数字（01〜12まで）として考えることもできる。日は2桁の数字（01〜31まで）だ。そこ

で日付を4桁の組み合わせ（月と日）、あるいは6桁の組み合わせ（月と日と年）にして、それをPAOリストに基づいてイメージに置き換える。そうして日付のイメージを「見る」ことができたら、その日付に関連する人物かイベントに「つなぎ」、そして「くっつける！」と完成するというわけだ。

数字変換システム以外の記憶術を組み合わせて使う場合

仮にあなたが、本章で紹介した数字変換システムをひとつもマスターする気になれなかったとしよう。そんなあなたは、もう二度と日付を憶えることができない運命にあるのだろうか……。もちろん、そんなことはない。代用できる方法はある。まずは「月」だが、数字として見る代わりに、それぞれの月から想起できるものを考えてみるといいだろう。特別なイベントがある祝日や、連想できる色など、思いつくものであればなんでもかまわない。たとえば7月なら夏のさなかだから、大きくてまぶしい黄色い太陽が連想できるだろう。2月ならバレンタイン・デーから、鼓動を打つ大きな心臓がイメージできる。11月ならアメリカでは第4木曜日が感謝祭なので、鳴き声を上げながら小屋のなかを走り回る七面鳥だ。「日」を表す数字については、関連性のあるイメージを頭をひねって考え出してみよう。たとえば12日なら、深夜や昼食（12時）が連想できるだろうし、13日なら、忌み数としての「13」や映画『13日の金曜日』などが連想できる。

やってみよう

例1：クルーズ旅行の出発予定日は8月18日だ。

アメリカで8月と言えば、新学期が始まる時期だ。そこで僕が「8月」から連想するのは、バックパックを背負った制服姿の小さな子どもだ。数字変換システムをひとつも使わないのであれば、「18」という数字からは、悩み多き18歳を連想する。したがって、「8月18日」の僕のイメージはこうなる。新学期の準備を完璧に整えた小さな子どもが行ったのは高校最終学年のクラスで、クラスメートはみな18歳だった――。

次に、この日付が意味しているものを思い出せるように、イベント（今回はクルーズ旅行）にイメージを「つなぎ」、さらにそこに「くっつける！」の要素を加えていこう。たとえば、制服姿の子どもが学校に行くと、高校最終学年のクラスメートたち（もちろん全員18歳だ）が、卒業前最後のいたずらに、巨大なクルーズ船を校庭に置いていたというのはどうだろう。これなら、クルーズの話題が出たら瞬時に、卒業生のいたずらのせいで高校の校庭に置かれたクルーズ船を思い浮かべ、そこから「8月」（学校に行く子ども）と「18」（18歳の卒業生）という数字にたどり着けるはずだ。そうだ、クルーズ旅行に出るのは8月18日だ！

メジャー法を使う場合

今度は数字変換システムのひとつ、メジャー法を使って日付を記憶する方法について学んでいこう。その表音コードをもとに各数字を単語に置き換えたら、それをもとにして1つのイメージにまとめあげるプロセスは「例1」と同じだ。

やってみよう

例2：あなたの結婚記念日は10月8日だ。

メジャー法の表音コードを用いると、10月の「10」という数字は次のように分解できる。

（tまたはd）＋（s、zまたはc）

これにいくつかの母音を補うと、たとえば「toes（つま先）」「Tas（タスマニア）」「tease（からかう）」「daze（空想にふける）」「days（曜日）」「doze（うたた寝する）」「dose（薬の服用量）」などの単語ができる。これらの単語のうち、僕なら「Tas」を使ってタスマニアン・デビルをイメージする。

日にちについては2桁の「08」と考えれば、次のように分解できる。

（s、zまたはc）＋（fまたはv）

これに母音を補うと、「sofa（ソファ）」「safe（安全な）」「save（救う）」「sieve（ふるい）」などの単語が作れるが、ここでは「ソファ」を使うことにしよう。この2つの単語――「Tas」と「sofa」――を「結婚記念日」に固定し、そこに「くっつける！」の要素を加えたイメージはこうだ。僕の美しい花嫁が教会の通路を歩いていくと、タスマニアン・デビルがなぜか祭壇に置かれたソファの上にいて、くるくる回りながらそれを引き裂いてボロボロにしていた――。ここまで常軌を逸したイメージなら、頭のなかから消し去ることはできないだろう。そのおかげで、毎年10月8日には奥さんといい関係を保つことができるはずだ！

OCTOBER
8
花嫁が歩いていくと、タスマニアン・デビルがソファの上にいた＝結婚記念日は10月8日だ！

PAOシステムを使う場合

すでに述べたように、僕はPAOシステムをとても好んで使っている。使っていて楽しいし、どんな場面でも役に立つからだ。なかでも重宝するのは、日付を記憶するときだ。このシステムは、そのために考え出されたのではないかとさえ思えるほどだ。使い方も簡単で、「人－行動－物」（PAO）のうち、記憶したい日付に関係のある実在の人物（イベントであればそのイベントに関係する人物）を「人」に当てはめたら、その人物が月の2桁が表す「行動」を、日の2桁が表す「物」を使ってしているところをイメージすればいい。具体的には、次の3つの例で学んでいこう（これらの例も僕のPAOリストを使って説明していくので、また付録の「PAOシステムの2桁固定リスト」を参照してほしい）。

やってみよう

例3：僕の母の誕生日は「7月24日」だ。

月は「07」、日は「24」だ。PAOリストで「07」が表す行動は「(マティーニを) すする」、「24」が表す物は「バスケットボール」なので、僕のイメージは、バスケットボールがいっぱい入ったマティーニをすする母となる。最高にクールな姿じゃないか⁉

例4：重要な交流イベントが11月1日に開催される。

この例で憶えるのは、人物ではなくイベントに関係する日付だ。そこで「人」にはイベントの主催者である僕の上

バスケットボールが入ったマティーニをすする母＝母の誕生日は7月24日だ！

司を設定する。すると、その上司が斧（01）を手にテニスをしている（11）様子がイメージできる。どうも僕の上司は、アンガー・マネジメント（怒りを制御すること）の問題を抱えているようだ……。

例5：例4の交流イベントに時刻も入れてみよう――11月1日午後7時30分だ。

先のイメージに時刻を追加するには、これまでに紹介したさまざまな方法が利用できるが、僕なら時間の「07」はPAOリストの物を使って表す（ジェームズ・ボンドのマティーニグラスだ）。時刻の分に関してはリストの「30」のイメージを使うより、前章「その2」の「曜日ペグリスト」の項で解説したように、物を半分に切ることで「30分」を表したほうがシンプルだろう。イメージのおさらいをすると、以下のようになる。イベントの主催者は、斧を手にテニスをしている怒れる上司だ。彼は斧をテニスラケットのように振り回している。上司が怒りをぶつけたもののひとつが、テーブルの上に置いてあったマティーニグラスだ。スパッ！　グラスは真っぷたつ。つまり7時30分だ！

斧をテニスラケットのように振り回す怒れる上司が、マティーニグラスを半分に切る＝交流イベントは11月1日午後7時30分だ！

その3

複雑な番号への対処方法

ときとして、格段に複雑な数を扱わなければならない場面に出くわすこともある。文字や記号が混ざっている番号や、ものすごく桁数の多い数字列などだ。いずれの場合も、記憶のプロセスがぐっと煩雑になる。でも心配はいらない。少し戦略を練って、これまでに習得したスキルを応用しさえすれば、あなたはもうどんな複雑な数にだって対処できるはずだ！

「P@55WORD$ @R3 H@RD. HELPPP！（パスワードニハオテアゲダ、タタタスケテ－！）」

パスワードを忘れてログインできなくなる事態を防ぐには

記憶術を学び始める前の僕は、どのウェブサイトのパスワードを変更したかを憶えていないどころか、各ウェブサイトに設定した個別のパスワードすら忘れてしまうほどだった。これは僕に限った話ではないだろう。そこで本セクションでは、ある程度のページを割いてこの問題を克服する方法について解説していきたい。なにもまだ諦める必要はない。これにはシンプルな対処方法があり、あなたがこれまでに築き上げてきた記憶術のスキルを使えば実践できるものなのだ。

数年前のことになるが、セキュリティ・コンサルタントのマーク・バーネットが、最もよく使われているパスワード上位1万件のリストを公表した。これは、ハッキングされたデータベースを公開している複数のウェブサイトから収集し作成されたものだ。その上位3件のパスワードはと言うと――「password」「123456」そして「12345678」だった。これを見て、あなたが「自分も同じのを使ってるぞ！」と思ったとしても不思議はない。事実、バーネットが収集した600万件以上にのぼるユーザー名とパスワードの組み合わせのうち、実に9・8％にこの3つのいずれかが含まれていたのだから。

このリストのずっと下位を見ていくと、「rasta420」「trousers」「booyah」といったパスワードもあるが、残念ながらこれらも「password」と同じくらいハッキングされやすいものだと言える。できることなら、バーネットのリストに載っているようなすでに解読されたパスワードを使うのは避けたいところだ。憶えやすいパスワードではあっても、適切でないことは明らかだ。

優れたパスワードというのは、単に憶えやすいだけでなく、ユニークで解読されにくいものでなければならない。また、ハッカーたちがパスワードのリストを蓄積し、処理能力をますます高めていることを考慮すると、優れたパスワードにするためには、さらに複雑化させることが必要になる。だが安心してほしい。複雑でありながら記憶できるパスワードを考え出す方法があるのだ。その方法についてはのちほど説明していくが、まずは真に強力でハッキング不可能なパスワードを作るための3つの条件を押さえておこう。

①パスワードはなるべく長くする：パスワードが長くなるほど、解読にかかる時間も長くなる。7文字未満のパスワードであれば数分で解読される可能性があるが、何桁か長くなるだけで、解読に数年、場合によっては数千年を要することさえありうる。

②ランダムな文字列にする：単語や日付、あるいはキーボードの並び（「qwerty」など）を使った認識可能な文字列は、簡単に解読されてしまう可能性がある。たとえ4つの単語をつなぎ合わせたとしても、6桁か7桁からなるランダムな文字列とさほど効果は変わらない。それに、もし誰かが個人的にあなたを狙っている場合、相手が最初に試すのは、ソーシャルメディア上に公開されているあなたのプロフィールから見つけた単語（母校やペットの名前など）や日付（記念日や、自分または親族の誕生日など）なのだ。したがって、認識可能な文字列は絶対に避けたい。

③ユニークなものにする：単にほかの人とは違うパスワードにするだけでは不十分だ。あなたが使うすべてのウェブサイト――少なくとも機密性の高い個人情報を登録しているウェブサイト（電子メールやネットバンキング、ＳＮＳのアカウントなど）――に、それぞれ独自のパスワードを作るべきだ。

これらの条件を満たす、解読困難なパスワードを作るための手法のひとつに、「シュナイアー・スキーム」と呼ばれるものがある。これは、２００８年に『ガーディアン』紙に掲載された記事のなかで著名なセキュリティ専門家であるブルース・シュナイアーが提唱した手法だ。最近では、ウェブサイトでパスワードを設定する際に記号や大文字などを混ぜることも求められるが、このスキームならそれにも対応できる。そのやり方はいたって簡単で、「this little piggy went to market（この子ブタは市場へ行った）」［訳注：英語圏で有名な手遊び歌］といったよく知られたフレーズを「tlpWENT2m」のように頭字語的なものに変換したり、あるいは「WIw7,mstmsritt」（When I was seven, my sister threw my stuffed rabbit in the toilet：私が7歳のとき、姉が私のウサギのぬいぐるみをトイレに放り込んだ）や、「Wow,doestcst」（wow, does that couch smell terrible：うわっ、そのソファはひどいにおいがするぞ）のように、ランダムなフレーズを同様の方法で変換したりするというものだ。

このシュナイアー・スキームは、長くてランダムかつユニークなパスワードを作る方法としては、かなり優秀だ。だが、憶えやすいパスワードを作るという点ではほとんど役に立たない。考えてみてほしい。どこに大文字を使ったか、あるいはどの単語を略さずに使ったかを憶えるにはどうしたらいいのだろう？　それに、複数のウェブサイトで何度もこのスキームを使った場合、どのサイトに、どのパスワードを使ったかを憶えておくにはどうしたらいいのだろうか？

幸い、ランダムで抽象的な情報を記憶に残りやすくする方法なら、あなたもすでによく知っている。そう、「見る－つなぐ－くっつける！」の3ステップを使って、頭のなかでイメージに置き換え、アンカー・ポイントを選んで保存すればいいのだ。では、この3ステップをパスワードに応用するにはどうすればいいのだろうか？　その方法はいくつもあるが、いずれにしても重要なのは、設定するすべてのパスワードに同じシステムを用いることだ。もし、いくつかのパスワードには音韻法を、また別のものには形態法を用いるといったことをすると、ハッカーを困惑させるのと同じくらい、自分自身をも困惑させることになってしまう。だからといって、オリジナルのシステムを考案するために多大な時間を費やす必要はない。本章ですでに紹介した僕のお気に入り「人－行動－物（ＰＡＯ）システム」の簡略版を使えばいいからだ。このシステムなら、保存と想起が簡単にできるイメージやストーリーを作れるうえに、情報の順序を変えずにチャンク化することも可能だ。

それでは僕と一緒に、その手順を詳しく学んでいこう！

「見る」

ＰＡＯシステムを使ってパスワードを作る場合、「人」と「行動」を自由に選んで使うという贅沢が許される（「物」についてはそこまで柔軟性はないのだが、その理由については本セクションの「くっつける！」の項で後述する）。理論的には、決められたパターンに合わせて先に文字や数字、記号の並びを作ってから、それが表すイメージを考えるという手順で進めることも可能だが、それよりもやはり先に記憶に残りやすくて特徴のある人や行動や物を選んでおいて、それを短縮していくほうがはるかに簡単だ。それぞれの要素に何をどう割り当てるかという方法については順を追って説明していくが、その前に一例として、ＰＡＯシステムで完成させたパスワードを示しておこう。

「CXc^JEJs$Me8」

このパスワードのパターンに着目してみると、大文字が1～3文字並んだあとに、小文字が1文字続き、さらにそのあとに記号か数字が1つ配置されるというパターンが全部で3回繰り返されているのがわかる。ちなみに、このパスワードが示しているイメージは、山を登るチャールズ・エグゼビア（映画『X－MEN』シリーズのプロフェッサーXの本名）と、ヘビに乗ってスケートボードをするジェームズ・アール・ジョーンズ（映画『スター・ウォーズ』シリーズのダース・ベイダーの声を演じた俳優）、そして雪だるまを食べるマドンナだ。

僕がこのパスワードを作るにあたって最初にしたのは、記憶に残るユニークな人物を3人選ぶことだった。最初に3人の「人」を選ぶのはいつも変わらない。そのあとの基本的な手順はこうだ。それぞれの人物に「行動」と「物」を割り当てる。続いてそのイメージを、パスワードに適したフォーマットに変換する。その際に僕はいつも次の3つのルールに則って進めている（必ずしも僕のフォーマット用ルールに従う必要はない。いずれはあなたも、オリジナルのルールをぜひ自分で作ってほしい）。

①「人」のイニシャルを大文字で表す。
②「行動」の頭文字を小文字で表す。
③「物」の形を文字以外のもの（数字や記号）を使って表す。

先に例示したパスワードの場合、それぞれの文字や数字、記号は次のものを表している。

CX Charles Xavier （チャールズ・エグゼビア）	c climbing （登る）	^ 山
JEJ James Earl Jones （ジェームズ・アール・ジョーンズ）	s skateboarding （スケートボードをする）	$ ヘビ
M Madonna （マドンナ）	e eating （食べる）	8 雪だるま

チャールズ・エグゼビアについては、車椅子に乗っている姿と、光を反射するスキンヘッドをイメージできるので、思い出すのは簡単だ。ジェームズ・アール・ジョーンズはオペラ歌手のような大きな胴体が特徴的で、とどろくような低音の声もイメージできる。そのうえ頭文字が3文字なので、このパターンに混ぜるのにはうってつけだ。同様にマドンナはイニシャルが1文字で、おなじみの「コーン・ブラ」（コーン型のブラジャー）をイメージできる。この3人はすべて象徴的な特徴を持ち合わせているので、ほかの人物と混同してしまうことはまずありえない。とはいえ、「ダークサイドの力を甘く見てはいけない！」とジェームズ・アール・ジョーンズが言っている様子ばかり考えてしまうと、間違えてダース・ベイダーを思い出してしまう可能性もあるし、チャールズ・エグゼビアの顔を想像してしまうと、最新の『X－MEN』シリーズでエグゼビアを演じたパトリック・スチュワートを思い浮かべてしまう可能性も否定できない。

そこで憶えておいてほしいのは、「人」は慎重に選び、そして一貫性を保つことだ。母親（mother）を「M」と省略したのに、父親には名前のイニシャルを使うといったことはしてはいけない。ロナルド・マクドナルド（Ronald McDonald）〔訳注：日本での名称はドナルド・マクドナルド〕を「RMD」や「RM」ではなく「RMcD」と省略するのはかまわないが、そのような省略方法を使うと決めたら、ロージー・オドネル（Rosie O'Donnel）も「RO'D」のように省略する必要があるということだ。

「つなぐ」

パスワードに使うイメージが完成し、それをフォーマットに変換できたら、次はあなたが使うほかのどのパスワードとも見分けがつくよう、真に記憶に残るものにしなければならない。そのためには、それが何のパスワードなのかがわかる手がかり（リマインダー）となるものと「つなぐ」必要がある。ここでもきわめて有効なのが、ジャーニー法だ。前章で説明したように、ジャーニー法はすでに熟知している場所に情報を固定できるからだ。

ただし、パスワードの場合（特に何週間も何カ月も使わない可能性があるとき）、つなぐ対象がそのパスワードを使うウェブサイトと強く関連していることがきわめて重要になってくる。もし、Googleにもネットバンキングにも Facebookにも、それぞれ異なるパスワードを設定するのであれば、Googleのパスワードには Googleに明確な関連性のある対象を選んでつなぎ、同様にネットバンキングと Facebookのパスワードにも、各ウェブサイトと深く関連する対象をつなぐようにしたいところだ。それには、次の3つの方法がある。

①直接連想によって記憶のジャーニーを作る

これは、パスワードを「つなぐ」のに最も簡単な方法であるが、使えるのは特定のウェブサイトに限られている。直接連想による記憶のジャーニーは、その名のとおり、ウェブサイトに関連する実在の店舗や場所を用いて作るものだからだ。たとえば、ネットバンキングに使うパスワードのストーリーをPAOシステムを使って可視化したら、地元の銀行の支店の入り口をジャーニーの出発点として、そのイメージを銀行内のアンカー・ポイントに順々につないでいく。職場のメールのパスワードなら、オフィスの入り口をジャーニーの出発点にするといった具合だ。かなり簡単にできるが、一方でGoogleやTumblrのようなウェブサイトの場合、連想できる物理的な空間が見つからないこともあるだろう。そんなときは次の方法を試してみるといい。

②間接連想によって記憶のジャーニーを作る

これも効果的な保存方法となりうる場合もあるのだが、大きな欠点がひとつある。間接連想そのものが十分に記憶に残るものでないと、ウェブサイトにどのジャーニーを関連付けたかが正しく思い出せない恐れがあるのだ。たとえばGoogleからカリフォルニアを連想し、そこからさらにビーチを連想したとする。その間接連想をもとに、カリフォルニアの典型的なビーチをGoogleのパスワードのジャーニーとして使うのはいい。だが、実際にパスワードが必要になったときに必ず「Google→カリフォルニア→ビーチ」という連想ができるだろうか？　不安なら、いつものようにジャーニーに小さなヒントを加えておくことはできるので、Googleのカラフルなロゴと同じように、ビーチをカラフルに色付けするといいかもしれない。

③ロゴを使ってジャーニーを作る

瞬時に連想できるような現実の場所が存在せず、これといった空間が思い浮かばないウェブサイトについては、この方法が最善策と言えるだろう。ロゴ・ジャーニーを作る方法はいたってシンプルで、ウェブサイトのロゴの周りや内部を想像上の映画の舞台にするだけでいい。ただし、ロゴというのは実世界に存在する場所に比べて感覚的な豊かさに欠けるので、それを補強するためにいつもよりも丹念な視覚化作業が必要になる。とはいえ、ロゴには非常にはっきりとしたデザインがある。それに、パスワードを視覚化するときにはいつも、3人の「人」が、それぞれの「行動」を、それぞれの「物」を使ってしているというたった3つのシーンしか必要とならないため、どんなロゴであっても、それらのシーンを簡単に組み込めるはずだ。

例として、アマゾンのロゴを使って考えてみよう。デザインはきわめてシンプルだ。「amazon」という単語の「a」の下から黄色い矢印が出ていて、「z」を指している。このロゴは、風変わりで記憶に残る場面を繰り広げるのには、それほど理想的な舞台には見えないかもしれないが、とにかくあらゆる可能性を考えてみよう。最初の「人」については、「a」を山に見立てて、頂上にたどり着いたところをイメージしてもいいし、てっぺんから滑り降りてくるところをイメージしてもいい。2人目は、「m」の2つの山の間に挟まって身動きがとれなくなっているというのはどうだろう。あるいは、黄色い矢印をスケートボードのジャンプ台として使うこともできる。3人目は、「o」のなかに閉じ込められている様子、あるいはトンネルのように見える「n」から、電車を運転しながらこちらに向かってまっすぐ進んでくる様子をイメージするのもいいかもしれない。

この例からわかるように、ロゴ・ジャーニーを作るときには、ロゴそのもののなかですべてのシーンが起きているようにイメージしてもいいし、際立った要素を切り取って実際の何かに見立ててもいい（「amazon」の下の矢印を、スケートボードのジャンプ台に見立てるなど）。ロゴ・ジャーニーの最大の長所は、ログインするときには必ず画面上にロゴが見えるという点だ。

「くっつける！」

本セクションの「見る」の項で例に挙げたパスワードを作る際に僕が選んだ「行動」と、今説明したアマゾンのロゴ・ジャーニーには、かなり関係している部分があったことに気づいただろうか？　僕は、チャールズ・エグゼビアに車椅子で後輪走行させてみたり、ジェームズ・アール・ジョーンズに後方宙返りをさせてみたりすることも可能だった。でもそうしなかったのには、2つの大きな理由がある。1つ目は、ロゴ・ジャーニーと「行動」に結びつきをもたせるためだ。こうすることで、たとえ1年以上パスワードを入力していなくて、頭のなかでイメージが薄れていたとしても、ロゴの形が手がかり（リマインダー）となって自分がそこに思い描いたものを思い出させてくれるのだ。

2つ目の理由は、干渉による影響を避けるためだ。もし「後輪走行（pop a wheelie）」という言葉を使っていたら、その「行動」を表す頭文字は「p」なのか「w」なのか、それとも「paw」なのかわからなくなってしまうかもしれない。「後方宙返り（backflips）」なら、「b」「f」「flips」のどれを使ったのか混乱が生じる恐れがある。そういった可能性を一切残してはいけない。「飛び跳ねる（leap）」の代わりに「ジャンプ（jump）」という言葉を選んだり、「放り投げる（fling）」ではなく「投げる（throw）」にするなど、「行動」には可能な限り単純な動詞を使うように心がけることが大切だ。

すでに述べたように、「人」や「行動」は好きなように選んでかまわない。しかしなかにはより好ましいものや、避けたほうがいいものも存在する。さらに「物」に関しては、選べる範囲がはるかに限定される。これはシステムに一貫性をもたせるとともに、解読がより困難になるようにパスワードに数字や記号を組み込むためだ。また、「物」にはキーボード上の記号の形におおよそ一致するような形状のものを選ぶ必要もある。たとえば、「!」であれば野球バットや稲妻、「^」は山や帽子、「~」は口ひげやミミズといった具合だ。幸い、選択肢は豊富だ。数字10個と22個の記号、それにスペースキーが使える。

ただし、類似する記号（「-」と「_」など）が混在するとわかりにくいので、先に「物」を決めてから、そこに適当な記号を当てはめるという手順で進めるのは避けるべきだ。類似する数字や記号については使わないようにするか、それぞれの記号にあらかじめ具体的な「物」のイメージを割り当てた視覚化コードを作っておくといいだろう。記号の視覚化コードを作ったら（あるいは、付録に掲載した僕の「パスワード用記号コード」を使ってもいい）、あとで参照できるように書き留めておいて、それを財布やスマホのノート機能など、すぐ取り出せる場所に保存しておくといい。

僕からのアドバイス

それぞれのパスワードがわからなくなってしまわないよう紙に書き留めるのはいいが、これには紛失するリスクも存在する。そこで万全を期して、パスワード専用のジャーニーを作るのもいいだろう。パスワードのイメージを一度、本セクションの「つなぐ」の項で説明した方法で保存したら、さらに別の記憶のジャーニーを用意して同じイメージを保存しておくのだ。それが第2の保存先になる。

ちょっと足してみるだけで……

ここまで読んで、パスワードになぜPAOを3回も並べる必要があるのか、またはなぜ3人の人物を入れなければならないのかという疑問がわいている人もいるかもしれない。一言で言えば、それは「計算」上の問題だ。パスワードの解読ができるかどうかは、ある程度はコンピューターの処理能力によって決まる。たとえば標準的なデスクトップ・パソコンを使った場合、解読には6文字のパスワードであれば約1分、7文字のパスワードなら約1時間、8文字のパスワードなら約5日、9文字のパスワードであれば約5年もかかると言われている（5年も解読作業を続けるとは考えられないので、これはほぼ解読不能だと言っていいだろう）。だがPAOを3回並べたパスワードであれば、仮に誰かがそれを知っていて、「人」には大文字だけ、「行動」には小文字だけ、「物」には数字と記号だけを使って解読を試みたとしても、ランダムに並んだ9文字のパスワードを解読するのとほぼ同じ数の組み合わせを試す必要がある（これは3人の「人」すべてに2文字のイニシャルを使った場合であり、3文字や1文字のイニシャルを持つ人物が入っている場合は、それよりもはるかに困難になる）。PAOを4回並べれば、「超」がつくほど安全なパスワードを作ることはできるが、おそらくそこまでする必要はないだろう。それに長くなりすぎると、ウェブサイトによっては文字数の上限を超えてしまう恐れもある。

あとは、あなたしだいだ。今までと同様「123456」を使い続けてもいいし、ほんの数分を費やしてジャーニーと3人の「人」、3つの「行動」、3つの「物」を考え出すのもいい。いずれにしても、あなたにはもう、長くてランダムかつユニークで、しかも記憶にしっかりと残るパスワードを新たに作れるだけの知的技能が身についている。そうして新たに作ったパスワードの記憶の鮮度を保つためには、それを入力する必要がないとき――たとえば、GmailやFacebookといった長期的にログインしたままのウェブサイトを見るとき――であっても、想起してみるといい。

「ピザπ《パイ》を1万桁？」
長い数字列を思いのままに記憶できるようになるには

ほとんどの人はおそらく、500桁や1万桁、ましてや10万桁という数字を記憶しなければならない状況に直面することなど、まずないだろう。だが、この先どうなるかはわからない。万が一、そうした場面に出くわしても、この章で習得してきたことを活かせば、あなたはもうどんな桁数の数字でも（信じられないかもしれないが、10万桁の数字でさえも！）記憶できる。

多数桁の数字の記憶は、記憶アスリートたちが常に挑戦していることだ。5分以内にできるだけ多くの数字を記憶する「スピード・ナンバー」であれ（僕の記録は３３９桁）、1時間以内にできるだけ多くの数字を記憶する「マラソン・ナンバー」であれ（僕の記録は１５５５桁）、僕ら記憶アスリートはいつも同じ方法で数字に挑んでいる。膨大な数字列を記憶する際に必要なのは、記憶する予定の桁数を保存するのに十分な数のアンカー・ポイントをジャーニーに設定しておくか、十分な数のジャーニーを用意しておくことだ（正直なところ、これが何よりも骨の折れる作業だ）。それに時間も必要だ。桁数が多くなればなるほど、記憶のジャーニーにすべての数字を保存し終わったあとに、より多くの時間を割いて復習しなければならなくなるからだ。

２０１６年、僕は世界アルツハイマー・デー（9月21日）のために、円周率π（３・１４１５９２６……）を記憶する世界記録の更新を試みた。挑戦した内容はこうだ。あらかじめ記憶した1万桁分のπから抽出された5桁の数字列の、前5桁後ろ5桁を答える。それを16分32秒（現世界記録）よりも短い時間で、一度も間違えずに50回連続で答えることができるかというものだ〔注〕。１万桁の数字を憶えるのには、それほど長い時間はかからなかった。僕は1万桁を１０００桁のグループに分けて、１日１グループのペースで10日間かけて記憶していった。数字を自分の頭のなかに保存することは簡単だったが、何よりも時間を要したのは、やはりそれをすべて復習する作業だった。

目を閉じて、ずらりと並んだジャーニーをたどっていくのだが、当然のことながら新しく憶えたばかりのグループの記憶に比べると、それ以前に憶えたグループの記憶ははるかに鮮明さを失っていた。そのため、毎日毎日かなりの時間を費やして復習することで、ようやく1万桁の数字をすべて記憶に維持し続けられるようになった。要するに、記憶する桁数が多くなると、多くなったぶんだけ憶えたことを復習する時間が必要になるということだ。それが初めて憶える数字である場合は、なおのことそうだと言える。

十分な時間をかけることと、十分な保存スペースを備えたジャーニーを用意することに加えて有効なのは、より多くの桁数をチャンク化できるように、2桁のシステムを3桁にすることだ（チャンク化する桁数が多くなれば、そのぶんPAOのイメージは少なくてすむ）。確かにPAOシステムの場合、「人－行動－物」のそれぞれを100種類から1000種類に増やすとなると、かなり大きな飛躍だと言える。でもその努力の見返りに、各アンカー・ポイントに固定するPAOのイメージの合計数を3分の1に減らすことができるのだ。その結果、記憶のスピードが増すうえに、短いジャーニーでもより多くの桁数を保存することが可能になる。

なかには、PAOシステムの「行動」と「物」は2桁のままで、「人」だけを3桁（つまり、100人から1000人）に増やすという方法を用いる人もいる。この場合、1つのイメージにつき「2－2－2」の6桁の代わりに、「3－2－2」という7桁のチャンクを収めることができるようになる。また僕のように、PAOシステムの「行動」は100種類のままで、「人」と「物」を1000種類に増やすという方法をとる人もいる（僕の場合、「行動」を100種類に据え置いたのは、明確に識別できる1000種類の行動を考え出す気になれなかったからだ）。

僕が「人」を100人から1000人に増やすにあたって用いたアプローチは、「カテゴリー・システム」だ。つまり、最初に作ってあった100個の2桁の数字にそれぞれ個別のカテゴリーを割り当て、下2桁が同じほかの9個の3桁の数字にも、そのカテゴリーと関連のある人物を当てはめるようにしたのだ。たとえば「15（015）」はアルバート・アインシュタインなので、下2桁に「15」を含むすべての数字が、アインシュタインと同じカテゴリーに属する人物ということになる。僕はこれを「有名な科学者」のカテゴリーにすることにした。

さらに百の位の数字を、ＰＡＯシステムやメジャー法のコードをもとにアルファベットに置き換え、そのアルファベットから始まる名前の人物を当てはめるようにすれば、数字から「人」を想起するときの大きな手がかりとなる。たとえば「８１５」という数字を見ると、それが有名な科学者であり、さらに「８」が意味する「Ｈ」（ＰＡＯシステム）、または「ｆ」か「ｖ」（メジャー法）で始まる名前の人物であることがわかる。僕の「８１５」は、リチャード・ファインマン（「８＝ｆ」で「Feynman」はＦで始まる）で、僕にとっては簡単にイメージできる人物だ。ただ、９人分の科学者が思いつかなかったので、僕はこのカテゴリーを拡大して、お気に入りのＳＦ映画のひとつ『コンタクト』に登場する何人かのキャラクターをここに含めることにした。

ほかにも、カテゴリーを考えるのに苦労した2桁の数字があった。たとえば、「83」は冒険家のベア・グリルスだが、僕はカテゴリーをすべて満たせるだけの記憶しやすい冒険家を知らなかった。そこで多少のこじつけを加えて、「83」を果物と野菜のカテゴリーにすることにした。野生で生き延びるには、食糧を見つける必要があるからだ。そのようなわけで、「１８３」は「りんご」になった（「１＝Ａ」で「apple」の手がかりになる）。必ずしも同じようにカテゴリー分けをする必要はないが、このようにすると、3桁のシステムを習得するまでの時間をかなり短縮できるのは確かだ。僕の場合、自分のシステムをすべて習得するまでには、毎日練習しておよそ6カ月を要した。

そのほかに、3桁のメジャー法を使っている人もいる。これなら１０００種類のイメージを作るだけですむし、「人」や「物」にとらわれることなくイメージを決めることができる（あなたが選択する単語しだいだ）。時間に余裕がない場合は、この方法のほうが扱いやすい選択肢と言えるかもしれない。それにネット上には、メジャー法を用いた単語作成ツールが山ほどあって、代わりに単語を作成してもらうこともできる。

3桁のメジャー法を使って1000種類のイメージができたら、2つのイメージ（「3－3」の6桁分）、あるいは3つのイメージ（「3－3－3」の9桁分）を1つのアンカー・ポイントに配置していくというのが一般的なやり方だ。だが僕自身は、この方法があまり好きではない。なぜなら、「人－行動－物」を用いたPAOシステムに比べると、厳密さに欠けるシステムだと感じるからだ。一方で、メジャー法の自由度を好む人もいる。まさに十人十色だ。いずれにせよPAOシステムとメジャー法は、どちらも記憶力競技大会で同程度に効果的であることが証明されているのだから、自分に合った方法を選ぶのがいちばんだ。

やってみよう

多数桁の数字の記憶については、あなたの好きなように練習を進めてみるといいだろう。だがこの数字なら、より楽しく練習に取り組めるのではないだろうか――32桁分のπだ！

例：「3・14159265358979323846264338327950」を記憶するには

本章を通じて学習してきたとおり、このような多数桁の数字を記憶するための方法はいくつもある。僕が選ぶなら、やはりPAOシステムだ。だが前述したように、PAOシステムではシステムを作るための準備作業が必要になる。そこで今回は、誰でも取り組めるようにメジャー法を使って進めていくことにしよう。僕が使うイメージについては、付録に掲載した「メジャー法の2桁固定リスト」を参照してほしい。

それではまず、この数字列を2桁ごとに分け、それぞれを2組ずつチャンク化していこう。そうすれば保存するイメージも、必要なアンカー・ポイントも、どちらも8個ですむ。

14-15／92-65／35-89／79-32／38-46／26-43／38-32／79-50

次は、周囲を見回して、あなたが今いる部屋や空間を使って8個のアンカー・ポイントからなるジャーニーを作ってみよう。今立っている（座っている）場所を出発点にして、時計回りで最後に元の場所に戻ってくるようなルートを作るのだ。ジャーニーが完成したら、それぞれの数字をイメージに置き換えよう。僕のメジャー法のリストを使うと、各数字のイメージは次のようになる。

14-15＝**タイヤ-人形**
92-65＝**ペン-ゼリー**
35-89＝**ラバ-嘘**
79-32＝**マント-月**
38-46＝**映画-発疹**
26-43＝**目盛り-雄羊**
38-32＝**映画-月**
79-50＝**マント-レース**

それではこれを保存していこう。まずはジャーニーの出発点に、タイヤが転がってきて人形をぺちゃんこにしてしまうイメージを配置すればいい。そして2つ目のアンカー・ポイントには、ペンでぷるぷるした緑色のゼリーにサインしているイメージを配置する。こんな調子で、その先はあなた自身でやってみてほしい[§]。

驚きじゃないだろうか？　8つのくだらないイメージを思い浮かべるだけで、32桁もある数字を、上からでも下からでも思い出せるようになったのだ！

脳を途方に暮れさせるその他もろもろを記憶するためのヒント

「人間にとって、真の財産とは記憶だ。
記憶が豊かであるか、乏しいか、それがすべてなのだ」

——アレクサンダー・スミス [*]

こまで学習してきて記憶に必要なツール一式――「見る」ための方法、「つなぐ」ための方法、「くっつける!」ための方法――は揃った。今度はそれらをフル活用して、重要性をもっと思われるほかの物事の記憶方法を学んでいくことにしよう。つまり、スピーチや詩、外国語、国と首都、史実の日付などを記憶する方法だ。加えて本章では、僕が記憶スキルの頂点と考えるトランプ記憶についても解説していく。それでは記憶術のあらゆるツールをかき集めて、さっそく取りかかるとしよう!

その1 スピーチや文章を記憶する

あなたにはもう、これまでに身につけた記憶スキルを大舞台で使う心の用意はできているだろうか? もちろん、世界レベルの記憶力競技大会に参加する準備まではまだ整っていないかもしれない。だが、あなたにとっての大舞台で使うことならもうできるはずだ。そう、文字どおり「舞台」の上で――。

パワーポイントやプロンプター、キューカード［訳注:テレビ放送や舞台芸術などで、出演者に指示を出すための大きなボード。カンペとも］に加え、昔ながらのインクや紙など、多彩なツールに頼れる現代では忘れられがちだが、かつては弁士が演説を行うときや、口承された物語を披露するときには記憶術が不可欠だった。その起源は紀元前600年頃の古代ギリシャにさかのぼることができ、演説と説得の技芸である修辞学が形式化された際に、5つの規範（基本原理）として「発想（inventio）」「配列（dispositio）」

「措辞（elucutio）」「口演（pronuntiatio）」とともに、「記憶（memoria）」が組み込まれた。

現代の講演者にしても、同様の規範――スピーチの内容や構造、語調、そして壇上での存在感――について深く考え、努力を注いでいることは言うまでもない。しかし、こと記憶に関しては、先のさまざまツールを利用すればいいものと当たり前のように考えられている。とはいえ、スピーチの質を高める手段のひとつとして記憶力を用いるのは、なにも吟遊詩人[†]が活躍した時代に限った話ではない。振り返ってみれば、あなただって、小学校で詩の暗唱をさせられたときや、学芸会で演劇を発表したとき、あるいは社会に出て重要な売り込みをするときなどに記憶力を用いたことがあるはずだ。それが今、スピーチで記憶力をほとんど使わなくなっているのは、おそらく過去に記憶に失敗した経験があるからだろう。そこで本セクションではまず、実生活で役立つスピーチや文章の記憶方法について学んでいくことにしよう。

「誰の言葉だったかな？」

お気に入りの名言や諺を記憶するには

最初に、どうしても紹介しておきたい文章記憶のテクニックがある。僕が「頭文字法」と呼んでいるもので、1文だけの引用や、乾杯の音頭のような短い文章を記憶するのに最適な、いたって簡単なテクニックだ。このテクニックだけでは記憶を長期的に定着させることはできないので、必要に応じておなじみの「見る－つなぐ－くっつける！」の3ステップを用いなければならないが、複雑な言葉の並びをとてつもないスピードで記憶する方法を学ぶための取っかかりにはぴったりだ。

それではまず、僕が気に入っているアイルランドの古い乾杯の音頭を例にして、その方法を解説していこう（あなたもこの音頭をマスターして披露すれば、仲間を感心させられること間違いなしだ）。

やってみよう

例1：「May we be in heaven half an hour before the devil knows we're dead.（悪魔に死を悟られる30分前に、天国に召されますように。）」を記憶するには

まずはこの文章を心のなかで1、2回読み、次に声に出してまた1、2回読んでみよう。そうしたら今度は各単語の頭文字を、大文字と小文字を区別しながら全部書き出してほしい（最後のピリオドもお忘れなく）。

Mwbihhahbtdkwd.

このように漏れなく書き出すことができたら、その文字列を見ながら、元の言葉を頭のなかで補いつつ読みあげてみよう。おそらく、ほぼ完璧に思い出せるはずだ。もしうまくいかなかった場合には、元の文章を見直してから、また同じように文字列を見ながら読みあげてみてほしい。

そうして間違えずに読みあげることができたら、最後は目を閉じて、記憶を頼りに暗唱してみよう。しっかりと記憶に残っているのではないだろうか？　このとき、困惑と感動が同時に押し寄せてくるような感覚に襲われなかっただろうか？　いったいなぜ、脳にはそんなことができてしまうのだろう？　僕がいつも驚かされるのは、脳がそれぞれの単語の頭文字を見ただけで、単語そのものを補充できてしまうことだ。つまり集中力を注いでさえいれば、たとえ意識していなくても、僕たち人間は常に物事を記憶しているということだ。問題は、その記憶を取り出すことができるか否かということになる。

僕が驚かされる点がもうひとつある。それは、頭文字だけを見ながら文章を読みあげたあとにはもう、脳が瞬時に文章全体を思い出せるようになっていることだ。これはきっと、自分の手で書き出したことが関係しているはずだ。おそらく、それを書いたときの新鮮な視覚記憶が、この文章を暗唱するときに視覚的な手がかりとして作用しているのだろう。

例2：「Here's to those who've seen us at our best and seen us at our worst and can't tell the difference.（我々の幸せなときを知る人々、苦しいときを知る人々、そしてその区別もつかなくなっている人々に乾杯！）」を記憶するには

前の例でやったように、この文章を心のなかで1、2回読んだら、次は声に出して1、2回読み、それから頭文字を書き出していこう。

Httwsuaobasuaowacttd.

そして、書き出したこの文字列を見ながら元の文章を読みあげることができたら、文字を隠すなり目を閉じるなりして、記憶だけを頼りに暗唱してみよう。まるで魔法にでもかかったかのように、元の文章がすらすらと出てくるはずだ！

「観客はみな裸だと思え」

スピーチやプレゼンを記憶するには

スピーチを憶えるには、話す内容を機械的に丸暗記するというのもひとつの方法ではあるが、それにはたいそうな時間がかかる。しかも、そうしてようやくスピーチの内容を完全に暗記できたとしても、本番で緊張や疲れに襲われたり、一瞬気を抜いたりしてしまったら、その努力が水の泡となりかねない。場合によっては、どこまで話したかわからなくなり、スピーチの内容がすっかり頭から抜け落ちてしまうことさえある。そうなれば正気を失ったかのような感覚に見舞われ、ときには仕事までをも失う心配をするはめになるだろう。

その苦痛はよく理解できる。記憶が飛んで失敗した経験は僕にもあるし、とりわけ人前でミスをしたときには顔から火が出る思いをした。ただ、今のあなたの記憶力はおそらく目に見えて向上しているので、全体的なミスの数は減るはずだ。それでも「舞台」に立つときには、スピーチの要点を適切な順序で話せるようにしておけば事足りるのか、それとも一語一句まで正確に記憶しておかなければならないのかを事前に検討しておく必要がある。修辞学の規範で言うところの「発想」と「配列」だけに注力すればよいのか、それとも心に響く「措辞」と「口演」もできるようにしておくのかということだ。そこでまずは、要点だけを記憶する、その名も要旨的記憶の方法から紹介しよう。

伝えたいことは何だろう?

もしあなたがスピーチの題材を熟知していて、すでに話したい内容や構成についても決まっているのであれば、各骨子の詳細まで意識的に記憶する必要はないだろう。おそらく細かな部分については、ぶっつけ本番でも自然に話すことができるはずだ。したがってここで記憶する必要があるのは、適切な順序に並んだ要点のリストだ［‡］（どうも聞き覚えのある話ではないだろうか）。そのための方法を、次の例で学んでいこう。

例：あなたは本格的なスピーチの準備をしているところだ。タイトルは『ラーテルがおかまいなしのあれこれ』［訳注：ラーテルはイタチ科の「世界一怖いもの知らず」とも言われる動物。別名ミツアナグマ］。**あなたが説明したい要点は以下の4つだ。**

①ラーテルは、木の上にヘビがいてもおかまいなし。
②ラーテルは、家じゅうにミツバチがいてもおかまいなし。
③ラーテルは、ミツバチに刺されてもおかまいなし。
④さらにラーテルは、ヘビに「こっちへ来るな！」と追い払われてもおかまいなし［§］。

会場いっぱいの聴衆の前で恥をかくのはなんとしても避けたいので、この4つの要点を正しい順序で1つずつきちんと話せるようにしておきたい。では、ここに出てくるヘビやミツバチといった要素と順番を正確に憶えておくにはどうすればいいのだろう？　そう、あのジャーニー法を使えばいいのだ。それでは実際にやってみよう！

目を閉じて、想像してみよう――ベッドに寝転んでいるあなたは寝室を見回す。足もとには巨大な節くれだった木が立っていて、あちこちに枝を広げている。そのうちの1本の枝があなたの頭上まで伸び、そこにはなんとコブラがぶら下がっている。コブラは鋭い牙と先が割れた舌を見せつけながら、レーザーのような赤い目でまっすぐあなたを睨んでいる。だが、あなたはそんなことにはおかまいなし。ただベッドから起き上がり、部屋を出る。

浴室に行くと、中にあったはずの洗面台やトイレ、シャワーなどがすっかり消えていて、代わりに白い雨戸のついた赤レンガの家が建っている。その家の窓は開けっ放しになっていて、そこからミツバチの群れがどっと溢れ出し、ブンブンと音を立ててあたりを飛び回る。やがてミツバチが追いかけてきたので、あなたは居間へと走って逃げる。

だが居間までたどり着いても、ミツバチを振り切ることはできない。結局あなたは、身体じゅうを刺されてしまう（このとき、1匹のミツバチがシボレー・コルベット・スティングレイに乗って壁から突っ込んでくる様子をイメージしてもいいだろう［訳注：「スティングレイ」が「刺す（sting）」を連想させる］）。それでもラーテルのように、あなたはおかまいなしだ。

次にキッチンに行くと、またさっきのヘビがいる。でも今度は不安そうに縮こまり、隅で丸くなっている。ヘビはあなたを追い払うように腕を突き出して（おかしなヘビだ！）、こう叫ぶ。「こっちへ来るな！」

スピーチの要点を忘れないようにするには、「見る－つなぐ－くっつける！」の3ステップをしっかりと踏むことが重要だ。集中力を注ぎ、視覚化して、それぞれのイメージを各アンカー・ポイントに魔法の接着剤でくっつけ、さらに自分の記憶力を信じるのだ。ただ、ラーテルがそれほどまでにミツ

記憶のジャーニー保存したラーテルについてのスピーチ

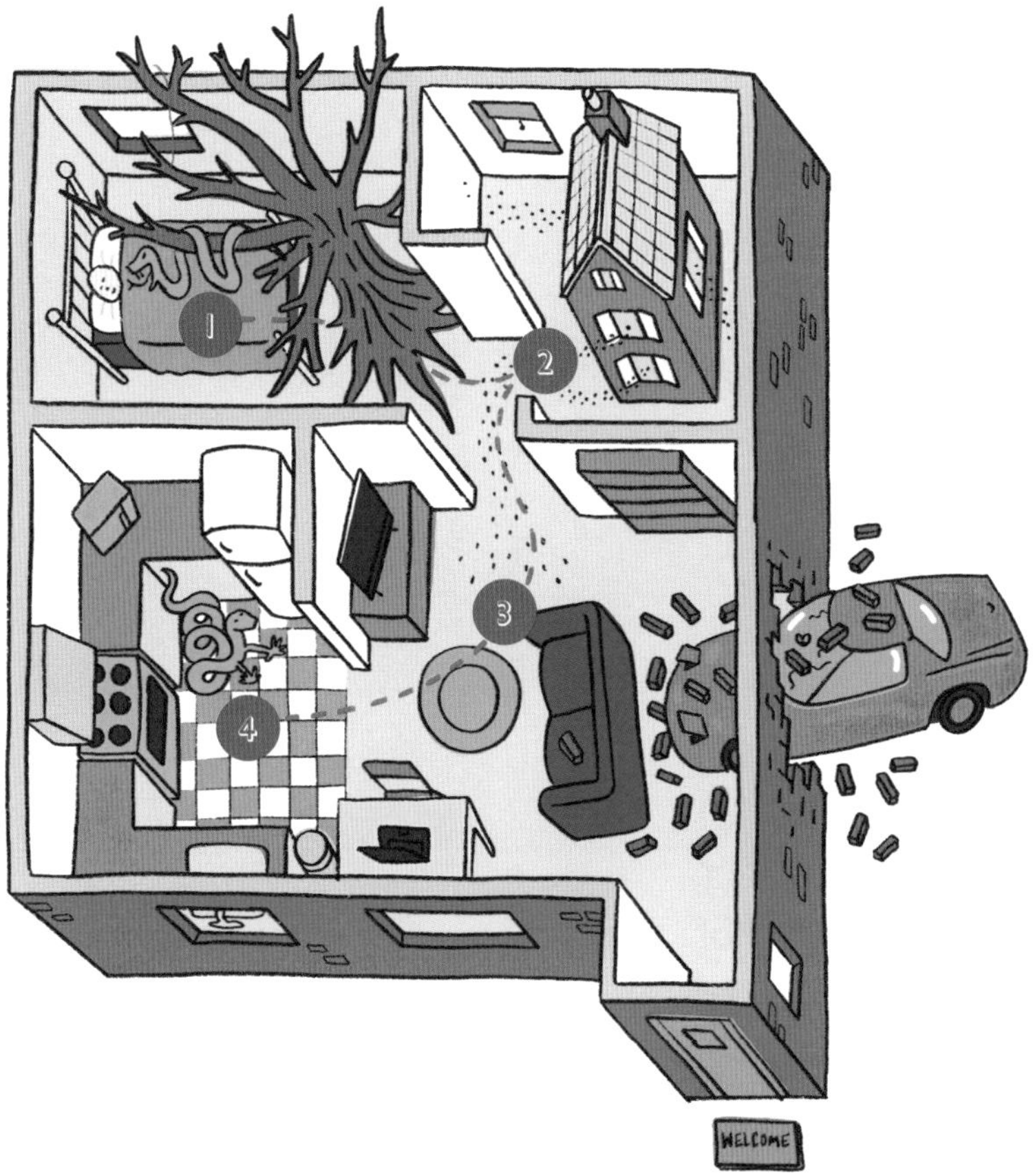

1 寝室：木の上にヘビ（コブラ）がいる

2 浴室：ミツバチの群れが家の窓から飛び出してくる

3 居間：ミツバチに刺される

4 キッチン：ヘビが「こっちへ来るな！」と叫んでいる

バチの群れを恐れない理由を詳しく説明しているうちに、何番目の要点まで話したのかわからなくなってしまう可能性もある。そうなると、次の要点に進もうと思ったときに、記憶を呼び起こすためにまたジャーニーの出発点からたどり直さなければならなくなる。ベッドから出て浴室へ行き、そこに建っていた赤レンガの家のくだりまで話したことがわかったら、次の居間へ移ってミツバチに刺されることで、ようやくスピーチの次の要点が思い出せるというわけだ。これは、完全に内容を忘れてしまうというのとは違うものの、スピーチが途切れてしまえば、あなたの「口演」の評価に傷がつくことにもなりかねない。

要点の順番をたどりやすくするためには、可能なら実際にスピーチを行う会場をジャーニーに用いるといいだろう。そうすればジャーニーが目の前にあるので、空間を頭のなかに思い描く必要がなくなり、脳への負担を多少減らすことができる。その場合、スピーチの要点を意味するイメージを視覚化して、映画『ロジャー・ラビット』のごとく、背景にアニメを重ねるようにして、できたイメージを会場の什器《じゅうき》や備品といったアンカー・ポイントに保存していけばいいだけだ。

「生きるべきか死ぬべきか……問題は何だったっけ？」

詩を記憶するには

場合によっては、スピーチの要点を記憶しておくだけでは不十分なこともある。一語一句を正確に憶えなければならないとき、すなわち逐語的記憶が必要なときがそうだ。たとえば記憶力競技の大会では、句読点や大文字、小文字といった点にいたるまで、正確に詩を記憶しなければならない。映画や舞台などで役を演じる場合にも、台本のセリフを憶えるのにそれとほとんど同じことをしなければならないだろう。そこまで細かく記憶するとなると、比較的短めの文章であっても、かなり長いジャーニーが必要になる。並んだ複数の言葉をチャンク化しても、1文につき、少なくとも1つか2つのアンカー・ポイントを用いることになるはずだ。

また、逐語的記憶の場合には、第5章「その3」でパスワードの記憶方法を学習する際に解説したような、キーボード上の記号を表す視覚化コードに加え、接続詞（「and（〜と）」「or（または〜）」など）や前置詞（「to（〜へ）」「in（〜のなかで）」「at（〜で）」など）、代名詞（「he（彼）」「she（彼女）」など）、冠詞（「a（ひとつの〜）」「the（その〜）」など）といったものを表すための、具体的かつ視覚的な単語コードも必要になってくる（僕が作った「詩・文章の頻出単語コード」については付録を参照してほしい）。さらに想起を口頭での暗唱ではなく、筆記で行う場合には、句読点や大文字を表すコードも必要になる。ただし、それぞれを混同してしまう可能性がない限り、一貫性はさほど問題にならないので、コードはその都度考えてもかまわない。こういった短く抽象的な単語を手早く符号化するには、同じ韻を踏む単語のなかから、その文章にとって不自然なものを選ぶとよい場合もある。たとえば、「and」を「sand（砂）」や「hand（手）」「band（バンド）」に置き換えるといった具合だ。

それでは例として、シェル・シルヴァスタインの詩『One Inch Tall（身長1インチ）』の最初の一節を記憶してみよう。いつもと同様に、どのようなジャーニーを使ってもかまわないのだが、もう少し象徴的なルートを使って説明したいので、マイアミを出発点にして、東海岸を北上しながらワシントンDC、フィラデルフィア、ニューヨーク・シティ、それからボストンへ行き、そこから西へ向かってシカゴ、デンバー、サンフランシスコ、そして最後にロサンゼルスへ行くという、アメリカ横断の旅を用いることにしよう。どの場所も、まさに象徴的な場所がある。順に言うと、マイアミ・ビーチ、ホワイトハウス、自由の鐘、エンパイア・ステート・ビル、ボストン港、シアーズ・タワー（現ウィリス・タワー）、ロッキー山脈、ロンバード・ストリート、そしてハリウッドサインだ。では解説に移ろう（なおこの例では、単語コードに慣れてもらいたいので全文を大文字で表記する）。

例：

IF YOU WERE ONLY ONE INCH TALL, YOU'D RIDE A WORM TO SCHOOL.（もしもきみの身長がたったの1インチだったなら、ミミズに乗って学校へ行ける。）
THE TEARDROP OF A CRYING ANT WOULD BE YOUR SWIMMING POOL.（泣いているアリの涙のしずくはきみのプール。）
A CRUMB OF CAKE WOULD BE A FEAST（ケーキのくずはきっとごちそう）
AND LAST YOU SEVEN DAYS AT LEAST,（7日間は軽くもちそう、）
A FLEA WOULD BE A FRIGHTENING BEAST（ノミは恐ろしいけだものだ）
IF YOU WERE ONE INCH TALL.（もしもきみの身長が1インチだったなら。）

この詩の一節をジャーニーに保存していく前に、まずは詩の世界に入り込んで、その様子を単に思い浮かべるだけでなく、「体験」してほしい。言葉を読みながら頭のなかでそれを再現し、各行の感情に浸るのだ。自分だけのミミズに乗って学校へ行ける自由と誇らしさ。アリが泣いたおかげで涙のプールで泳げるという、他人の不幸を喜ぶ気持ち。ケーキのくずを食べた満足感。そして、ノミへの恐怖心と嫌悪感……。一度読み通したら、まだ記憶を保存しようとはせずに、もう一度読み返してみよう。その際には、各行の構成や韻律、押韻構成などに、より注意を払うようにしてほしい。また、本セクションの最初の項目で説明した「頭文字法」に挑戦してみるのもいいだろう。そうすれば、詩の内容をさらに記憶しやすくなるはずだ。そうして3回目に読むときに、それぞれの単語をイメージに置き換え、いよいよジャーニーのルートに沿って保存していく。

僕からのアドバイス

行の分割方法については、これといって決まったやり方はない。僕の個人的な好みは半分に分けることだが、常にそうするというわけではない。短い行であれば、1行全体を1つのイメージに置き換えるが、長い行であれば、3つか4つに分割することもある。重要なのは、柔軟性をもって、自分が妥当だと思える方法で進めていくことだ。

今回の詩の場合は、各行が少し長めなので、半分に分けて保存していくことにしよう。僕の分割の仕方は以下のとおりだ。

「IF YOU WERE ONLY ONE INCH TALL,（もしもきみの身長がたったの1インチだったなら、）」

ジャーニーの出発点はマイアミのビーチなので、まずはそこにこのフレーズのイメージを組み込んでいこう。これはかなり具体的な内容なので簡単だ。自分がたったの1インチ（2・54センチ）になって、ビーチに立っているところを思い浮かべればいい。ただし、それだけではこのフレーズの要旨しかわからない。そこで具体的な言い回しを押さえるために、「もしも（if）」のイメージを追加しよう。僕は「if」という言葉を見ると、映画版『モンテ・クリスト伯』に出てくるイフ城（Château d'If）

を想像する。ついては、たった1インチの自分とは対照的に、巨大なイフ城がマイアミ・ビーチにそびえる様子をイメージすることにしよう。それに加えて、「たったの（only）」という言葉を確実に憶えていられるように、ビーチには自分が「たった」ひとりでいることを強くイメージする。

もうひとつ留意すべき点は、詩がどのような視点で書かれているかということだ。この詩は二人称で書かれている。すべてが「きみ」についてのことなのだ。これは、詩全体を通して留意しておくべき点だ。残るはコンマだが、これについては本項の冒頭で触れたように、パスワードの記憶方法で学んだ記号の視覚化コードを用いる。詩によく出てくるピリオドも同様だ。僕の場合、コンマを「落ちる／転ぶ」という動作に、ピリオドについては「殺す／刺す」といった血なまぐさい行動に関連付けている（付録の「パスワード用記号コード」を参照）。したがって、僕がこのフレーズの終わりのコンマを憶えるとしたら、たった1インチのちっぽけな自分がイフ城のそばで転ぶ様子をイメージする。

「YOU'D RIDE A WORM TO SCHOOL.（ミミズに乗って学校へ行ける。）」

次のアンカー・ポイントはワシントンDCのホワイトハウス前だ。僕なら、自分がミミズに乗って、豪華な学校のように見えるホワイトハウスに行くのを想像する。さらに、そのそばには黄色いスクールバスが停まり、バックパックを背負った子どもたちが歩いている様子を加えてイメージを補強する。最後のピリオドを憶えるには、記号の視覚化コードを使えばいい。僕の場合、ピリオドは前述したとおり「殺す／刺す」といった血なまぐさいイメージだ。そこで、僕がホワイトハウスの入り口に近づいたとき、スナイパーに撃たれて殺されたことにしよう（あくまで憶えやすくするためのイメージだ！）。

「THE TEARDROP OF A CRYING ANT（泣いているアリの涙のしずくは）」

このフレーズも、イメージするのが簡単なうえに記憶にも残りやすい。3つ目のアンカー・ポイントであるフィラデルフィアの自由の鐘の上で巨大なアリがワーワーと泣いていて、特大の涙のしずくが鐘を伝って落ちる様子をイメージすればいい。ただし、「crying（泣いている）」を「sobbing（泣きじゃくる）」のような強い表現の動詞と混同してしまう可能性もある。そんな不安がある場合には、「crayon《クレイヨン》（クレヨン）」など、「crying《クライング》」と音の似たちょっとしたイメージを追加して、言葉を思い出しやすくするといいだろう。

「WOULD BE YOUR SWIMMING POOL.（きみのプール。）」

次はニューヨーク・シティなので、エンパイア・ステート・ビルの屋上プールに木製のミツバチが浮かんでいる様子をイメージしよう。なぜ木製のミツバチ（wooden bee《ウドゥンビー》）を思い浮かべるのかって？　それは「would be《ウッドビー》」という言葉を思い出せるようにするためだ。大事なのは、各単語をまったくそのとおりに表すことではなく、すべての単語を何らかのかたちで表すことだ（ただし、「きみの（your）」は、繰り返し使われるため、出てくるときには推測できるので例外だ）。それに、このイメージは奇妙でランダムだ。つまり、記憶に残りやすいということだ。もちろん最後のピリオドを表すイメージを追加するのもお忘れなく。

「A CRUMB OF CAKE WOULD BE A FEAST（ケーキのくずはきっとごちそう）」

場合によっては、1行全部を1つのイメージに組み込めることもある。短くてシンプルなこの行がまさにそうだ。そのイメージは次のようになる。ボストン港の水面に巨大なケーキが浮かんでいて、ケーキのくずがこぼれ落ちると、先ほど登場した木製のミツバチがすかさずやってきて、ごちそうにありつく――。もし「ごちそう（feast）」という言葉をイメージするのに手こずるようであれば、代わりに木製のミツバチがケーキのくずを食べながら、ロック・スターのようにこぶし（fist）を高く掲げている様子をイメージするといいだろう（「fist《フィスト》」は「feast《フィースト》」に十分近い音だ）。

「AND LAST YOU SEVEN DAYS AT LEAST,（7日間は軽くもちそう、）」

今度はシカゴのシアーズ・タワーだが、この1行は抽象的で、一語一句をイメージするのが難しい。そこでまた半分に分けてアンカー・ポイントに保存していくことにしよう。

「AND LAST YOU」

「and（～と）」と「or（または～）」という対照的な意味を持つ接続詞には、同じく対照的な視覚化コードをあらかじめ用意しておくと役に立つ。僕の場合、「and」のイメージは円、「or」は正方形だ。そこで僕が作るイメージはこうなる。シアーズ・タワーの前で円形の台の上に立ちながら、ビルに入るための行列の最後尾（last）に並んでいる。すると、僕の出身大学であるマイアミ大学――別名「The U」（「you」と同じ音だ）――のロゴがビルの壁に映し出される。

「SEVEN DAYS AT LEAST,」

次のデンバーのアンカー・ポイントはロッキー山脈だ。そこで僕ならまず、自分がロッキーの雄大な山の頂で、ブーメラン（形態法による「7」のイメージ）を「デイ・オー（Day-O）」［訳注：『バナナ・ボート・ソング』という題名でも知られるジャマイカの労働歌の出だし部分］と歌いながら投げるところを想像する。「at least」の部分については……そろそろあなた自身でイメージを考えてみてほしい。最後のコンマは、僕の場合、前述したように「落ちる／転ぶ」という動作を表すので、ブーメランが弧を描きながら山から落ちるところを思い浮かべればいいだろう。

「A FLEA WOULD BE A FRIGHTENING BEAST（ノミは恐ろしいけだものだ）」

残るは2つ。ここではまず、サンフランシスコのロンバード・ストリートで、フリー（Flea：ロック・バンド「レッド・ホット・チリペッパーズ」のベーシスト。ノミのことを意味するこのニックネームは、飛び跳ねながら演奏する彼のパフォーマンスに由来する）が木製のミツバチに刺されるところをイメージしよう。するとフリーは、「恐ろしいけだものだ!!」と繰り返し叫びながら、くねくねと曲がるこの有名な坂道を駆けおりていくというのはどうだろう。

「IF YOU WERE ONE INCH TALL.（もしもきみの身長が1インチだったなら。）」

最後は、ロサンゼルスのハリウッドサインだ。この行は、「たったの（only）」の部分がないことを除けば最初の行とほぼ同じなので、ハリウッドサインの下にまったく同じ光景をイメージし、今回は自分以外にも人がいることにすればいい。最後のピリオドについてはもうおわかりだろう。そう、何か血なまぐさいイメージを加えよう！

これでイメージは完成だ。次は詩を見ずに、すべてのイメージを思い出せるか試してみよう。なかには、正確に思い出せるものもあれば、そうでないものもあるだろうが、少なくとも各アンカー・ポイントに保存した大まかなイメージは思い出せるはずだ。それでなんら問題はない。正確に思い出せるようになるまで、ジャーニーを初めからたどり直してみればいいだけだ。

『One Inch Tall（身長1インチ）』
の最初の一節

ここから出発！

IF YOU WERE ONLY ONE INCH TALL,
（もしもきみの身長がたったの1インチだったなら、）

YOU'D RIDE A WORM TO SCHOOL.
（ミミズに乗って学校へ行ける。）

THE TEARDROP OF A CRYING ANT
（泣いてるアリの涙のしずくは）

WOULD BE YOUR SWIMMING POOL.
（きみのプール。）

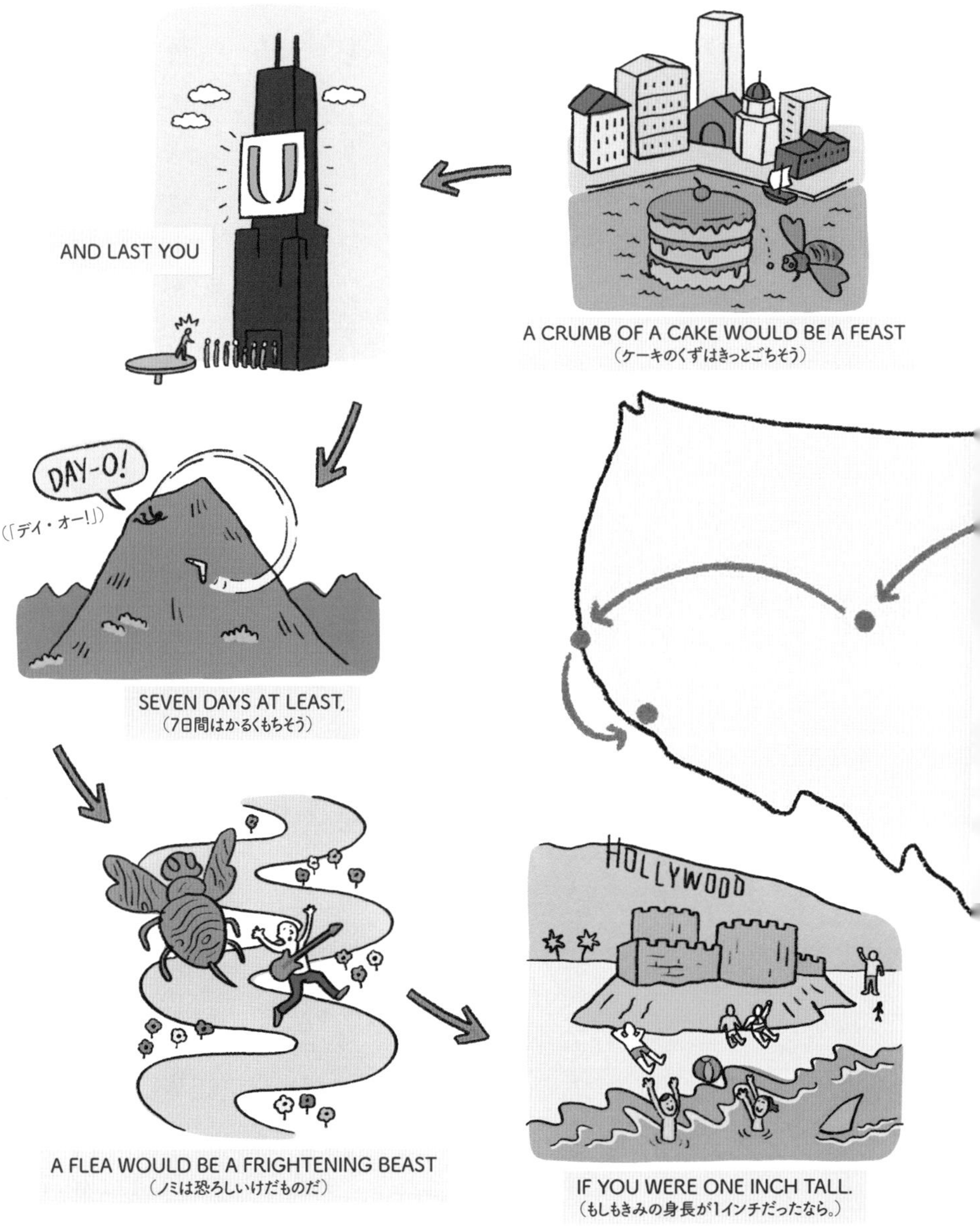
A CRUMB OF A CAKE WOULD BE A FEAST
（ケーキのくずはきっとごちそう）
AND LAST YOU
DAY-O!
（「デイ・オー!」）
SEVEN DAYS AT LEAST,
（7日間はかるくもちそう）
A FLEA WOULD BE A FRIGHTENING BEAST
（ノミは恐ろしいけだものだ）
HOLLYWOOD
IF YOU WERE ONE INCH TALL.
（もしもきみの身長が1インチだったなら。）

僕が詩を保存したジャーニーを初めてたどり直してみるときに欠かさずするのは、想起した内容を書き出すことだ。逐語的記憶の場合、細かなディテールが非常に多く含まれているので、この段階でそれを書き出すという別の側面からの視覚化作業を加えることが、想起の助けになることに気づいたからだ。その際に僕は、どこかでつまずいて確認が必要になったときのために詩の原本を手もとに置いてはおくものの、極力見ないようにしている。そうして一度か二度書き出せば、詩はたいてい頭のなかにしっかりと定着しているからだ。

とはいえ、どんな方法がいちばん適しているかは人によってそれぞれだ。記憶するチャンクを短くしてみたり長くしてみたり、ところどころの重要なフレーズは丸暗記も併用して記憶してみたりと、いろいろと試して自分に最も合った方法を見つけてほしい。

ただし、スピーチや詩を一言一句記憶できたとしても、それをスムーズに暗唱できるかというと、必ずしもそうではない。憶えておいてほしいのは、こういった記憶術は情報を手早く憶えるためのものであり、必ずしもすばやく想起できるようにしてくれるものではないということだ（少なくとも最初のうちは）。けれども、情報をひとたび脳に入れてしまえば、どこでも好きなだけ復習をすることはできる。なにせ、ジャーニーをたどり直すだけでいいのだから［¶］。

スムーズな「口演」をしたいのであれば、「記憶」だけではなく、修辞学の5つの規範をすべて練習する必要がある。それには反復が不可欠だ。だが、声に出して何度もスピーチや詩を復唱し続けるうちに、やがてそれが、まるで何百回も繰り返し歌ったことのある歌のように、ひとつの流れるような記憶となる。そうなれば、全体的な枠組みは頭のなかに常に入っているので、途中でつまずくことがあったとしても、ほとんど言いよどむことなく軌道修正して、また話を続けられるようになるのだ。

その2 言語を記憶する

言葉というのは、僕らが話すこと、書くこと、聞くことすべてに不可欠だ。新たな単語や、新たな概念、新たな言語を学ぶ必要性は常について回る。前のセクションでは、「見る－つなぐ－くっつける！」のステップを使ってスピーチや文章を記憶する方法について学習したが、実は母国語や外国語のボキャブラリーを増やすのにも同じステップが役立つ。そこで本セクションでは、新たな単語を記憶する方法について解説していこう。

「辞書はどこだ?」

単語とその定義を記憶するには

まずは母国語の単語から始めよう。新たな単語とその定義を記憶する方法は、「名前と顔」の記憶で用いたテクニック（第3章「その3」を参照）に近い。名前と顔を憶えるときのように、単語と定義を「見る」ことでイメージに置き換え、それぞれのイメージを「つないで」、「くっつける！」のだ。こうしたプロセスは、方程式を作る作業にも似ている。つまり、イコール（＝）の左側（本書では上側）には憶えたい単語のイメージを、右側（本書では下側）にはその定義のイメージを置き、両者をしっかりと結びつけるわけだ。

イメージに置き換える際に、左側（上側）は単にその単語から連想を膨らませればいいだけなので特に問題はないだろう。だが右側（下側）については、定義が長くなればなるほどちょっとしたスキルが必要になる。その際に役立つのが、前のセクションで学んだスピーチの要旨的記憶だ。要するに、一語一句を記憶するのではなく、定義の意味を十分把握できるようなキーワードをいくつか選び、そのチャンクを1つのイメージに置き換えるのだ。これができたら、あとは左側（上側）のイメージと「つないで」、「くっつける!」だけだ。そうすると、両者がアンカーの役割を果たすので、単語または何らかの定義を聞いたときに、方程式の反対側にあるものを思い出せるようになる。ここからわかるように、単語と定義の場合、アンカーが双方向に作用するので、実のところ「名前と顔」のテクニックよりも強固なものだと言える。

やってみよう

例1：「ガーデローブ（garderobe）＝中世のトイレ、野外トイレ[**]」を記憶するには

「ガーデローブ（garderobe）」という単語から、僕はガーター（garter。花嫁が足につけているかもしれないセクシーなあれだ）とガウン（robe）を連想する。そこから思い浮かべるイメージは、下にガーターだけをつけ、ガウンを着た官能的でセクシーな女性だ。次は、方程式の右側（下側）にくる「中世のトイレ」だが、これはもうほぼそのままで、中世の古くて汚いトイレをイメージすれば十分だろう。あとは「つないで」、「くっつける!」だけだ。幸い今回は、簡単に記憶に残りやすいイメージが作れる。足にガーターをつけ、ガウンを羽織ったセクシーな女性が、気分が悪くなるほど汚いトイレに座って用を足している――。これでも何か足りないようなら、あなたの好きなように脚色を加えてみてほしい。

例2：「うぬぼれが強い（vainglorious）＝自分の能力や業績に強すぎるほどのプライドを持っていたり、それを見せつけたりすること」を記憶するには

この単語（vainglorious）の響きは、その定義にぴったりだ。とはいえ、定義の目星をつけられるだけの知識はないものとして考えてみよう。そこでまず、額に大きく血管（vein）が浮き出している人を思い浮かべるのはどうだろう。あまりにもくっきりと浮き出ていて、見事な（glorious）ほどだ！右側（下側）の定義は少し長いので、「プライドを見せつける（showing too much pride）」というところを使うことにしよう。僕にとっては「プライド（pride）」という言葉は抽象的すぎるので、そこから形あるものをイメージして、「ライオンの群れ（pride of lions）」を使うことにする。これらを「つないで」、「くっつける！」と、こんなイメージができあがる。額に血管が見事なまでに浮き出て

いる人が、ライオンの群れにそれを見せつけてしまった（showing it too much to this pride of lion）。ひどく血に飢えているライオンたちは、その見事なまでに血がたっぷりと流れる血管に、今にも襲いかかってきそうだ！

例3：「身内殺し（fratricide）＝自分の兄弟や姉妹を殺す犯罪行為」を記憶するには

僕はこの単語（fratricide）から、大学の友愛会館（frat house）で、大勢の未成年者にアルコール入りのシードル（cider）がふるまわれている様子を連想する。右側（下側）の定義からイメージするのは、想像するのもおぞましいが、自分の兄や姉が殺されている場面だ。この2つのイメージを「つないで」、「くっつける！」とこうなる。友愛会館ではシードルをふるまって、僕の兄や姉を含む多くの兄弟姉妹を歓迎している。だが不幸にも、そのシードルは毒入りだったため、友愛会館は兄弟や姉妹の殺人現場と化した――。これはかなり陰惨なイメージだが、それでもときにはこうしてイメージを際立たせることも必要なのだ。

ここで紹介したテクニックを使うと、新しい単語の学習もスムーズになるはずだ。SATやGRE［訳注：アメリカの大学や大学院へ進学するための試験］のために1冊分の単語をまるまる記憶しなければならないとしても、何度かしっかりと取り組めば片付けてしまえるだろう。手早く簡単に進めるための秘訣は、定義を逐語的に記憶しようとせずに、その意味を認識するのに必要なキーワードだけを憶えるようにすることだ（もちろん、ハードルは少し高くなるが、定義を逐語的に記憶することも可能だ。その方法については、前のセクションで詩の記憶に使ったアプローチを参照してほしい）。

「Qu'est-ce que c'est?」
外国語の単語とその定義を記憶するには

それでは外国語の単語の場合はどうだろう？　僕に言わせれば、母国語の単語を憶えるよりも簡単だ。なぜなら、方程式の左側（上側）に置く単語のイメージは自由に膨らませられ、いくらでも突飛なイメージを作ることができるからだ。これは、その単語の意味や形についての固定概念がないからできることであり、だからこそ突飛なイメージを作る必要があるとも言える。僕はフランス語のネイティヴなので（僕の両親はフランス系ベルギー人だ）、ここであなたにフランス語のとりわけ美しい単語をいくつか教えることにしよう。

やってみよう

例1：「chou＝キャベツ」を記憶するには

「chou」（「シュー」と発音する）は、僕が幼い頃から聞きなじんでいるチャーミングな言葉だ。というのも、僕の両親は愛情表現として、お互いをそう呼び合っていたからだ。「キャベツ」と呼び合うのが愛情表現だなんて不思議に思うかもしれないが、フランス人にとってはとてもかわいらしい響きの言葉なのだ。

「chou」は英語の「shoe（靴）」と同じ音で、「キャベツ」を意味するので、その2つを「つないで」、「くっつける！」と、靴でキャベツをボロボロになるまでドカドカと踏みつけるというイメージが作れる。決してかわ

いらしいイメージではないが、記憶には残るはずだ［††］。

例2：「baleine＝クジラ」を記憶するには

「baleine」（「バレーン」と発音する）は、エレガントで、軽くてふわふわした響きがする、とても美しい言葉だ。だからこそ、これが大柄で奇妙な形をしたクジラを意味する言葉だと知ると、衝撃を受けるに違いない。「baleine」の発音は、「baloon《バルーン》（風船）」に似ている（まったく同じ音の単語でなくても、近い音でイメージ化しやすい単語であれば問題ない）。そこで、これとクジラを方程式で結びつけると、次のようなイメージが作れる。空気を入れて風船を膨らませていくと、やがてそれが特大の生きたクジラと化した——。不気味だが、やはり記憶には残るはずだ。

例3：「tournesol＝ひまわり」を記憶するには

「tournesol」（「トゥールヌスル」と発音する）は直訳すると、「太陽（soleil）に向かって回る（tourner）」という意味になる。実際、ひまわり畑で観察していると、その多くが太陽の動きに合わせてつぼみや花の向きを変えるのがわかる。とても壮大な眺めだ。「tournesol」という音から僕が連想するのは、「tournament《トーナメント》 of《オヴ》 soul《ソウル》（ソウルのトーナメント）」という言葉だ。そこで、音楽番組

『ソウル・トレイン』［訳注：一般の視聴者が音楽に合わせてダンスを踊るコーナーが人気を博したアメリカの長寿番組］のような、ソウル・ダンスのトーナメントが行われている様子をイメージしてみよう。ダンス優勝者に贈られるものはなんだろう？　もちろん、ひまわりだ！

例4：「pamplemousse＝グレープフルーツ」を記憶するには

「pamplemousse」（「パンプルムース」と発音する）は、僕には「pumping a moose《パンピングアムース》（ポンプでヘラジカに空気を入れている）」と聞こえる。そこから、大きなポンプ（空気入れ）を使ってヘラジカにグレープフルーツを入れている様子がイメージできる。ヘラジカの体のなかにグレープフルーツをまるごと注入するのだ。そんなバカな！　そのとおり。バカバカしくて、とてもいいイメージに仕上がった。

例5：「vachement＝とっても／ものすごく」を記憶するには

「vachement」（「ヴァシュモン」と発音する）は、僕がものすごく好きな言葉だ。間が抜けていると同時に表情豊かな言葉だからだ。フランス語のネイティヴ・スピーカーの会話に注意深く耳を傾けていると、どこへ行ってもカジュアルな会話のなかに、この言葉が散りばめら

れているのがわかる。直訳すると「牛（vache）のように」［訳注：mentは副詞を表す接尾辞］という意味になるが、強調を表す言葉として使われており、たとえば「vachement bien」なら「ものすごくいい」という意味になる。「vachement」と聞くと僕は、「rash-man《ラシュ・メン》（発疹のある男）」のジャマイカ訛りである「rash-mon《ラシュ・モン》」を連想する。もちろん、「rash」と「vash」とでは頭文字が異なるが、それでも十分に近い音だから問題はない。発疹だらけのジャマイカ人の男をイメージすれば、「rash-mon」が簡単に連想できる。それを方程式の右側（上側）にくる定義と結びつけるには、「ものすごく」ひどい発疹があると強調を加えればいいだろう。見たこともないほど「とっても」ひどい発疹だ。つまり、「ものすごく（vachement）ひどい発疹のある男（rash-mon）」となる。

このスキルを用いれば、膨大な量の外国語の単語を、ごく短期間のうちに記憶することも可能だ。もちろん、単語をたくさん憶えたからといって、すぐにその言語に堪能になれるわけではないが、ある程度まとまった数の単語を知っていなければ、言語をマスターすることができないのもまた事実だ。それには、習得したい外国語の頻出単語を数千語憶えるといいだろう。たとえばフランス語であれば、頻出単語を２０００語ほど知っているだけで、およそ80％の本を読解できるようになる。

あなたも外国語を学習する際には、ここで紹介した単語と定義の記憶テクニックをぜひ活用してほしい。間違いなく、ある一定のレベルに達することができるはずだ。ただし、言語によっては名詞の性別（フランス語やイタリア語には女性名詞と男性名詞がある。これに加えて、ドイツ語やロシア語には中性名詞もある）といった複雑な特性を持つものもあるので、それを単語に追加する際には少し工夫を凝らす必要が出てくる。でも大丈夫。もし女性名詞か男性名詞かを区別して記憶したいのであれば、定義のジャンルごとに男女別の2つの「場所」を用意し、そこに各単語を保存するようにすればいい（これには具体的なルートではなく、ただ場所さえ設定すれば十分だ）。たとえば、女性名詞の食べ物（フランス語の「fraise（いちご）」「framboise（ラズベリー）」など）なら、子どもの頃に行ったことのある農園の小屋のなかに入れ、男性名詞の食べ物（フランス語の「chou（キャベツ）」「pamplemousse（グレープフルーツ）」など）なら、その小屋の外に置くようにするといった具合だ。あるいは、男女別の2つの「家」を用意して、食べ物に関連する女性・男性名詞をそれぞれの家のキッチンに収納するというのもいいだろう。同様にしてほかの部屋や家具なども利用すれば、さまざまなジャンルの単語を家のなかにコンパクトに収めることができる。

その3　その他いろいろ

世に知られている記憶法をすべて網羅するとなると、とてもじゃないが1冊には収まりきらない。したがって、あいにくどこかで終止符を打たなければならない。とはいえ、僕が皆さんにお伝えしたいさまざまな記憶法については、これまでのところでおおむねカバーすることができた。あとは、いくつかの実用的な物事を記憶する方法と、トランプ記憶のテクニックを残すのみだ。そこで、脳全般の健康について解説する最終章に移る前に、それらの記憶法を紹介しておこう。

「パリ？　えーっと……スペインだったかな？」

国と首都を記憶するには

国と首都を記憶するプロセスは、単語とその定義を記憶するのとほとんど同じ——いや、それよりも簡単だ。方程式の右側（下側）にくるのは定義のような複数の単語からなる文章ではなく、1つの単語（首都）だけだからだ。お望みなら、国連に加盟している193カ国すべての首都を短時間のうちに憶えてしまうことだってできるが、ここでは5つの例を示しておこう。

例1：「アフガニスタン（Afghanistan）＝カブール（Kabul）」を記憶するには

アフガン・ハウンド（Afghan Hound。あの鼻の尖った毛の長い犬はご存じだろう）が「ドカーン（kaboom《カブーン》）！」と破裂し、雄牛（bull《ブル》）に姿を変える（kaboom-bull = Kabul）。

例2：「モンテネグロ（Montenegro）＝ポドゴリツァ（Podgorica）」を記憶するには

山が生えてきた（mountain《マウンテン》 growing《グローイング》 = Montenegro）。なんと、豆のさや（pod《ポッド》）からだ。それと一緒に、はらわたや血のかたまり（gore《ゴア》）も溢れ出してきた（pod-gore = Podgorica）。

例3：「エストニア（Estonia）＝タリン（Tallinn）」を記憶するには

石（stone《ストーン》 = Estonia）を、とても背の高い巨人（tall《トール》 = Tallinn）に投げつける。

国と首都を記憶するには

例4：「アイスランド（Iceland）＝レイキャビク（Reykjavik）」を記憶するには

溶けかけた氷（ice）《アイス》がのった熊手（rake）《レイク》で、床に散らばった「ヴィックス（Vicks）のど飴」を片付ける（rake-vic＝Reykjavik）。

例5：「ホンジュラス（Honduras）＝テグシガルパ（Tegucigalpa）」を記憶するには

ホンダ（Honda＝Honduras）・シビックを運転するタクシーの外国人運転手が、ケルプフィッシュ〔訳注：岩礁域に生息する海水魚〕でいっぱいの池に連れていってもいいかと尋ねてきた（take-you-see-kelp《テイク・ユー・シー・ケルプ》＝Tegucigalpa）。

「ヘイスティングズの戦いはいつだったっけ？」

史実の日付を記憶するには

史実の日付を憶えるのも、基本的に単語とその定義を記憶するプロセスと同じだ。ただし、方程式の左側（上側）には数字（年あるいは年月日）が入ることになる。とりわけ優れた数字記憶のテクニックを身につけた僕らにとっては、数字を伴うどんな情報を記憶するのだってお手のもののはずだ。

例1：「1066年、ヘイスティングズの戦い」を記憶するには

ヘイスティングズの戦いは、ノルマンディーによるイングランド征服の始まりにつながった有名な戦いで、イギリスの子どもたちは中学でこの日付を暗記させられる。「1066」のイメージを作るには、メジャー法を使ってみよう。僕なら、「食べる（10＝eats）」と「判事（66＝judge）」に符号化し、大慌てで（hastily《ヘイスティリィ》＝Hastings《ヘイスティングズ》）、むしゃむしゃと判事を食べる様子をイメージする。そこに、ノルマンディー軍を率いたのがウィリアム征服王であったという情報を付け足すのなら、僕ではなく、俳優ウィリアム・シャトナーが、戦場で判事を征服して食べてしまうイメージに変えればいい。さらに踏み込んで、戦いが行われた10月14日という日にちも加えてみよう。日付を記憶する方法については、第5章でいくつか学習したはずだ。今回は10月を色でイメージし（僕はハロウィーンのカボチャからオレンジをイメージした）、「14」についてはメジャー法を用いて「tear（涙）」という単語を使ってみよう。これを1つにすると、「オレンジ色の涙」になるので、食べられている判事からオレンジ色の涙がこぼれているというイメージが作れる。これで完成だ！

ウィリアム・シャトナーが大慌てで食べている
判事の目からオレンジ色の涙がこぼれている
＝
1066年10月14日
ヘイスティングズの戦い
ウィリアム征服王

例2：「1860年11月6日、アブラハム・リンカーンが大統領選挙に勝利」を記憶するには

　1860年は、メジャー法を使うと「頑丈な（tough＝18）靴（shoes＝60）」に符号化できる。そこで選挙に勝利し、壇上で演説するリンカーン大統領に向かって、がっしりとした頑丈な靴が投げつけられる様子をイメージしてみよう。日付の11月6日を加えるには、僕だったら11月には色を使い（秋っぽいので茶色だ）、「6」については形態法を使ってゴルフクラブを当てはめる。ここから僕が思い描くイメージはこうだ。勝利の演説をしているリンカーン大統領に向かって、頑丈な靴を茶色いゴルフクラブで思いっきり打つ――。なかなかいいイメージに仕上がったのでは？

ここで、4桁の年の史実を記憶するのに役立つ別の方法をひとつ紹介しておこう。まずは、それぞれの世紀を象徴するような、実在あるいは架空の「場所」を選ぶ。1800年代であれば映画『ワイルド・ワイルド・ウエスト』の酒場、1100年代なら中世の城、1900年代ならエッフェル塔といった具合だ。次に年の下2桁を、これまでに学んださまざまなツールを使ってイメージに置き換える。そして、そのイメージと史実のイメージをつなぎ合わせ、それを該当する世紀の場所に配置するのだ。同じ世紀の複数の年を記憶する場合でも、同じ場所にそれぞれのイメージを保存してかまわない。したがって各世紀を表す場所には、いくつものイメージを保存できるよう広い空間を確保すべきだ。それでは次の3つの架空の年の出来事を例に、実際にこの方法を使ってやってみよう！

例3：

「1845年、宇宙人が地球でダンスをした」
「1906年、女王が斬首された」
「2011年、空飛ぶ車が発明された」

1800年代にはアメリカ西部の酒場を、1900年代にはエッフェル塔を、2000年代には宇宙（未来的なイメージがしてぴったりだ）を「場所」に使うことにしよう。年の下2桁については、僕のPAOリストの「人」を用いることにする。すると、次ページに示したようなイメージが作れる。

1845年

宇宙人のいる酒場で、デューク・エリントン（45＝DE）がミニチュアサイズの地球に乗って踊っている。

1906年

エッフェル塔の上で、スティーブ・ジョブズ（06＝OS：Mac OS X）が女王を斬首している。

2011年

宇宙でアンドレ・アガシ（11＝AA）が空飛ぶ車に乗っている。

「生まれた日は何曜日？」カレンダーを記憶するには

どの日付が何曜日かを思い出すには、ちょっとしたアルゴリズムが使える。「ドゥームズデイ」と呼ばれるものだ。実は、これは記憶術と呼ぶほどのものでもない。記憶を必要とするのは、「年／月／曜日」の数字コードだけだからだ。年の数字コードは、例として２０１６〜２０２０年の５年間を取り上げると、次のようになる。

２０１６年	0
２０１７年	1
２０１８年	2
２０１９年	3
２０２０年	5

月の数字コードについては、次のとおりだ（簡単な記憶方法付き）。

1月（January）	5	雪が5インチ積もっている
2月（February）	1	いちばん日数の少ない1カ月
3月（March）	1	行進（march）する1人の男
4月（April）	4	「April」にも「4（four）」にも「r」が入っている

5月（May）	6	もしラッキーなら、セックスできるかも（MAYbe if you are lucky, you'll have sex［=six］）
6月（June）	2	6月は暑すぎる（June is way too［= 2］hot）
7月（July）	4	7月4日は独立記念日！
8月（August）	0	突風（GUST of wind）が、楕円形の穴（「0」のイメージ）を吹き抜ける
9月（September）	3	アメリカでは新学期が始まる。3歳児が幼稚園へ入園！
10月（October）	5	ハロウィーンに恐ろしいオバケが5匹いる
11月（November）	1	冬の寒さが始まる1番目の月
12月（December）	3	クリスマスの3賢王

最後は、曜日の数字コードだ。

日曜日	0または7
月曜日	1
火曜日	2
水曜日	3
木曜日	4
金曜日	5
土曜日	6

それではやってみよう。これには、ごく簡単な計算が必要となる（本当にごく簡単な計算だし、その見返りもとても大きいので、算数が苦手な人もここで諦めないでほしい）。足し算をするときには、答えが7に達するたびに0に戻るのがルールだ（この計算では、7は0に等しいとみなすのだ）。たとえば、2と2を足せば4になる。当たり前だ。だが、「4＋4」は普通なら答えは8になるのに、この計算の場合、8は7より1つ多いので、答えは「1」になると考えるわけだ。28のようなもっと大きな数なら、それを単純に7で割って「余り」の部分が答えになる。つまり、答えは4余り「0」だ。

実際のカレンダーの曜日計算は、以下のような手順で進めていく。

---

①年の数字コードを見つける。
②月の数字コードを見つける。
③日にちの数字は、1〜6まではそのまま使い、7以上は前記の足し算のルールに従う。
④年、月、日の3つの数をすべて足す（必ず7で割り、その「余り」を答えとして使う）。
⑤算出された数（0〜6のいずれか）をもとに、曜日の数字コードから曜日を割り出す。

例1：「2017年2月4日」の曜日を知るには

①2017年の数字コードは「1」
②2月の数字コードは「1」
③日にちは「4」
④1＋1＋4＝6

⑤「6」は土曜日。２０１７年２月４日は、土曜日だ！

例２：「２０１９年12月25日」の曜日を知るには

①２０１９年の数字コードは「3」
②12月の数字コードは「3」
③日にちは「25」なので、7で割ると、答えは3余り「4」
④3＋3＋4＝10なので、これをさらに7で割ると、答えは1余り「3」
⑤２０１９年のクリスマスは「3」、つまり水曜日だとわかる。

僕からのアドバイス

ひとつ留意しておいてほしい点は、うるう年（2月29日がある年）についてだ。２０１６年も２０２０年もうるう年にあたる。その場合、1月と2月に限っては、答えから1を引いた数字をもとに割り出すこと。

では歴史上のあらゆる年について、この曜日計算をできるようになりたいとしたら、どうすればいいのだろう？　それには記憶と計算がもう少し必要になるので、詳しくは僕のウェブサイト「www.nelsondellis.com/memorize-the-calendar」を参照してほしい。

「ハートのエースに、ダイヤモンドのキング……」

ランダムに並んだトランプ1組の順番を記憶するには

最初にこの本を手に取ったとき、実用的なこまごまとした物事の記憶法などはすっ飛ばして、最後に紹介されている、とびきり面白そうだけど実用性はほとんどない、ちょっとした記憶テクニックについて知りたくてうずうずしていた人も多いのではないだろうか。そう、お楽しみは最後までとっておいた。お待ちかねのトランプ記憶だ。

その解説に入る前に、この記憶テクニックに関してぜひとも知っておいてもらいたいことがある。トランプ記憶は、あなたが思うよりも有用なスキルだということだ。確かにミーティングやテストで使えるわけではないし、ブラックジャックをプレイするときに役立つものでもない。だが**トランプ記憶は、記憶能力を向上させる大きな助けとなるとともに、自分の記憶レベルを測るよい指標ともなる。**さらに、腕を上げていくと自分の記憶力に自信がついてくるだけでなく、気を散らせるものを遮断するのもうまくなっていく。トランプ記憶が役に立つのは、パーティでこの芸当を披露するときだけではないのだ。しかも、この記憶テクニックは驚くほど簡単に練習することができる。なにせ、トランプ1組と自分の頭さえあればいいのだから。

だが、練習が簡単にできるからといって、トランプ記憶を簡単にマスターできるというわけではない。その点を誤解しないでもらいたいのだが、なかにはトランプ記憶は簡単なはず、と思っている人もいるようだ。その理由は、トランプについている特徴的なさまざまな種類の記号が、記憶にとって肝心な視覚に訴えるものに見えるからだ。しかし実のところ、トランプの記号はどれも、見分けにくい抽象的な情報が何層にも重なったものでしかない。52枚すべてのカードを一度にじっと見つめるとなると、特にそう感じる。そこで具体的なテクニックを学ぶ前に、まずはカードを5枚だけ使って試してみよう。あなたは下に掲載したカードを、並びの順も間違えずに憶えられるだろうか？

カードを20秒ほど見つめたら、一時的に気持ちをそらすために、何か別のことをしてほしい。メールをチェックするのでもいいし、空想にふけるのでもいい。要は何か別のことをしてワーキング・メモリーからトランプの記憶を消し去り、しっかりとしたかたちで脳に記憶を保存できたかどうかを確認したいのだ。

それでは再開しよう。まずはトランプを見ないようにして、5枚のカードを順番どおりに思い出せるか試してみてほしい。それが終わったら答え合わせだ。結果はどうだっただろう？　カードの数を10倍（正確には10・4倍）に増やしても記憶できそうな気がするだろうか？　どちらにしても心配はいらない。あなたならきっとできる。そのためには今までに学んだ記憶法と同様に、それ専用のシステムが必要だ。1組のトランプを準備したら、さっそく取りかかるとしよう！

PAO再び参上

ここで再び、前章「その2」で学んだPAOシステムの登場だ。やり方は、「人－行動－物」からなる2桁の固定リストを作ったときとほぼ同じだ。しかも、すでに作ってあるPAOリストの「人」を一部使い回すことだってできる。というのも、ハート（heart）、クラブ（club）、ダイヤ（diamond）、スペード（spade）という4つのマークの頭文字――H、C、D、S――が、PAOコード上にもあるからだ。たとえば「68」の人がスティーヴン・ホーキング（SH）ならば、ハート（H＝8）の6に使い［訳注：英語では日本語とは逆に「6のハート（6 of hearts）」という順番になるため、「68」が「ハートの6」になる。以下の例も同様］、「93」がニコラス・ケイジ（NC）なら、クラブ（C＝3）の9に使うといった具合だ。数字（1から10まで）のカードに人物を割り当てる方法はほかにもあるが、とりあえずその説明は置いておいて、絵札に焦点を当ててみよう。

トランプは手もとに準備できているだろうか？　そこから12枚の絵札――キング（K）とクイーン（Q）とジャック（J）――を抜き出したら、まずは各カードを見て、直感的に連想できる人物はいないか考えてほしい。すべてのカードから連想できなくても大丈夫だ。僕の場合、最初に目についたのは3枚だけだった。クラブのキング（タイガー・ウッズ。ゴルフクラブを振るキングだからだ）と、ハートのキングとクイーン（僕が心から愛する父と母）だ。最初にこうした手順を踏むのは、あなたにとって意味のあるカードを見つけるためだ。そういったカードなら、ひと目見ただけで瞬時に関連する人物を思い出せるはずだ。要するに、天井を見上げて「キングはKで、ハートはHだから、『KH』だな。『K・H』のイニシャルの人物は……」というふうに考えずにすむのだ。

直接連想で思いつく限りの人物が決まったら、次は残りのカードを表す人物を考える番だ。PAO

システムがお好みならそれを使ってもいいが、ファーストネームがQで始まる人物を4人分考え出すのは至難の業だ。したがってクイーンについては、MやRなど、別のアルファベットを使ったほうがいいだろう。それよりも僕がお薦めしたいのは、各マークにそれぞれカテゴリーを割り当てるという方法だ。そして、キングとクイーンにはそのカテゴリーのトップにいる人物を、ジャックには若い世代や2番手にいる人物を当てはめていく。きっとこの方法のほうが、よりよい連想ができるだろう。次ページに掲載した図表が、その例だ。

カテゴリーについては、僕がそこで示したものと同じである必要はない。スポーツにあまり詳しくなくて、簡単にイメージできる具体的な選手が思いつかなくても、もっと得意なカテゴリーを設定すればいいだけだ。あなたがよく知っている分野で、かつ特徴ある「人」「行動」「物」によってはっきりと区別できるカテゴリーならば、どんなものでもかまわない。たとえばギリシャ神話が得意なら、それに合うマークを選んで（スペードなら山の形に似ていて、オリュンポス山を思わせる）、ゼウスをキングに、ヘーラーをクイーンに、そしてアポロをジャックにするというのもいいだろう。そうしてすべての絵札を表す人が決まったら、次はそれぞれに行動と物を割り当てていく。この手順については前章で十分に学習したので、もし必要があれば見直して、あなた自身の力で進めていってほしい。

12枚の絵札の「人 - 行動 - 物」が決まったら、1枚1枚めくりながら、それぞれに割り当てた人と行動と物を1つに組み合わせたイメージを作っていこう。トランプ記憶を始めるにあたっては、このようにして作成した各カードのイメージをしっかりと思い出せるようにしておくことが大切だ。各カードのイメージを視覚化するコツがつかめてきたら、次は練習用の短いジャーニーを選ぶ。各アンカー・ポイントには、3枚のカードをまた1つのイメージ（人 - 行動 - 物）にして保存していくので、必要なポイントの数は4つだけだ。それが決まったら、カードを切って最初の3枚のカードを目の前に並べ、

ハート＝「愛する人々」

ハートのキング＝父親
ハートのクイーン＝母親
ハートのジャック＝兄弟姉妹
あるいはいとこ

クラブ＝「スポーツ選手」

クラブのキング＝タイガー・ウッズ
クラブのクイーン＝セリーナ・ウィリアムズ
クラブのジャック＝マイケル・ジョーダン（ジャックの「J」からジョーダンを思い出すことができる）

ダイヤ＝「裕福な人物」

ダイヤのキング＝ドナルド・トランプ
ダイヤのクイーン＝エリザベス女王
ダイヤのジャック＝マーク・ザッカーバーグ

スペード＝「ミュージシャン」

スペードのキング＝エルヴィス・プレスリー（「キング・オブ・ロックンロール」という愛称から）
スペードのクイーン＝ビヨンセ（「クイーン・ビー」という愛称から）
スペードのジャック＝ジミ・ヘンドリックス

1枚目のカードの人が、2枚目のカードの行動を、3枚目のカードの物を使ってしている様子をイメージし、それを最初のアンカー・ポイントに保存する。同様にして残りのカードも3枚ずつ、各アンカー・ポイントに順に保存していく。

この手順をしっかりと理解するには、具体的な例を見ていくのがいちばんだろう。次の例は、ランダムに並べた12枚の絵札（K＝キング、Q＝クイーン、J＝ジャック、H＝ハート、C＝クラブ、D＝ダイヤ、S＝スペードを示し、「絵／マーク（例：QS＝クイーン／スペード）」の順で表記）と、それを順番どおりに憶えるために僕が作ったイメージだ。その際、ジャーニーには知人のアパートを使い、各絵札のイメージは付録に掲載した「トランプ用PAOリスト」を用いた。

例：「QS－JS－KH－KD－JD－JC－KS－QC－QH－JH－QD－KC」を記憶するには

❶ **「QS－JS－KH」＝「ジェニファー・コネリー－ムーンウォークをする－紙」**

最初のアンカー・ポイントはベッドの上だ。そこで僕が作ったイメージはこうだ。どういうわけか、ジェニファー・コネリーが紙の上でムーンウォークをしようとしているので、シーツがぐちゃぐちゃになってしまった。

❷ **「KD－JD－JC」＝「ジェームズ・ボンド－怒っている－サンドイッチ」**

次のアンカー・ポイントはベッド脇のテーブルなので、そこに僕はこんなイメージを保存した。ミニチュアサイズになったジェームズ・ボンドが、両手で持った巨大なサンドイッチを怒りにまかせてぺちゃんこにつぶす。すると、中身がベッド脇のテーブルや自分の顔に飛び散った！

トランプの絵札を記憶するには

③「KS－QC－QH」＝「デヴィッド（友人）－踊る－フライパン」

3つ目のアンカー・ポイントは、ベッド脇のテーブルに並んで置かれている姿見だ。僕が思い描いたのは、髭をたくわえた友人のデヴィッドが姿見を見ながら、フライパンをまるで自分のダンスパートナーであるかのように、かなり情熱的に胸のあたりに抱き寄せ、激しいサルサ・ダンスの振りつけを踊っているシーンだ。

④「JH－QD－KC」＝「ジャック・スパロウ－袋を持って買い物をしている－ゴルフクラブ」

最後のアンカー・ポイントはクローゼットなので、次のようなイメージができあがる。映画『パイレーツ・オブ・カリビアン』シリーズでジョニー・デップ演じるジャック・スパロウが、クローゼットでブルーミングデールズ［訳注：アメリカのデパートチェーン］の買い物袋を手に、意気揚々と歩きながら袋にゴルフクラブを詰め込んでいる（袋が小さすぎてうまく入らないが、そんなことは気にしなくていい）。

以上だ。あなたもぜひ自分でイメージを作ってみてほしい。僕のものとはずいぶん違うだろうが、僕がトランプ記憶に挑む際に頭のなかでたどるプロセスがはっきりと理解できるはずだ［注］。

絵札の記憶に慣れたら、次は残りのすべてのカードを記憶する作業だ。もし自分の数字変換システムを使って、各カード（エースは1、10は0と考える）に合うイニシャルの人物を組み込むことができるのなら、それがいちばん手っ取り早くトランプ変換システムを完成させる方法だ。サポートが必要な場合は、付録に掲載した僕の「トランプ用ＰＡＯリスト」を参考にしてほしい。

トランプ記憶の練習の際に、いつも思い出すのに手こずってしまうカードがあれば、各マークに設定したカテゴリーを活用して、別の人物に変更してもいいだろう。僕の場合、ハートの4はもともとデヴィッド・ハッセルホフ（DH）だったのだが、思い出すのに毎回苦労したので、「愛する人々（＝ハート）」のカテゴリーに当てはまる「D」のイニシャルを持つ人を考えてみることにした。最終的に、昔飼っていた犬（「犬（dog）」の頭文字は「D」だし、「4」は犬の四肢にもつながる）のイメージを使うことにしたら、ぐっと記憶しやすくなった。

絵札と同じように、数字のカードを1枚ずつ視覚化する練習をしたあとは、トランプ1組を2等分にして、アンカー・ポイントを9個設けたジャーニーに保存してみよう（9カ所に3枚ずつ保存すると27枚が必要になるが、2等分したカードは26枚なので、9個目のイメージは「人－行動」のみになる）。イメージの保存には必要なだけ時間をかけてかまわないが、タイマーを使って所要時間を計っておこう。たとえ30分かかったとしても問題はない。次回はそれよりも速くできるように努めればいいだけだ。

アンカー・ポイントに保存する際には、ひとつ前のカードに戻って覗いてみたり、最初からやり直したりせずに、1巡ですべてのイメージを保存するように心がけることが大切だ。そして2巡目では、1枚ずつカードを思い出せるか確認してみる。まず1枚目を想起してからカードをめくって確認し、それをもとに最初のアンカー・ポイントにつないだイメージを思い出して、2枚目と3枚目のカードを想起してみるのだ。もし、次のカードが人か行動か物かはわかっているのに、具体的なイメージが思い出せずにつまずいてしまったときは、そのカードをめくって、あとに続くイメージを思い出せるかどうか確認してみよう。そうして1回で一度も間違えることなく全部のカードを思い出すことができるようになったら、今度は1巡ですべてを記憶し、想起するときには全部の順番を書き出してから、カードを見直して正解を確認してみる。その際、記憶に要した時間と、想起に要した時間を別々に計って記録し、日々の成長がわかるようにするといいだろう。

初めの頃にいちばん苦労するのが、すでに見たカードをもう一度確認したいという衝動を抑えることだ。記憶する際に頭のなかで「さっきのカードを見直さなきゃ。まだ憶えてないんだ！」という声が聞こえて、葛藤が起きる。でも、きっと憶えているはずだ！　決して二度見はしないこと。自分の記憶力を信じるのだ。その衝動に逆らうことができれば、間違いなく得られるものも大きい。

第7章

あなたの脳を完全無欠の記憶の怪物にするための秘訣

「健康という木の根は脳がつかさどる。幹は感情が、枝葉は身体がつかさどっている。そのすべてが一体となって働くことで、健康の花が咲くのだ」

――クルド語の諺

これまで本書では、あなたの記憶スキルの向上に必要と思われる要素を、ほとんどしらみつぶしに網羅してきた。ときには僕が考案した記憶法を使うことによって、またときにはあなた自身が無理のないかたちで考え出すことによって、ひととおりの種類の情報に挑むためのコツを紹介してきた。さまざまな例を使って解説し、それぞれの記憶法をマスターするのに役立つアドバイスも添えてきたが、どれも驚くほど難しいというわけではないことを感じ取ってもらえたのではないだろうか。この本を読み進めたことによって、それまでずっと眠っていたあなたの記憶力を呼び覚ますことができたなら何よりだ。

だが、日常生活で出くわす可能性のある情報について対処するには、記憶テクニックをくまなく押さえておく以外にも秘訣がある。「無形資産」とでも呼べるもの——つまり、記憶力向上の助けとなるばかりか、脳の健康を促進する助けにもなる「形なき要素」を、日常的な習慣として生活に組み込むことだ。僕が自分の記憶力を向上させるための旅路に踏み出したときの目的を憶えているだろうか？それは、トランプの順番を記憶して仲間を感心させたかったからでも、出会った人すべての名前を記憶できるようになりたかったからでもなかった。僕の目的は、そう、祖母の記憶だけでなく、命までをも奪った病気を撃退するために、脳の機能や健康を向上させる方法を見つけ出すことにあったのだ。

本書でここまで扱ってきたのは、「○○を記憶するには」とか「△△を記憶するには」といった内容がほとんどだった。一方で、「具体的な記憶方法を学んだあとはどうやって記憶力の向上を図ればよいのか」といったことや、「記憶すること以外の方法で記憶力を向上させることはできるのか」といったことについては、まだそれほど触れていない。

むろん、本書で記憶テクニックを学んだら真っ先になすべきことと言えば、日常生活でそれを実践してみることだ。大勢の人々と出会う場所に行くときは、第3章「その3」で解説したテクニックを使ってみるといいし、自分のメール・アカウント用に作成したパスワードを忘れないようにしたいのであれば、第5章「その3」で説明した手法を用いるといい。時間に追われているのに翌朝スピーチをしなければならないときや、SATの勉強のために記憶力の増強を図りたいときには、第6章で学習したテクニックを使ってみてほしい。僕は本書で解説する例を考えるにあたって、できる限り実用的な記憶のコツを提供するために、あなたが実生活で直面しうる設定に近づけるように注力してきたつもりだ。だから、これまで学習してきたことはどれも、日常生活をよりよくするために簡単に取り入れられるものばかりだ。

それとは別に、最終章となる本章では、あなたの記憶力を最高の状態に保ち、脳の健康を維持するための秘訣を紹介していきたいと思う。さらに付録には、日々のトレーニングに役立つ「ウェブサイト／ツール」、および「トレーニング方法」を掲載したので、よりレベルの高い記憶トレーニングをしたい人や、日常的な場面での練習だけでは物足りないという人は、あわせて目を通していただければ幸いだ。

＊　＊　＊

「脳を丈夫で健康に保つためにはどうすればいいのだろう？」「何十年後かに脳が老いたときのために、今の段階でしておけることは何かあるのだろうか？」――そういった疑問こそが、僕を記憶力向上の探求に駆り立てたものだった。僕は年老いたときに、祖母のようにアルツハイマー病を患いたくはなかったので、自分の脳を健康で良好な状態に保てば、その寿命を延ばすことができるのではないかと考えたわけだ[＊]。

そうして長年にわたり記憶術を学習し、トレーニングを重ねていくうちに、僕は脳を健康に保つための4つの柱を考案するにいたった。その4つとは、次の図表に示したとおりだ。僕は毎日それを守って生活するようにしているし、あなたにもそうすることをお薦めしたい。これらは認知力を高め、脳の寿命を延ばすことにつながると、僕自身が信じていることだ。

この図表を見て、「食生活や運動？　本気か？　この本を買った目的は記憶力を鍛えるためであって、身体を鍛えるためじゃないぞ！」と思われた人もいるかもしれない。心配ご無用。僕が言いたいのは、もうピザを食べるなとか、毎日欠かさず高強度インターバル・トレーニング〔訳注：短い休憩を合間に挟みながら、強度の高い運動を繰り返し行うトレーニング法。HIIT（High Intensity Interval Training）とも呼ばれる〕をしろといったことではない。僕はただ、あなたのライフスタイルに組み込みやすい「無形資産」をいくつか提供したいだけなのだ。すべて理にかなった科学的裏付けがあるし、少し取り入れただけでどれほどの違いが生まれるかを、僕は身をもって知っている（慎重に自分の記憶トレーニングのスコアとデータを分析した結果だ）。

あなたにはもう、必要なツールは揃っている。あとはそれを使うための適切な燃料や土台部分さえ整えば、あなたの脳はすべてを兼ね備えた状態になるはずだ。さあ、臆せずやってみよう！

「我思う、ゆえに我……は食べ物から成る」

適切な食生活によって記憶力を向上させる秘訣〔†〕

一般的な経験則から言って、身体にとってよいものはどんなものであれ、脳にとってもよいものだ。しかし、なかには食べると記憶力向上の助けとなりうる食品や、逆に記憶力を阻害しうるので避けるべき食品もある。

現在のところ、記憶力の向上に寄与しうる食品に関して最も説得力のある研究成果と言えるのは、「Memory Improvement with Docosahexaenoic Acid Study〔1〕（ドコサヘキサエン酸による記憶力改善の研究）」――別名「MIDA Study（ＭＩＤＡ研究）」として知られているものだ。この研究では、軽度の記憶力低下を抱える55歳以上の被験者に、オメガ3脂肪酸のひとつであるドコサヘキサエン酸（ＤＨＡ）を毎日投与した。ＤＨＡは脳の重要な構成要素であるが、体内で合成できないため、これを多く含む青魚などの食品や、その魚油または藻類から抽出したサプリメントから摂取する必要がある。このうち、藻類由来のサプリメントを被験者たちに6カ月間継続して投与したところ、彼らの記憶と学習を含む認知機能に有意な改善が見られたというのだ。

その際、被験者たちは、ＤＨＡのサプリメントを1日当たり９００ミリグラム摂取していた。僕がお薦めするのも、それと同量のＤＨＡを摂取することだ。そのいちばんの根拠となっているのはもちろんこのＭＩＤＡ研究の成果だが、実際に僕自身が何年もそれを継続し、ＤＨＡを一切摂取していなかった頃に比べて明らかな効果を実感しているからでもある。ＤＨＡのサプリメントは広く知られているので、あなたもすでに摂取しているかもしれないが、１日当たりの摂取量がどの程度なのか確認してみるといいだろう。

そのほか、やはりオメガ3脂肪酸に分類されるエイコサペンタエン酸（ＥＰＡ）とアルファリノレン酸（ＡＬＡ）が入ったサプリメントもよく目にする。それらの脂肪酸も最終的にはＤＨＡに変換されるが、十分な量のＤＨＡに変換されるには相当な量が必要になる。要するに、初めから厳密にＤＨＡのサプリメントを摂取したほうが効率的だということだ。また別の研究では、抗酸化物質を豊富に含む食品（ベリー類やピーカンナッツ、アザミ、インゲン豆など）に、脳を酸化損傷から守る働きがあることが示されている[2]。このように特定の食品が脳によいことが証明されているが、何と言っても脳の健康維持に大切なのは健康的な食生活を送ること、つまりはよく食べ、悪い食品は避けることだ。

僕からのアドバイス

僕はよく、いろいろな人から「もっと魚を食べたほうがいいのか」という質問を受ける。それは人にもよるから何とも答えようがないのだが（正確な答えを知りたいなら医師や栄養士に確認するべきだ）、ひとつだけ僕が言えるのは、ＤＨＡを摂取したいならサプリメントのほうが手っ取り早いということだ。魚油由来のサプリメントは魚特有の臭いが気になるという人は、藻類由来のものを摂取するといいだろう。そもそもＤＨＡを含有しているのは藻類であって、魚ではない。魚も海藻を食べることで、ＤＨＡを体内に蓄積させているのだ。おわかりいただけただろうか？

僕は甘党だし、パンやパスタといった高炭水化物の食品を食べるのも大好きだ。でも、できる限りそれらを制限するようにしているし、長期的にそういった食品のいくつかを完全に排除した食事法に従うことも少なくない。なかでも僕が気に入っているのは、ケトン食療法とパレオダイエット、そしてホール（Whole）30ダイエット〔3〕と呼ばれる食事法だ。これらはどれも基本的に、炭水化物を抑える代わりに、たんぱく質と脂肪が豊富な食品を積極的に摂取する食事法、すなわちアトキンス・ダイエットに手を加えたものだ（各食事法の詳細については本書では割愛する。興味がある方は、ご自身でネットや本にあたってほしい）。

これらの食事法を守るのは簡単ではないし、それぞれに賛否両論があるのも事実だが、僕自身の経験から言うと、集中力の改善や脳の明晰さの増進、そしてもちろん記憶力の向上といった幅広い効果を否定することはできない。最近の研究によると、ケトン食療法は神経細胞の炎症を抑えるとともに認知力を高め、「ブレインフォグ」（頭にもやがかかったような状態）を排除するのに優れた効果があることも示されている［4］。**あなたも、トレーニングやテクニックとは別の方法で記憶力を高める手がかりを探しているのであれば、一度、食生活を見直してみるといいだろう。**ちょっとした食生活の改善によってもたらされる効果に、きっと驚かされるはずだ。

「疲れて何も思い出せない！」

適切な睡眠によって記憶力を向上させる秘訣

適切な栄養に加えて、脳の機能と健康維持のためにもうひとつ重要な要素は、睡眠だ。実際、**十分な睡眠をとると、翌日の記憶形成に効果があるだけでなく、前日の記憶を維持する助けにもなる。**逆に徹夜をすると、脳の働きに悪影響を及ぼし、記憶能力が最大で40％も低下すると言われている［5］。また、不眠によっても記憶が干渉による影響を受けやすくなると考えられ［6］、それにより記憶を混同したり、記憶への自信が失われたりする恐れもある。そこで僕は、毎日7時間以上の睡眠をとるように心がけている。だがもちろん、仲間と遅くまで出かけることもあれば、睡眠を削って働かなければならないこともある。そんなときは、ほかの時間帯に短い仮眠をとって補うようにしている。要は、バランスの問題だ。これからは、「Netflix」でお気に入りのドラマ・シリーズを夜通し見るのではなく、早めに切り上げてベッドに入るようにしよう。そうすれば、あなたの身体と心は短期的にも長期的にも、その判断に感謝することになるだろう。

「苦労なくして得るものなし、苦労をすれば脳もわずかばかりよくなる」

アクティブに動いたり、運動をすることによって記憶力を向上させる秘訣

運動と記憶の関係を裏付ける研究が数多く存在する以上、運動が脳にメリットをもたらすことは確かだろう。たとえば、**有酸素運動は海馬を増大させることが実証されている**［7］。海馬は第2章でも述べたとおり、記憶にとって主要な脳領域のひとつだ。さらに運動は、空間記憶［8］と認知機能［9］を高めるだけでなく、ラットを使ったいくつかの研究では、妊娠時の運動が子どもの記憶能力の向上につながることも示されている［10］。それに何より、運動をすると健康的に感じられて元気がみなぎり、脳への血流もよくなって（脳は血管に富む器官だ）、身体全体の働きが改善する。アクティブでいるだけで集中力も高まって、調子よく感じられる。実際に僕は満足のいく運動をした直後だと、記憶トレーニングでよい結果が出せることが多い。運動をすることで健康上のメリットを感じられるだけでなく、頭もクリアになるということだ。

僕の場合、軽いジョギングであれ、クロスフィットによる高負荷のフィットネスであれ、運動をしていると（15分でも、1時間でも、時間は問わない）、自分自身の頭のなかにあるものと向かい合うことができる。僕にとって運動の時間は、その日にはびこっていたストレスや余計な考えを頭からすべて捨て去ることができる時間なのだ。そのため運動を終えてから仕事に向かうと、注意散漫にならずに集中して取り組めるようになる。さながら脳の自動雑音除去システムといったところだ。だからあなたも、ぜひ身体を動かしてみてほしい。決して激しい運動をする必要はなく、できる範囲でかまわな

い。とにかく定期的に何か活動的なことをすれば、それが大きな効果を発揮するのは間違いない[‡]。

「汝の隣人を愛せよ」

社交的な関わりによって記憶力を向上させる秘訣

悲しい事実だが、孤独は高血圧や高ストレスにつながることが示されている[11]。その理由は想像に難くない。ハーバード大学の疫学者リサ・バークマンが行ったこんな研究がある。7000人の被験者を対象に社会的つながりの度合いを追跡したところ、それが少なかった人たちの死亡数は平均と比べ、9年間で2～2・5倍も多かったという。この研究からも社会的交流が生活の質を高め、心身の健康に寄与することは明らかだ。さらに高齢女性を対象としたある研究では、社会的ネットワークが広い人は、そうでない人に比べて認知症を患いにくいことも示されている[12]。

社会的交流というのは、さまざまな人について新たな情報を学び取り、その情報を維持することによって、相手と無理なくコミュニケーションを図れるようにするという作業を伴う。それが相手の背景や関心事までわかるという意味か、単に相手を怒らせずに会話を続ける方法がわかるという意味かにかかわらず、その作業を通して行動や思考の基準となる枠が広がる。そのため、連想できる情報も増えて思い出しやすくなるというわけだ。かようにコミュニティと社交的な関わりをもつことは、脳の機能と健康を維持するうえで大きな役割を果たす。それに新しい人に出会うことは、すでに学んだ「名前と顔」の記憶テクニックを練習するのにもうってつけの方法だ！

「ご乗車願います！　頭脳列車が出発します」

脳を使うことで記憶力を向上させる秘訣

「私は今日、ほかの人がやりたがらないことをする。
そうすれば明日には、ほかの人ができないことをできるようになっているからだ」

――見識ある人物の言葉

本章でこれまで説明した、食事、睡眠、運動、社会的交流はどれも、脳の健康維持と記憶力の向上に欠かせないものだが、そのほかにもうひとつ重要な秘訣がある。それは、脳を活性化し続けること――簡単に言えば、「日常的に」脳にチャレンジを課すことだ。そう聞くと身構えしまう人もいるかもしれないが、その方法はいたってシンプルなものでかまわない。たとえば新しい言語を学習したり、なじみのない読み物を読んでみたり、新たなスキルを学んでみたり、パズルをしてみたりといったことだ。もちろん、僕のようにさまざまな物事を記憶してみるのもお薦めだ。僕は記憶を使って脳を活性化し続けた結果、標高の高い山で心身ともに消耗しきっているときでさえ、いくつかのテクニックを用いてトランプ記憶をすることができた。エベレストのデスゾーン［§］にいるときや、キリマンジャロの山頂にいるときでさえだ！

日常的に脳を活性化させるうえで肝心なのは、その意欲を持ち続けることだ。僕がよく聞かれることのひとつに、「本当に誰でもあなたのように記憶できると思いますか？　それともあなたには持って生まれた才能があるのでしょうか？」という質問があるが、僕はいつも「もちろん、誰にだってできますよ」と答える。ただし、そのあとにこう付け加えるのも忘れない――「その意欲さえあれば」。

これはどんなスキルについても、多かれ少なかれ言えることだろう。僕らはみな、何かをたくさん練習できるだけの潜在能力は持っている。だが、その練習を毎日続けられるだけの意欲や熱心さは、必ずしも誰もが持ち合わせているわけではない。僕だってジャズ・トランペットの名人になれたらいいとは思うが、毎日練習を積み重ねて、やがて名人になれるだけの意欲と熱心さを兼ね備えているかというと、決してそうではない。でも、それでいいのだ。重要なのは、自分が毎日続けられるほど情熱を注げることを活かして、脳を活性化し続けることなのだから。

それが、僕みたいに何かを記憶することだという人もいれば、新しいスキルや言語を学ぶことだという人もいるだろう。新しいお菓子のレシピを練習することだという人だっているかもしれない。例を挙げればきりがないが、記憶の素晴らしいところは、意識的にわざわざ時間を割かなくても、日常生活のなかで実際に使いながら自然と練習できる場面が山ほどあることだ。だから記憶を使って毎日、脳の運動をするのはお薦めだ。あるいはほかのことを活用してもいい。それはあなたしだいだ。とにかく日課として何らかの方法で、必ず脳にチャレンジを課すようにしよう。

そして最後にもう一度だけ、念を押しておきたい。**自分の記憶力を信じること**。**ひどい記憶力の持ち主なんて、ひとりもいないのだ**。トップクラスの記憶アスリートとそれ以外の人たちとの大きな違いは、つまるところこの一点に尽きると言っていいだろう。自分の記憶力を信じてさまざまな物事に挑んでいると、自分の記憶力に自信を持てるようになってくる。そうして自分の記憶力に確かな自信を持てるようになれば、あなたを止めることは誰にもできなくなる。誰にも止められぬ記憶力を目指して突き進むあなたの成長が、誰にも止められぬ勢いを持つようになるのだ。ただし、自分の記憶力を完全に信頼できるレベルに達するためには、トレーニングが必要だ。結局、行き着くところはそこなのだ。近道などない。ほかのあらゆるスキルと同じだ。

２０１２ｰ13年シーズンのＮＢＡ（北米プロ・バスケットボール・リーグ）ファイナル第6戦のレイ・アレンを思い出してほしい。アレンは試合終了5秒前にクリス・ボッシュからボールをパスされた。そしてボールをキャッチすると、考える間もなく、コートの端からシュートを放った。スポッ！　試合はタイとなり、オーバータイムへともつれ込んだ。そうしてマイアミ・ヒートは最終的に、2年連続3回目の栄冠を手にするにいたった。アレンが試合終了間際にあれほどリスクの高いシュートに挑むことができたのは、それまでに多様な状況下でさまざまなレベルのプレッシャーを負いながら、数えきれないほどのシュートを放ってきた経験があるからだ。だからこそ、どのように投げればいいかなど考えもせずに、ただ投げることができたのだ。これは、彼がコートで何千時間もスリーポイント・シュートの練習を重ね、自分自身への信頼と自信を揺るぎないものにした結果、なしえたことだ。

たとえあなたがトップクラスの記憶アスリートになろうとしているわけではなくても、記憶の面でレイ・アレンが持ち合わせているような無我の境地と自信、そして気持ちの余裕を養いたいとは思っているはずだ。そのためにはやはり練習が必要だが、なにもマルコム・グラッドウェルが著書『天才！成功する人々の法則』のなかで提案していたように、1万時間も練習する必要はない。あなたは小さい頃からすでに、さまざまなかたちで1万時間をはるかに超える時間を記憶力のトレーニングに費やしてきたのだから。あなたに必要だったのは、そこから少し踏み込んで、「視覚化」と「空間認識」という、脳の最も研ぎ澄まされた2つのスキルを活用できるようにするための、ささやかな手引きだけだったのだ。自信を最大限にまで引き上げるためには、脳を活性化し続けるための何かを日課にして、自ら取り組んでいくことだ。そのための方法を組み立てるためのアドバイスが必要であれば、付録の「トレーニング方法」を参照してほしい。

「さらば、健闘を祈る！」

本書で説明したどの記憶テクニックについても言えるのは、日常生活で役立てていくうちに、それを活用できる機会をほかにもどんどん見つけられるようになってくるということだ。もちろん、身につけたばかりの記憶術を使って、ちょっとした隠し芸を披露してみるのもいい。記憶術を身につけるということは、大事な情報を記憶するためのさまざまなツールを脳の多目的ベルトに装備しておくということにほかならない。装備したそれぞれのツールを実際に使えば使うほど、それがアーミーナイフのように限りなく多彩な潜在能力を秘めていることに気づかされるだろう。本書をきっかけに、自分の記憶力が本当はどれだけ優れていて（あなたが思っていたよりも優れているはずだ）、どれだけの力を発揮しうるかということを実感してもらえることを願うばかりだ。

本書で紹介したテクニックのなかで、ぜひとも憶えておいてほしいことをたった1つだけ挙げるとすれば、やはりそれは「**見る－つなぐ－くっつける！**」のステップだ。何かを記憶する必要があるときにはいつも深呼吸をして落ち着いてから、慣れ親しんだこの3つのステップをたどればいい。まずは、記憶したいものを生き生きと色鮮やかなイメージとして「見る」。次に、そのイメージを、自分がすでに知っているもの――別のイメージやペグ、記憶のジャーニーに設けたアンカー・ポイントなど――に「つなぐ」。そして最後に、それをしっかりと「くっつける！」。すべての要素を、何があっても忘れることがないようなひとつのイメージにまとめあげるのだ。

そして自分の記憶力を信じること。もちろん集中力を注ぐことも忘れずに。それらをいつも念頭に置いておきさえすれば、あなたはきっとどんな情報や物事だって記憶できる！

「記憶の庭園で、夢の宮殿で、きみと僕はまたきっと出会う」

——マッドハッター（映画『アリス・イン・ワンダーランド』でジョニー・デップ演じる主人公）

付録

ここからは、本書でさまざまな記憶法を解説するにあたり、その具体例としてたびたび取り上げた僕の各種リストやコードを紹介していく。それぞれの記憶法を実践するなかで、ちょっとした助けが必要なときはぜひ活用してほしい。同様に本文で触れた、お薦めのウェブサイトやツールの一覧およびトレーニング方法も掲載してあるので、こちらもあわせて参考にしてもらえれば幸いだ。

アルファベット・ペグリスト

まずは、僕が作った2つのアルファベット・ペグリストを紹介する。1つ目は、同じアルファベットを頭文字に持つ言葉のイメージとペアにしたもの、2つ目は、似た音を持つ言葉のイメージとペアにしたものだ。自分の好きなほうをそのまま使ってもいいが、自分で連想したイメージをもとにカスタマイズしてもらえれば、なおのこと使い勝手がいいだろう。

同じ頭文字を持つ言葉

A＝apple（りんご）

N＝nut（木の実）

B＝bat（バット）
C＝car（自動車）
D＝door（ドア）
E＝elephant（ゾウ）
F＝fish（魚）
G＝grass（草）
H＝house（家）
I＝ice cream（アイスクリーム）
J＝jar（瓶）
K＝kite（凧《たこ》）
L＝log（丸太）
M＝man（男）
O＝owl（フクロウ）
P＝pig（ブタ）
Q＝quill（大きな羽根）
R＝rock（岩）
S＝sock（靴下）
T＝toy（おもちゃ）
U＝umbrella（傘）
V＝vane（プロペラなどの翼）
W＝wig（かつら）
X＝X-ray（レントゲン）
Y＝yak（ヤク）
Z＝zoo（動物園）

似た音を持つ言葉

A＝hay（干し草）
B＝bee（ミツバチ）
C＝see（見る）
D＝deed（証書／行動）
E＝eve（イヴ／前夜）
F＝effort（努力）
G＝jeep（ジープ）
H＝age（年齢／時代）

I＝eye（目）
J＝jay（カケス）
K＝key（鍵）
L＝elbow（肘）
M＝hem（裾／咳払い）
N＝hen（雌鶏《めんどり》）
O＝hoe（鍬《くわ》）
P＝pea（エンドウ）
Q＝cue（合図）
R＝oar（オール）
S＝sass（生意気）
T＝tea（紅茶）
U＝ewe（雌羊《めひつじ》）
V＝veal（子牛の肉）
W＝double you（2人のきみ）
X＝ax（斧）
Y＝wire（針金）
Z＝zebra（シマウマ）

音韻法のリスト（0〜20）

第5章「その1」に掲載した音韻法のリストでは、10までの数を扱った。それは本文でも触れたように、音韻法は基本的に10個までのアイテムの記憶に用いることがほとんどだからだ。だが、場合によっては20個までのアイテムに使用することもあるため、ここでは20までのリストを挙げておく。ただ、13以降の「teen《ティーン》」がつく数の語呂合わせについては、やや無理があるように感じるものもあるだろう。長い言葉と同じ韻を踏む言葉を見つけるのは、容易なことではないのだ。ここからおわかりのように、アイテム数が20を超える場合には使い勝手がとたんに悪くなるので、別の方法で記憶することをお勧めする。

0＝hero（ヒーロー）
1＝bun（パン）
2＝shoe（靴）
3＝tree（木）
4＝door（ドア）
5＝hive（ミツバチの巣）
6＝sticks（棒）
7＝heaven（天国）
8＝gate（門）
9＝wine（ワイン）
10＝hen（雌鶏）

11＝leaven（酵母）
12＝Elf（エルフ）
13＝thirsting（渇望した）
14＝fording（浅瀬を渡る）
15＝fitting（仮縫い）
16＝Sistine（システィーナ礼拝堂）
17＝deafening（大音響の）
18＝waiting（待っている）
19＝knighting（騎士爵に叙する）
20＝plenty（豊富な）

メジャー法の2桁固定リスト（00〜99）

続いて紹介するのは、僕がお薦めするメジャー法の2桁固定リストだ。僕自身は、メジャー法のリストをあらかじめ憶えて用いたことはないが、そうしたい人のために参考として作ったものだ。

00＝sauce（ソース）
01＝seed（種）

02＝sun（太陽）
03＝Sam（サム）

04＝zero（ゼロ）
05＝seal（印章）

06＝sash（窓枠）
07＝sack（袋）
08＝sofa（ソファ）
09＝sub（補欠）
10＝toes（足の指）
11＝dad（お父さん）
12＝dune（砂丘）
13＝dime（10セント硬貨）
14＝tire（タイヤ）
15＝doll（人形）
16＝tissue（ティッシュ）
17＝duck（アヒル）
18＝dove（ハト）
19＝tape（テープ）
20＝nose（鼻）
21＝net（網）
22＝nun（尼僧）
23＝Nemo（ニモ）
24＝Nero（ローマ皇帝ネロ）
25＝nail（爪）

26＝notch（目盛り）
27＝neck（首）
28＝knife（ナイフ）
29＝knob（ノブ）
30＝mouse（ネズミ）
31＝mat（マット）
32＝moon（月）
33＝mummy（ミイラ）
34＝mower（草刈り機）
35＝mule（ラバ）
36＝match（マッチ）
37＝mug（マグカップ）
38＝movie（映画）
39＝map（地図）
40＝rose（バラ）
41＝rat（ラット）
42＝rain（雨）
43＝ram（雄羊）
44＝roar（うなり声）
45＝rail（レール）

46＝rash（発疹）
47＝rock（岩）
48＝roof（屋根）
49＝rope（ロープ）
50＝lace（レース）
51＝loot（戦利品）
52＝lion（ライオン）
53＝lamb（子羊）
54＝lure（ルアー）
55＝lily（ユリ）
56＝leash（犬などのリード）
57＝log（丸太）
58＝lava（溶岩）
59＝lip（唇）
60＝cheese（チーズ）
61＝sheet（敷布）
62＝chain（鎖）
63＝jam（ジャム）
64＝cherry（さくらんぼ）
65＝Jell-O（ゼリー）

66＝judge（判事）
67＝chalk（チョーク）
68＝chef（シェフ）
69＝ship（船）
70＝gas（ガス）
71＝cat（猫）
72＝can（缶）
73＝comb（櫛《くし》）
74＝car（自動車）
75＝coal（石炭）
76＝cash（現金）
77＝Coke（コカ・コーラ）

78＝cave（洞窟）
79＝cape（マント）
80＝fizz（発泡性飲料）
81＝fat（脂肪）
82＝fan（扇風機）
83＝foam（泡）
84＝fire（火）
85＝file（ファイル）
86＝fish（魚）
87＝fog（霧）
88＝FIFA（国際サッカー連盟）
89＝fib（嘘）

90＝bus（バス）
91＝bat（バット）
92＝pen（ペン）
93＝opium（アヘン）
94＝bear（クマ）
95＝bell（鐘）
96＝bush（茂み）
97＝book（本）
98＝beef（牛肉）
99＝pipe（パイプ）

PAOシステムの2桁固定リスト（00〜99）

次は、僕が最初に使っていたPAOシステムの2桁固定リストだ。現在では、これを3桁に拡大したものを使っているが、2008年にシカゴにある自宅のソファに座って初めて作ったリストがこれだ。詳しく見てもらうとわかるはずだが、直感的な連想によるイメージもあれば、PAOシステムのルールに厳密に従って考えたイメージもある。最後まで残った数字（「??」の印がついている数字だ）については、それぞれのイメージを割り当てた特段の理由はない。僕にとって大事な人たちを関連付けるほかなかっただけだ。このリストに過去の恋人たちも入っているのは申し訳ないとも思うが、彼女たちは僕にとって（いい意味でも悪い意味でも）思い出に残り続けている人たちだ。記憶のためなら、いいことであれ、そうでないことであれ、活用せざるをえない場合もあるのだ。

なお、このリストはあくまで僕が思い描いたイメージなので、ぜひあなたも自分でイメージを考え出してほしい。僕のリストを紹介しているのは、アイデアの参考にしてもらうためだ。記憶しやすさという点では、あなたが自ら考えたイメージに勝るものはない。その理由は2つ。ひとつは、あなたが自分で考え出したイメージは、あなたにとって意味のあるものだからだ。もうひとつは、100個のイメージを考え出すという骨の折れる作業そのものが、そのイメージを記憶に残りやすくしてくれるからだ。

00＝（OO）オジー・オズボーン－吸う－血
01＝（01）ジョージ・ワシントン（第1代アメリカ大統領）－斧で切る－斧
02＝（OB）オビ＝ワン・ケノービ（映画『スター・ウォーズ』の登場人物）－フォースを使う－ライトセーバー
03＝（OC）ジャック・ブラック（映画『オレンジカウンティ』「＝OC」に出演）－格闘する－床
04＝（OD）オスカー・デ・ラ・ホーヤ（ボクサー）－パンチする－ボクシング・グローブ
05＝（05）アブラハム・リンカーン（5ドル札に描かれている大統領）－買う－ドル札
06＝（OS）スティーブ・ジョブズ（「Mac OS X」より）－タイプする－ノート・パソコン
07＝（07）ジェームズ・ボンド（映画『007』の主人公）－すする－マティーニグラス
08＝（OH）オマール（友人の婦人科医。最初の「オ」が「OH《オー》」に聞こえる）－膣を触る－膣

09＝（ON）オリビア・ニュートン＝ジョン－ジャンピング・ジャックをする－スパンデックス・スーツ
10＝（10）トニー・ブレア（ダウニング街10番地の元住人）－演説をする－演壇
11＝（AA）アンドレ・アガシ－テニスをする－テニスラケット
12＝（12）自分（僕の高校時代の背番号）－解く－ルービックキューブ
13＝（13）元彼女（好きな数は13だった）－尻を振る－Tバック
14＝（14）ホッケー選手（僕のお気に入りの選手の背番号）－叩きつける－ホッケー・スティック
15＝（AE）アルバート・アインシュタイン－黒板に書く－黒板
16＝（AS）アーノルド・シュワルツェネッガー－リフトする－バーベル
17＝（AG）アレックス・G（友人のパイロット）－飛ぶ－飛行機
18＝（AH）映画『ホーム・アローン』の主人公の少年（「AHHHHH!（あーーー!）」という叫び声から）－叫ぶ－叫び声
19＝（AN）アルノー（友人）－カヤックをする－カヤック
20＝（BO）U2のボノ（BOno）－サングラスをかける－サングラス
21＝（BA）ブライアン（友人）－排便する－大便
22＝（22）元彼女（好きな数は2だった）－泣く－涙
23＝（BC）イエス・キリスト（紀元前を表すBCは「Before Christ」のことだ）－はりつけにされる－十字架
24＝（24）コービー・ブライアント（背番号より）－ドリブルする－バスケットボール
25＝（BE）ビリー・エリオット（映画『リトル・ダンサー』の主人公）－バレエをする－チュチュ

26＝（BS）ブリトニー・スピアーズ－何かを落として「あら、またやっちゃった（Oops, I did it again）」と言う－ヘビ

27＝（BG）ビージーズ－『ステイン・アライヴ』を演奏しながら映画『サタデー・ナイト・フィーバー』のダンスを踊る－ベルボトム・パンツ

28＝（??）ジェニファー（妹。当時の年齢が28歳だった）－怒っている－舌

29＝（29）元彼女（ランダムに割り当てたイメージ）－性的な行為をする－ペニス

30＝（CO）コナン・オブライエン（コメディアン、司会者）－かつらをかぶる－かつら

31＝（CA）チェット・アトキンス（ミュージシャン）－バンジョーを弾く－バンジョー

32＝（CB）チャーリー・ブラウン－蹴り損ねる－ボール

33＝（C3）C-3PO（映画『スター・ウォーズ』の登場人物）－ロボットダンスを踊る－ロボット

34＝（34）シャキール・オニール（背番号より）－ダンクシュートする－バスケットのバックボード

35＝（CE）クリント・イーストウッド（映画『続・夕陽のガンマン』の役柄のイメージ）－撃つ－ピストル

36＝（CS）スナイパー（ゲーム『Counter-Strike《カウンター・ストライク》』より）－狙撃する－狙撃用ライフル

37＝（CG）ブルース・ウィリス（CG－［訳注：コンピューター生成画像］を用いた映画に出演）－銃弾をかいくぐる－彗星

38＝（3H）ジャナ（友人。トランプ用PAOの「3H」より）－リップスティックを塗る－リップスティック

39＝（CN）チャック・ノリス（武術家、俳優）－蹴る－靴

40＝（DO）ドミニク・オブライエン（記憶競技の伝説的人物）－トランプを記憶する－トランプ

41＝（DA）父（DAd）－書類にサインする－紙

42＝（DB）デヴィッド・ブレイン（奇術師）－タバコを吸う－タバコ
43＝（DC）デヴィッド・カッパーフィールド（あるいは単に手品師）－ステッキを振る－ステッキ
44＝（DD）ドリー・パートン（ミュージシャン、女優。DDカップの胸の持ち主）－胸を揺らす－胸
45＝（DE）デューク・エリントン（ジャズ作曲家、バンド・リーダー）－トランペットを吹く－トランペット
46＝（DS）スーパーマリオ（「ニンテンドーDS」より）－跳ねる－キノコ
47＝（DG）映画『プレデター』の異星人（以前は『プレデター2』出演のダニー・グローバー［＝DG］だった）－ミサイルを撃つ－ミサイル
48＝（4H）僕の犬（トランプ用PAOの「4H」より）－おしっこをする－おしっこ
49＝（49）ジェリー・ライス（サンフランシスコ・フォーティナイナーズ［49ers］の元選手）－キャッチする－アメフトのボール
50＝（50）50セント（ラッパー）－防弾チョッキを着る－防弾チョッキ
51＝（??）ジョン・マッデン（スポーツ解説者）－マイクで話す－マイク
52＝（52）マーティ・マクフライ（映画『バック・トゥー・ザ・フューチャー』の主人公。タイムマシンで戻ったのが1952年だと思い込んでいたため）－スケートボードに乗る－スケートボード
53＝（EC）エリック・クラプトン－ギターを弾く－ギター
54＝（ED）ドラマ『ミスター・エド』のしゃべる馬エド－乗る－馬
55＝（EE）エルトン・ジョン（なんとなく）－読む－本
56＝（ES）エドワード・シザーハンズ（映画『シザーハンズ』の主人公）－切る－ハサミ
57＝（EG）イゴン（EGon）・スペングラー（映画『ゴーストバスターズ』の登場人物）－ショックを与える－ゴースト

58＝（5H）僕の登山仲間（トランプ用PAOの「5H」より）－登る－山
59＝（EN）エドワード・ノートン（映画『インクレディブル・ハルク』の役柄のイメージ）－モップをかける－モップ
60＝（SO）シネイド・オコナー（ミュージシャン）－引き裂く－法王の帽子
61＝（SA）サミュエル・アダムズ（同名のビール・ブランドのロゴに描かれた人物）－飲む－ビール
62＝（SB）サンドラ・ブロック（映画『スピード』の役柄のイメージ）－バスを運転する－バス
63＝（SC）スティーブン・コルベア（コメディアン、司会者）－立っている－デスク
64＝（SD）スペンサー（弟）－ゲームボーイで遊ぶ－ゲームボーイ
65＝（65）母（当時の年齢が65歳だった）－料理する－鍋／フライパン
66＝（66）悪魔（666）－火を放つ－火
67＝（SG）僕が好きなバンドのギタリスト－ヘッドバンギングする－「ギブソンSG」エレキギター
68＝（SH）スティーヴン・ホーキング－車椅子に乗る－車椅子
69＝（69）デヴィッド（6月9日生まれの友人）－回す－ドライデル［訳注：各面にヘブライ文字が書かれた四角いコマ］
70＝（GO）アニメ『ドラゴンボール』の悟空（GOku）－かめはめ波を放つ－気のエネルギー
71＝（GA）赤ちゃん（赤ちゃんのしゃべり声「GAGA（バーブー）」から）－ゆりかごに入れる－赤ちゃん
72＝（GB）ジョージ・ブッシュ－旗を振る－旗
73＝（GC）バットマン（ジョージ・クルーニーの役柄）－顔にマスクをつける－コウモリ
74＝（GD）ジェラルド・ドパルデュー（映画『仮面の男』で演じた三銃士のひとりのイメージ）－剣で戦う－剣
75＝（75）祖父（75歳と言えばおじいちゃん的な年齢だ）－掘る－シャベル

76＝（GS）ジェフ・S（僕のかつての担任の先生）－ホワイトボードに書く－ホワイトボード
77＝（GG）ガリレオ・ガリレイ－開ける－冷蔵庫
78＝（7H）元上司（トランプ用PAOの「7H」より）－ピザを食べる－ピザ
79＝（GN）ギャリー・ネヴィル（元サッカー選手）－サッカーをする－サッカーボール
80＝（HO）サンタクロース（「HO! HO! HO!（ホー！　ホー！　ホー！）」という笑い声から）－プレゼントを渡す－クリスマスツリー
81＝（HA）ハッピー（HAppy）・ギルモア（映画『俺は飛ばし屋／プロゴルファー・ギル』の主人公）－笑う－笑い
82＝（HB）ハル・ベリー（女優）－ブラジャーをつける－ブラジャー
83＝（??）ベア・グリルス（テレビ番組『MAN vs. WILD』に出演）－何かの頭にかみつく－カエル
84＝（HD）ラリー・デヴィッド（俳優、脚本家）－薄型HDテレビの上に立つ－薄型HDテレビ
85＝（??）ジェイソン・アレクサンダー（ドラマ『となりのサインフェルド』のジョージ・コスタンザ役）－サンドイッチを食べる－サンドイッチ
86＝（HS）ホーマー・シンプソン（アニメ『ザ・シンプソンズ』の主人公）－円を描くように走り回る－ドーナツ
87＝（87）マイケル・ジャクソン（87年頃から目を見張るものがあった）－ムーンウォークする－鼻
88＝（8H）ロバート（友人。トランプ用PAOの「8H」より）－DJをしている－アナログレコード
89＝（??）ヘザー（元同僚で友人）－トレイで配る－トレイ
90＝（NO）パンク・バンド「NOFX」のリードシンガー－ベースを弾く－ベース・ギター
91＝（NA）ニール・アームストロング－宇宙遊泳する－宇宙飛行士
92＝（NB）ニールス・ボーア（科学者）－拭く－タオル

93＝（NC）ニコラス・ケイジ（映画『フェイス／オフ』の役柄のイメージ）－顔をはぐ－顔
94＝（ND）ニール・ダイアモンド－「ハロー」と言っている－手
95＝（NE）トム・ブレイディ（ニューイングランド［NE］・ペイトリオッツに長年所属していたアメフト選手）－投げる－ヘルメット
96＝（NS）ノア・シアー（友人）－運転する－自動車
97＝（??）囚人－引きずる－鉄の球と鎖
98＝（9H）妻（トランプ用PAOの「9H」より）－セックスする－セックス
99＝（NN）ニンジャ（NiNja）・タートル－逮捕される－手錠

パスワード用記号コード（詩や文章にも使用可）

ランダムでユニークなパスワードを作るにあたり、記号の「人－行動－物」のイメージを考え出すのには、きっと手を焼くことだろう。でも大丈夫。これから紹介する僕の定番リストを参考にすればいい。僕は詩や文章の句読点を正確に記憶するときにも、このイメージを使っている。リストの大部分は、自分にとってしっくりくるイメージを当てはめ、そのほかは記号の形をもとにイメージを選んだ。なお僕の場合は、記号の記憶には「人」を使わないため（人を記号と結びつけるのは無理がありすぎるからだ）、リストに掲載したイメージは「行動」と「物」のみとなっている。第5章「その3」で解説した際には、このようなリストに頼ることなく、その場でイメージを考えた。それでも問題はないが、パスワードを思い出すときに間違えてしまう恐れがある場合は、このリスト（あるいは自分で作ったリスト）を記憶しておくといいだろう。

記号	行動	物
!	感電する	稲妻
“	見る	目
#	叩く	ハンマー
$	這い回る	ヘビ
%	罵る	中指
&	運転する	レーシングカー
’	泣く	涙
(	抱きしめる	抱擁
)	ジャンプする	脚
*	爆発する	星
+	計算する	電卓
,	落ちる／転ぶ	穴
-	射撃する	銃
.	殺す／刺す	ナイフ
/	前のめりになる	はしご
:	ショックを与える	テーザー銃
;	モップをかける	モップ

記号	行動	物
<	むしゃむしゃ食べる	ワニ
=	排尿する	小便
>	排便する	大便
?	掛ける	フック
@	食べる	食べ物
[	ゴルフクラブを振る	ゴルフクラブ
]	キャッチする	ブーメラン
\	後ろにもたれる	腕
^	登る	山
_	滑る	水
`	落とす	床
{	弓に矢をかける	弓
}	弓で矢を撃つ	矢
|	地面に刺す	棒
～	口ひげを考え深げに撫でる	口ひげ
…	激しく踏みつける	足

詩・文章の頻出単語コード

詩や文章に頻出する接続詞や前置詞、代名詞、冠詞といったものを表す単語コードを作るのは、いささか骨の折れる作業かもしれない。これらの単語は、単独では特に意味を持たないからだ。どうしても記憶に残りやすいイメージを与えることができなければ、僕の作った次の頻出単語コードを活用してほしい。

and（〜と）	円
or（または〜）	正方形
of（〜の）	「off（オフ）」のスイッチ
I（私）	目（eye）
but（でも）	尻（butt）
as（〜のごとく）	尻の穴／バカ者（asshole）
so（とっても／そのように）	縫う（sew）
from（〜から）	CD-ROM
then（そして）	雌鶏（hen）
thing（もの）	『アダムス・ファミリー』の「ハンド」［訳注：英語では「The Thing」と呼ばれる］
it（それ）	『アダムス・ファミリー』の「カズン・イット」
if（もし）	イフ城（フランス南沖の有名な牢獄）
may（〜かも）	ひまわり

like a（〜のように）	『スター・ウォーズ』のルーク・スカイウォーカー
is like a（〜は〜のように）	『スター・ウォーズ』のダース・ベイダー

役立つウェブサイト・ツール

もし本書が、あなたにとって初めての記憶術の参考書ということであれば（非常に素晴らしいチョイスだ！）、以下のウェブサイトやツールも役に立つはずだ。

僕がトレーニングに使っている主なウェブサイト

「**Art of Memory**」www.artofmemory.com〔訳注：英語のみ〕：記憶テクニックに関する膨大なアーカイブや学習方法、意見交換や質問ができる非常に便利なフォーラム、さらにトレーニング用の優れたソフトウェアやゲームなど、何から何まで網羅したウェブサイト。

「**Memocamp**」www.memocamp.com〔訳注：日本語ページなし〕：あらゆる記憶競技を1カ所にまとめたサイトを探している記憶アスリート向け。レベル獲得システムに基づいているので、最初は簡単な内容からスタートし、レベルを上げるに従って徐々に難しい課題に挑戦できるようになっている。

「**Memrise**」www.memrise.com〔訳注：日本語ページあり〕：多様な言語のボキャブラリーの記憶に焦点を当てたウェブサイト（それ以外の記憶にも使うこともできる）。復習すべきタイミングが来たらリマインダーで知らせてくれるほか、記憶するすべての言葉について、気の利いた憶え方を教えてくれる。

お薦めのその他のウェブサイト

「**Anki**」https://apps.ankiweb.net〔訳注：日本語ページなし〕：暗記カード形式の間隔反復学習プログラム。記憶したい情報を暗記カード形式で整理し、復習すべき時期が来たらリマインダーで知らせてくれる。スマホにダウンロード可能なアプリもあるので、いつでも利用できる。

「**Memoriad**」www.memoriad.com〔訳注：日本語ページなし〕：「**Memoriad**」もたびたび記憶力競技を開催しており、優れたソフトウェアを採用している。ソフトウェアは無料でダウンロードでき、数字、トランプ、名前、2進数の記憶のトレーニングに用いることができる。ただし、「名前と顔」については数が限定されている。

「**Memory League**」http://app.memoryleague.com〔訳注：日本語ページなし〕：これは僕が共同制作したウェブサイトで、オンライン上で対戦者と短時間の記憶対決を行うことができる。病みつきになること間違いなしだ。

「**Nelson Dellis**」www.nelsondellis.com〔訳注：日本語ページなし〕：サイト名からおわかりのとおり、これは僕のウェブサイトだ。本文で触れた点のほかにも、記憶の秘訣や記憶テクニックに関する動画などが掲載されているので、ぜひ参考にしてほしい。さらに、さまざまな情報の記憶練習用サンプルや、より複雑な記憶システムを組み立てるためのテンプレートも準備した。サンプルやテンプレートのファイルは「www.nelsondellis.com/sample-sheets」からアクセスできる。

お薦めのツール

次のものを使えば、インターネットがなくても練習できる。

「**トランプ**」：トランプ記憶は、日々の記憶トレーニングとして非常に効果的であるということを、ロが酸っぱくなるほど強調しておきたい。トランプなら簡単に手に入るし、持ち運びも簡単だ。さっそく始めよう！

「卒業アルバム」：あなたの卒業アルバムが手もとになくても、学校やインターネット、リサイクルショップなどで見つけられるだろう。これは「名前と顔」の記憶練習に最適だ。

「ナンバー・プレート」：車の助手席やタクシーに乗っているときは、周りの車のナンバー・プレートを使って数字記憶の練習をしてみよう（運転中は注意散漫になるのでお薦めしない）。車に乗っていないときも、あたりを見回して数字を探してみるといいだろう。たとえば地下鉄車両には、たいてい車両番号がついているものだ。

トレーニング方法

本書で紹介した日常的な場面での練習だけでは物足りないという人のために、よりレベルの高いトレーニング方法についてのアドバイスもしておきたい。僕自身は毎日欠かさず何時間もトレーニングを行っているが、それは記憶力競技の大会で優勝することを目標にしているからだ。したがって大会に挑むのでもなければ、そこまでトレーニングに時間を費やす必要はない。もっと言えば、1日当たり15～20分ほど行えば（1日何回かに分けてもかまわない）十分だ。それだけで人生が一変するほど記憶力が向上していくのを実感できるはずだ。

だが実際問題として、自分で記憶力のトレーニングをするのはなかなか難しい。というのも、実生活で記憶が必要となるような情報の記憶トレーニングを集中的に行える手軽な方法がないからだ。路上で手当たりしだいに人を止めて電話番号を尋ねたり、周りの人に架空のスピーチの要点をいくつか適当にリストアップしてくれないかと頼むわけにもいかないだろう。そこで僕がお薦めしたいのは、記憶力競技で採用されている4つの分野――トランプ、名前、数字、言葉――に焦点を当てることだ。これにより、直接的には多様な情報の記憶トレーニングができるという意味で、間接的には「見るーつなぐーくっつける!」のスキルを磨くことができるという意味で、あなたに必要なあらゆる内容をカバーすることができる。どの分野も、日ごとの成績(スピード、量、正確性)を容易に分析できるので、毎日のトレーニングにはもってこいだ。たとえそれが、あなたが身につけたいスキルそのものではないとしても、記憶スキル全般に磨きをかける助けとなる。その結果、実生活でさまざまな情報を記憶する際にも、より速く、より自信をもって取り組むことができるようになる。

「**トランプ**」:第6章「その3」で、2等分にしたトランプ(全26枚)の記憶に初めて挑戦した際には、おそらく20分程度かかったのではないだろうか。それでもなんら問題はない。練習を積むうちに、所要時間はみるみる短縮されていくはずだ。そしてやがては、トランプ1組を記憶するだけでは1日のトレーニングとして物足りないと感じるときが訪れるかもしれないが、トランプ記憶は、記憶能力を向上させる最良のトレーニング方法のひとつであるという僕の言葉を信じてほしい。

「**名前**」:これは実生活で最も役に立つスキルのひとつだ。前項でお薦めしたウェブサイトやツールを使ってトレーニングを始めよう。

「**数字**」:数字はいつでもどこででも見つけられるので、トレーニングの内容は、自分が何を記憶できるようになりたいかということに合わせて決めるといいだろう。桁数の多い数字を憶えられるようになりたいのだろうか? それとも電話番号が憶えられれば十分なのだろうか? 自分の目的に合った数字をいくつか集めて練習してみよう。

「言葉」…これも実生活にかなり密着したトレーニング分野だ。To-Doリストや買い物リストの記憶に似たものだと考えればいいだろう。手始めに、自分でランダムな言葉のリストを作成して挑戦してみよう。

ここに挙げた4つの分野のどれを練習するときにも重要な点は、記憶する情報の分量をあらかじめ決めておくことだ。少ない量から始め、慣れてきたら量を増やしていこう。そしてもうひとつ、時間を計ることも大切だ。記憶作業にかかった所要時間を計測してもいいし、タイムリミットを設けて、時間内にどれだけの分量を記憶できたかを測定してもいい。方法をひとつ決めて、いつも同じ計測方法を使うようにしよう。

次にしなければならないことは、記録をつけることだ。練習をしても、その成績の良し悪しをすぐに知ることができなければ成長にはつながらない。4分野の毎日の成績を日誌に記録しよう。それが後押しとなって、日ごとにスピードが上がり、正確性も高まるはずだ。

トランプ用PAOリスト

最後は、僕のトランプ1組分（全52枚）のPAOリストだ。絵札のイメージは主に、このリストを作った当時の僕が連想したものだということを念頭に置いて見てほしい。ほとんどのカードは、PAOシステムを活用して決めたものだ。なかには、ほかに思いつくものがなかったり、初めに考えたイメージがそれほどよくなかったりして、マークのカテゴリーをもとに決めたものもある（例：ハート＝「愛する人々」。このマークのほとんどは、PAOシステムを使ったものから、より記憶に残りやすい友人や家族に置き換えた）。それ以外にも、文字を数字に変換してから、僕のPAOシステム用2桁固定リストのイメージを使ったものもある（例：ダイヤの2は「BD」なので、それを数字に変換して「24＝コービー・ブライアント」となった）。つまり、僕にとって直感的にしっくりくるものになるように、時間をかけてこのリストの多くに手直しを施してきたということだ。あなたも同じようにして、自分が連想しやすいイメージに置き換えていくといいだろう。

スペード

A＝（AS）アーノルド・シュワルツェネッガー－リフトする－バーベル

2＝（BS）ブリトニー・スピアーズ－何かを落として「あら、またやっちゃった（Oops, I did it again）」と言う－ヘビ

3＝（CS）スナイパー（ゲーム『Counter-Strike《カウンター・ストライク》』より）－狙撃する－狙撃用ライフル

4＝（DS）スーパーマリオ（「ニンテンドーDS」より）－跳ねる－キノコ

5＝（ES）エドワード・シザーハンズ（映画『シザーハンズ』の主人公）－切る－ハサミ

6＝（66）悪魔－火を放つ（このカード「SS」は「66」に置き換えられ、そこから悪魔を連想した）－火

7＝（GS）ジェフ・S（僕のかつての担任の先生）－ホワイトボードに書く－ホワイトボード

8＝（HS）ホーマー・シンプソン（アニメ『ザ・シンプソンズ』の主人公）－円を描くように走り回る－ドーナツ

9＝（NS）ノア・シアー（友人）－運転する－自動車

10＝（OS）スティーブ・ジョブズ（「Mac OS X」より）－タイプする－ノート・パソコン

J＝（JS）マイケル・ジャクソン（JSから「Jack-Son」という名前を連想した）－ムーンウォークする－鼻

Q＝（QS）ジェニファー・コネリー－排便する－大便（代案をぜひ考えてみてほしい……）
K＝（KS）デヴィッド（友人）－回す－ドライデル

ハート

A　アルノー（友人）－カヤックをする－カヤック
2　元彼女（好きな数は2だった）－泣く－涙
3　ジャナ（友人。ジャナの好きな数は3だ）－リップスティックを塗る－リップスティック
4　僕の犬－おしっこをする－おしっこ（「4」は犬の四肢にもつながる）
5　僕の登山仲間－登る－山
6＝（SH）スティーヴン・ホーキング－車椅子に乗る－車椅子
7　元上司（好きな数は7だった）－ピザを食べる－ピザ
8　ロバート（友人。なぜか8がぴったりに思えた）－DJをしている－アナログレコード
9　妻－セックスする－セックス
10　オマール（友人の婦人科医。10には「Omar《オマール》」の「O」が入っているから）－膣を触る－膣
J＝（JH）ジャック・スパロウ（映画『パイレーツ・オブ・カリビアン』でジョニー・デップ演じる主人公。女性のハートをときめかせる「ハートのJ」だ）－航海する－船
Q　母－料理する（母は僕のハートの女王だ！）－鍋／フライパン
K　父（もちろん僕のハートの王は父だ！）－書類にサインする－紙

ダイヤ

A＝（1－4）自分（「AD＝14」で、僕の好きな数になる）－解く－ルービックキューブ

2＝（2－4）コービー・ブライアント（「2D＝24」で、コービーの背番号だ）－ドリブルする－バスケットボール

3＝（3－4）シャキール・オニール（「3D＝34」で、シャキールの背番号だ）－ダンクシュートする－バスケットのバックボード

4＝（DD）ドリー・パートン（ミュージシャン、女優。DDカップの胸の持ち主だ）－胸を揺らす－胸

5＝（ED）ドラマ『ミスター・エド』のしゃべる馬エド－乗る－馬

6＝（SD）スペンサー（弟）－ゲームボーイで遊ぶ－ゲームボーイ

7＝（GD）ジェラルド・ドパルデュー（映画『仮面の男』で演じた三銃士のひとりのイメージ）－剣で戦う－剣

8＝（HD）ラリー・デヴィッド（俳優、脚本家）－薄型HDテレビの上に立つ－薄型HDテレビ

9＝（ND）ニール・ダイアモンド－「ハロー」と言っている－手

10＝（OD）オスカー・デ・ラ・ホーヤ（ボクサー）－パンチする－ボクシング・グローブ

J＝（JD）ジェニファー（妹）－怒っている－舌

Q＝（QD）元彼女－袋を持って買い物をしている（ジュエリーを買っている）－買い物袋

K＝（KD）ジェームズ・ボンド（ダイヤのキングと言えば、僕にとってはジェームズ・ボンドのイメージだ）－すする－マティーニグラス

クラブ

A＝（1-3）元彼女（好きな数字は「13＝AC」だった）－尻を振る－Tバック
2＝（BC）イエス・キリスト（紀元前を表すBCは「Before Christ」のことだ）－はりつけにされる－十字架
3＝（C3）C-3PO（映画『スター・ウォーズ』の登場人物）－ロボットダンスを踊る－ロボット
4＝（DC）デヴィッド・カッパーフィールド（あるいは単に手品師）－ステッキを振る－ステッキ
5＝（EC）エリック・クラプトン－ギターを弾く－ギター
6＝（SC）スティーブン・コルベア（コメディアン、司会者）－立っている－デスク
7＝（GC）バットマン（ジョージ・クルーニーの役柄）－顔にマスクをつける－コウモリ
8 ベア・グリルス（テレビ番組『MAN vs. WILD』に出演）－何かの頭にかみつく－カエル
9＝（NC）ニコラス・ケイジ（映画『フェイス／オフ』の役柄のイメージ）－顔をはぐ－顔
10＝（OC）ジャック・ブラック（映画『オレンジカウンティ』［＝OC］に出演）－格闘する－床
J＝（JC）ジェイソン・アレクサンダー（ドラマ『となりのサインフェルド』のジョージ・コスタンザ役）－サンドイッチを食べる－サンドイッチ（ジョージがベッドのなかでガールフレンドに楽しませてもらいながら、サンドイッチを食べつつ、テレビを見ようとするエピソードを連想した）
Q＝（QC）パリス・ヒルトン（パリスは文字どおりクラブのクイーンだ——とは言っても、ナイトクラブのことだが）－踊る－ダンスフロア
K＝（KC）タイガー・ウッズ（ウッズはクラブのキングそのものだ）－クラブを振る－ゴルフクラブ

謝辞

本書は、まさに記憶に残るジャーニーそのものとなった。ベストセラー『ごく平凡な記憶力の私が1年で全米記憶力チャンピオンになれた理由《わけ》』の著者ジョシュア・フォアに、同書と併せて読むのにぴったりな記憶術の解説書を書いてはどうかと勧められて以来、僕はどうにかして本書の出版にこぎつけたいと思って取り組んできた。ここにいたるまでの数年間は、原稿を執筆し、書き直し、売り込み、出版のオファーを受け、そのオファーを取り消され、また何度も出版を断られるといった浮き沈みを経験した。それを思うと、ここまで寄り添い、サポートしてくれたすべての人々に感謝の気持ちでいっぱいだ。

なかでもまず、僕の愛する妻リアに感謝を述べたい。リアは、内容を明瞭にするために力を貸してくれただけでなく、このプロジェクト全般を献身的にサポートしてくれた。僕が夜遅くまで執筆や編集をしているときにも、常にそばで僕を支えてくれた。愛してるよ！

また、このプロジェクトを決して見捨てずにいてくれた代理人のジム・レヴィーンにも謝意を表したい。ジムは最初から本書に惚れ込み、諦めずに何社もの出版社に原稿を持ち込んでくれた。

もちろん、本書にチャンスを与えてくれたエイブラム社のチームにも感謝している。とりわけ編集者のローラ・ドージアには、本書の構想について僕と同じ視点に立って考えてくれたこと、そして本書に関する僕の突飛なアイデアにうまく付き合ってくれたことに深く感謝している。ドージアは、この本を「悪くない本」から、文句なく「素晴らしい本」へと変貌させてくれた。ありがとう！　さらにチームのほかのメンバーによるデザイン、イラスト作成、プロモーション、営業、ブレインストーム、校正など、何もかもに感謝するばかりだ。チームの皆さんなくして、本書は実現しえなかっただろう。

最後に、僕の人生に、そして僕の記憶のなかに存在してくれる、家族と親しい友人たちに感謝を伝えたい。みんながいなければ、僕の記憶テクニックはこれほど記憶に残るものにはならなかったはずだ。僕のテクニックは文字どおり、みんなのおかげで成り立っているのだから――。

注記

第1章

＊　完璧な記憶力の持ち主の数を記録していくほうがずっと簡単だ。なぜなら、その数はいつもゼロだからだ。

†　暗算ワールドカップの競技種目には、10桁の数字10個の足し算や、6桁の平方根を求めるルート計算などがある。そう、基礎的な数学問題だ。

‡　方向感とは、いわゆる「方向感覚」ではなく、よく知っている場所から別の場所への行き方（たとえば自分の家の端から端までの行き方など）がわかるという程度の感覚のこと。

§　読者と自分自身のためのメモ：トランプ1組の順番を記憶するようにと言われた場合、たとえリスクが高くとも、いちばん上といちばん下のどちらのカードから記憶するべきかを確認すること。

¶　僕がしばらく保持していた全米記録は以下のとおり――トランプ1組の記憶に要した時間の最短記録（40・65秒）、5分間で記憶した桁数の最多記録（339桁）、15分間で記憶した単語数の最多記録（256語）、30分間で記憶した桁数の最多記録（907桁）、30分間で記憶したトランプの組数の最多記録（9組と2枚）。15分間で記憶した名前の数の全米最多記録（217人）は、2018年現在も破られていない。

＊＊　クロスフィット（CrossFit）［訳注：高い運動強度で行われるアメリカ発祥のフィットネス・プログラム。警官の育

成などにも取り入れられている」の動作に詳しくない人たちのために説明すると、ハングパワークリーンとは、バーベルをハングポジション（バーベルが膝の上あたりにくるように持つ）から、ラックポジションと呼ばれる三角筋（肩の筋肉）の高さまで持ち上げるトレーニング。エアースクワットは、スクワットの姿勢に腰を下ろし、再度立ち上がるという動きを繰り返す自重エクササイズだ。最後のマッスルアップは、上半身を跳ね上げるようにして、腕が鉄棒の上で完全に伸びる高さまで身体を持ち上げる高負荷の懸垂だ。

†† 「ジャーニー」については、ルートを1つだけ用意すれば、そこに記憶したいことをなんでも詰め込んでしまえるものと誤解されがちだ。だが日常的にジャーニーを使うのであれば、記憶を混同しないように、少なくとも数種類のルートを用意しておくことが必要だ。また、長期的に憶えておきたいことがある場合（あなたが歴史マニアで、歴代のアメリカ大統領全員の名前を順番に憶えようとしている場合など）には、そのリスト専用のルートを準備する必要もある。

‡‡ 彼の顔の傷は、実は生死に関わる事故によるものだった。

§§ リアは、今では僕の妻だ！

第2章

＊ 僕の愛読書『ゲーデル、エッシャー、バッハ――あるいは不思議の環』より。もしあなたが音楽的・数学的・論理的思考の持ち主ならお薦めだ。難しく感じる部分もあるかもしれないが、とてつもなく読み甲斐があって、精神的に満足できる1冊だ。僕の認知力および記憶力への好奇心に弾み

をつけた本でもある。

† 「YouTube」で「二次方程式の歌（Quadratic Equation Song）」と検索してみると、子どもの頃に習った長い方程式を憶えるのに役立つ自作ソングが何百曲も出てくる。興味がある方は、ぜひ検索してみてほしい。

‡ 「MRS.R.D.VANDERTRAMP（R・D・ヴァンダートランプ夫人）」もそのひとつだ。この言葉の各文字は、フランス語の不規則動詞の頭文字をとったものだ。

§ 僕は、この3ステップを憶えやすいものにしたくて、カーレースのスタートシグナル――赤、黄、青――に似せて名付けた。シグナルが青に変わったら、あなたの記憶力は勢いよく飛び出すはずだ！

¶ 「ロキ（loci）」とは、ラテン語で「特定の位置・場所」を意味する「locus」の複数形。

第3章

＊ サミュエル・ジョンソンは18世紀イギリスを代表する文学者。この一節は、1758～60年にかけてジョンソンが週刊誌に寄稿した103編のエッセイ（タイトルは「アイドラー（The Idler）」）の74番目にあたる「Memory Rarely Deficient（記憶力不足は到底起こりえない）」からの引用だ。とりわけ最近では、ジョンソンの肖像画は「読んだ内容が難解で混乱を極めたこと」――つまり「まったく意味不明！」――を表すミーム［訳注：インターネット上で用いられる笑いを誘う画像、動画、フレーズなど］として用いられることも多い。

† 「ヒゲはどうなんだろう？」と思った人もいるだろう。ヒゲは、剃られてしまうことも少なくない

一方で、ほかの特徴を隠してしまうこともあるため、アンカーに用いるほかない場合もある。そもそもヒゲを伸ばしていたのに剃ったのなら、名前を思い出してもらえなくてもしょうがないと本人も思うだろう——これは冗談。ヒゲを特徴に使った場合は、次に会うときもヒゲがあることをただただ祈ろう。

第4章

＊　アーサー・コナン・ドイル著『緋色の研究』より。

†　もちろんGPSの指示に従って移動することは可能だ。でも、それのどこに面白みがあるだろう？それに道順を記憶しておけば、あとでどの方向に曲がればいいかが事前にわかっているので、運転中であれば適切な車線に移動しておくことができるし、頭のなかに地図をイメージする能力を高めることもできる。これは記憶のジャーニーを作るうえでも役に立つ能力だ。

‡　僕がこのことを知ったのは苦い経験からだった。グラマシー・パークで交際相手のリアにプロポーズしようと計画していたものの、鍵が必要なことがわかり、結局はこの公園の前でプロポーズしたのだ。しかもそのときにネズミまで現れ、大いに肝を冷やしたが、幸いなことにリアはプロポーズを受けてくれた。

§　これは僕がセミナーで教えることのひとつだ。この話をすると、僕が山登りをする理由をうまく説明することもできる。興味がある人もいるかもしれないので説明しておくと、僕はアルツハイマー病に対する関心を高める目的で、僕自身が運営する慈善団体「Climb for Memory」を通じて山に登っている。僕の登山やチャリティー・イベントに関する詳細は、「www.climb4memory.org」でご覧いただきたい。

¶ 実は標高８０００メートルを超える山は、世界に14座ある。そのすべてを制覇するのは、大変な偉業とみなされている。その快挙を成し遂げたのは、世界でも40人ほどしかいない。酸素ボンベを使用せずに達成した人数となれば、さらに少なくなる。驚きの功績だ！

** このタヒニソースは、ボストン近郊の「Life Alive」というレストランのメニューのひとつからインスパイアされたものだ。絶品なので、ケンブリッジに行くことがあれば、ぜひ足を運んでみてほしい。

†† 「干渉」とは、以前記憶した過去のイメージの名残りがあることを意味する。

‡‡ 忘却曲線の数学的方程式は「$R = e^{-\frac{t}{s}}$」で表され、「R」は検索容易性（記憶した情報の想起のしやすさ）、「s」は記憶の安定性（訓練、試験その他による想起が行われなかった場合のRの下落の速さを決定する）、「t」は時間を示す。詳細はウォズニアックの論文「https://www.ane.pl/pdf/5535.pdf」を参照していただきたい。

第5章

* シャクンタラ・デビはインドの有名な数学教育者だ。デビは多数桁の掛け算や、平方根や立方根の暗算といった驚異的な妙技を持っていた。過去には、13桁×13桁の掛け算——7,686,369,774,870×2,465,099,745,779——を暗算で行い、28秒で正確な答え——18,947,668,177,995,426,462,773,730——を

導き出したこともある。

† 若い読者のために簡単な歴史の授業を――信じられないかもしれないが、20世紀には電話帳と呼ばれる手書きタイプの手帳が使われていた。そして、21世紀初めに使われていたコンピューターはポケットに入れるには大きすぎたし、電話をかけられるほど利口でもなかった。

‡ クリストファー・D・グリーンのウェブサイト「Classics in History of Psychology（心理学史における古典）」（http://psychclassics.yorku.ca/Miller）に掲載された有名な心理学の論文「The Magical Number Seven, Plus or Minus Two: Some Limits on Our Capacity for Processing Information（マジカルナンバー7±2：人間の情報処理能力の限界）」（*Psychological Review* 63, 1956）より。

§ 電話番号をダイヤルするまで記憶しておきたいだけなら、連想結合法のほうが適しているだろう。だが長期的に記憶しておきたいなら、適しているのはジャーニー法だ。

¶ メジャー法（Major System）の原型は1600年代初め、フランスの数学者ピエール・エリゴーンによって考案された。「メジャー」という言葉は、1800年代終わりにこのシステムのひとつのバージョンを発表したメジャー・ベニオウスキー（Major Beniowski）に由来すると考えられている。メジャー法の現行バージョン（本書で紹介しているバージョン）は、1825年にエーメ・パリが最初に発表したものだ。

** あまり多くの人物を（あるいは、たったのひとりも！）瞬時に連想できなかったとしても心配しなくていい。残りの数字については、次のステージで考えればいいのだから。

†† この数字は必ずしもジャーニーに保存しなくてもいい。それどころか、この2つのPAOシステムによるイメージを、パスポートそのものに関係するものと関連付けるだけでもいい。たとえば、手品師が泣いているのは、故郷から遠く離れた地を長らく旅していてホームシックにかかっているせ

いで、ラリー・デヴィッドは手品師をなぐさめようとブーメランを投げたのだとイメージすることも可能だ。ただ僕の経験から言うと、このように複雑なイメージを保存する場合は、ジャーニーを使用したほうがより簡単かつ正確に想起することができる。

‡‡ 僕は3回挑戦したが、毎回どこかで間違えてしまった。なかなか手ごわい記録だ！

§§ 僕のメジャー法のイメージを憶える気にはならないものの、円周率をある程度、手早く記憶したいのであれば、この文章を憶えるといいだろう――「How I need a drink, alcoholic of course, after the heavy lectures involving quantum mechanics.（量子力学を扱う重たい講義を受けたあとは、どれほど飲み物――もちろんアルコール――が飲みたくなることか）」。英語の各単語の文字数が、円周率の各数字に一致するようになっている（「how」＝3、「I」＝1、「need」＝4など）。この文章を知っていれば、まずまずと言える15桁の円周率を憶えることができる。

第6章

＊ アレクサンダー・スミスは19世紀のスコットランドの詩人、エッセイストであり、若かりし頃にはレースのパターン・デザイナーでもあった。この一節は『Dreamthorp: A book of Essays Written in the Country（夢の村――田園に囲まれて執筆した随筆集）』（Hamburg: tredition, 2012）に掲載された「Of Death and the Fear of Death（死と死への恐怖について）」から引用したものだ。

† 吟遊詩人とは、記憶した壮大な叙情詩（古代ギリシャのホメーロスの長い叙情詩をイメージするといいだろう）を朗唱することができる人物のことだ。

‡ 「第一に（in the first place）」［訳注：直訳すると「最初の場所には」になる］という表現の起源をご存じだろうか。実はこの表現は、古代の雄弁家が記憶の宮殿（ジャーニー）の最初の場所に戻って、演説の最初のトピックを思い出そうとしたことからきている。さらに興味深いのは、「トピック（topic）」という言葉の語源である古代ギリシャの「topos」という言葉が「場所」を意味していることだ！

§ 何の話だかわからない人のために説明しておくと、これは何年も前に拡散した動画『Crazy Nastyass Honey Badger（極悪すぎるラーテル）』をもとにしている。この動画は、本物の自然ドキュメンタリー映像に一般の人がナレーションを加えたものだが、とにかく爆笑モノだ。ラーテルの驚きの行動の映像に合わせ、ナレーターが「ラーテルはおかまいなし（Honey Badger Doesn't Care）」と何度も繰り返す。ぜひネットで検索してみてほしい。笑えること間違いなしだ！

¶ 運転中や重機の操作中に、目を閉じて視覚化するのはやめよう。

** ここに挙げた単語は、ジョージ・R・R・マーティンのファンタジー小説『氷と炎の歌』のなかに出てきたものだ。僕はこのシリーズも、ドラマ化された『ゲーム・オブ・スローンズ』も大好きだ。初めてこの小説を読んだとき、僕は知らない単語を書き出すようにしていた。例に使ったのはその一部だ。

†† 「chou（キャベツ）」という言葉をもっと愛情込めて使いたければ、その前に「mon（僕の／私の）」という単語を足すといい。「mon chou」は直訳すれば「僕のキャベツ」になるが、実は「あなた」や「愛しい人」という意味になる。面白い豆知識をもうひとつ紹介すると、「chou」のあとに「fleur（花）」という言葉を足して「chou fleur」と言うと、なんとキャベツが「カリフラワー」に変身する。フランス語は美しい！

‡‡ 僕は長年のトレーニングを経て、今ではトランプ1組を30秒ほどで記憶できるようになった。そ

のペースで記憶するとなると、ここで絵札について解説したような内容が、10秒ほどのうちに脳内を目まぐるしく駆けめぐることになる。

第7章

＊　研究では、今のところ概して決定的な結論にまではいたっていない。だが、それが真実である可能性を示唆する研究はいくつか存在する。そのひとつがジェリー・D・エドワーズたちの研究「Speed of Processing Training Results in Lower Risk of Dementia（処理速度トレーニングにより認知症のリスクが低減）」（*Alzheimer's & Dementia: Translational Research & Clinical Interventions* 3, no. 4, November 2017, 603-11, https://doi.org/10.1016/j.trci.2017.09.002）だ。

†　僕は決して、栄養士でも、神経科学者でも、医師でもない。ここで僕がお薦めすることは、僕の個人的経験に基づいた単なる提案にすぎないということに留意してほしい。

‡　運動のレベルを上げたければ、そこに脳のエクササイズを加えてみるといいだろう。運動をしながらさまざまなリストを記憶したり、最近記憶したことを想起してみたりするのだ。

§　「デスゾーン」とは、エベレストの標高2万6000フィート（7900メートル）を超えるエリアのことだ。そのような標高では人間の身体はもはや順応することができず、事実上、死に瀕するゾーンとして一般に受け止められている。

参考文献

第2章

[1] Paul Reber, "What Is the Memory Capacity of the Human Brain?" *Scientific American MIND*, May 1, 2010, http://www.scientificamerican.com/article/what-is-the-memory-capacity.

第3章

[1] Gabriel A. Radvansky, Sabine A. Krawietz, and Andrea K. Tamplin, "Walking through Doorways Causes Forgetting: Further Explorations," *Quarterly Journal of Experimental Psychology* 64:8 (August 2011), 1632–45, https://doi.org/10.1080/17470218.2011.571267.

第4章

[1]「視空間スケッチパッド」という用語が最初に用いられたのは次の文献だ。Alan D. Baddeley and Graham Hitch, "Working Memory," *Psychology of Learning and Motivation: Advances in Research and Theory*, ed. Gordon H. Bower (New York: Academic Press, 1974), https://doi.org/10.1016/S0079-7421(08)60452-1.

[2] Martha J. Farah et al.,"Visual and Spatial Mental Imagery: Dissociable Systems of Representation,"*Cognitive Psychology* 20:4 (October 1988), 439–462, www.sciencedirect.com/science/article/pii/0010028588900126.

[3] Karl Christoph Klauer and Zengmei Zhao,"Double Dissociations in Visual and Spatial Short-Term Memory," *Journal of Experimental Psychology*: General 133:3 (September 2004), 355–381, http://psycnet.apa.org/doi/10.1037/0096-3445.133.3.355.

[4] Eric L. G. Legge et al.,"Building a Memory Palace in Minutes: Equivalent Memory Performance Using Virtual Versus Conventional Environments with the Method of Loci," *Acta Psychologica* 141:3 (November 2012), 380–390, https://doi.org/10.1016/j.actpsy.2012.09.002.

[5] Gary Wolf,"Want to Remember Everything You'll Ever Learn? Surrender to this Algorithm," *Science* (blog), *Wired*, April 21, 2008, https://www.wired.com/2008/04/ff-wozniak.

第5章

[1] K. Anders Ericsson and William G. Chase,"Exceptional Memory,"*American Scientist* 70:6 (November–December 1982), 607–615, http://psycnet.apa.org/record/1983-22647-001.

第7章

[1] Council for Responsible Nutrition,"DHA improves memory and cognitive function in older

adults, study suggests," *ScienceDaily*, November 9, 2010, www.sciencedaily.com/releases/2010/11/101108151346.htm.

[2] Robert Krikorian et al.,"Blueberry Supplementation Improves Memory in Older Adults," *Journal of Agricultural and Food Chemistry* 58:7 (January 2010), 3996–4000, https://doi.org/10.1021/jf9029332.

[3] https://www.ruled.me; https://thepaleodiet.com; https://whole30.com/.

[4] Maria Cohut,"Keto Diet May Increase Memory, Reduce Mortality," *Medical News Today*, September 5, 2017, https://www.medicalnewstoday.com/articles/319287.php.

[5] National Institutes of Health,"Sleep on It," *News in Health*, April 2013, https://newsinhealth.nih.gov/2013/04/sleep-it.

[6] Jeffrey M. Ellenbogen et al.,"Interfering with Theories of Sleep and Memory: Sleep, Declarative Memory, and Associative Interference," *Current Biology* 16:13 (July 2006), 1290–1294, https://doi.Org/10.1016/j.cub.2006.05.024.

[7] Kirk I. Erickson et al.,"Exercise Training Increases Size of Hippocampus and Improves Memory," *Proceedings of the National Academy of Sciences of the United States of America* 108:7 (February 2011), 3017–3022, https://doi.org/10.1073/pnas.1015950108.

[8] R. C. Cassilhas et al.,"Spatial Memory Is Improved by Aerobic and Resistance Exercise through Divergent Molecular Mechanisms," *Neuroscience* 202 (January 2012), 309–317, https://doi.Org/10.1016/j.neuroscience.2011.11.029.

[9] Jennifer Weuve et al.,"Physical Activity, Including Walking, and Cognitive Function in Older

Women," *JAMA* 292:12 (2004), 1454–1461, http://dx.doi.org/10.1001/jama.292.12.1454

[10] A. M. Robinson and D. J. Bucci,"Physical Exercise during Pregnancy Improves Object Recognition Memory in Adult Offspring," *Neuroscience* 256:3 (January 2014), 53–60, https://doi.Org/10.1016/j.neuroscience.2013.10.012.

[11] Judith Shulevitz,"The Lethality of Loneliness," *The New Republic,* May 13, 2013, http://www.newrepublic.com/article/113176/science-loneliness-how-isolation-can-kill-you.

[12] Valerie C. Crooks et al.,"Social Network, Cognitive Function, and Dementia Incidence Among Elderly Women," *AJPH* 98:7 (July 2008), 1221–1227, https://doi.org/10.2105/AJPH.2007.115923.

著者

ネルソン・デリス（Nelson Dellis）

全米記憶力選手権を4度にわたり制覇。記憶に関する多数の記録を保持し、「記憶力グランドマスター」の称号も有する。記憶のエキスパートかつ講演者として高い人気を博し、テレビ番組の『トゥデイ』『ナイトライン』（ABC）をはじめ、CNN、ナショナルジオグラフィック、サイエンスチャンネルなどにも出演。また熱心な登山家でもあり、エベレスト登頂にも3度挑戦している。現在は、アメリカのフロリダ州マイアミに妻と息子とともに在住。

訳者

吉原かれん（よしはら・かれん）

日本女子大学卒、オーストラリア在住。2005年にオーストラリア翻訳資格NAATIを取得。テクノロジー系ウェブマガジン『WIRED』日本語版の記事翻訳を行うほか、訳書に『これはボール』（永岡書店）などがある。

全米記憶力チャンピオンが明かす どんなことも記憶できる技術

2020年7月14日　初版第1刷発行

著者　ネルソン・デリス
訳者　吉原かれん
発行者　澤井聖一
発行所　株式会社エクスナレッジ
〒106-0032
東京都港区六本木7-2-26
http://www.xknowledge.co.jp/
問合せ先　編集　Tel:03-3403-1381
Fax:03-3403-1345
info@xknowledge.co.jp
販売　Tel:03-3403-1321
Fax:03-3403-1829